SERIES OF STUDIES
ON
CHINESE
CONFUCIUS
TEMPLES

中国文庙研究丛书

总　主　编　周洪宇
副总主编　赵国权

国家出版基金项目

NATIONAL PUBLICATION FOUNDATION

A
STUDY
ON
ZHENGDING
CONFUCIUS
TEMPLE

正定文庙研究

徐 莉 李荣新 曹 源 著

山东教育出版社

·济南·

总 序

　　德国哲学家雅斯贝尔斯在其所著《历史的起源与目标》一书中，曾提出人类文明的"轴心时代"这一命题，即在公元前500年左右，古希腊、以色列、中国和印度，都处在人类文明的重大突破期，都出现了伟大的精神导师，诸如古希腊的苏格拉底、柏拉图、亚里士多德，以色列的犹太教先知们，古印度的释迦牟尼，中国的孔子、老子等，他们的思想一直影响至今。但相比较而言，孔子更具有代表性，其所创立的儒家思想不仅影响中国社会两千多年而从未中断过，且被后世创造性地转化为物质载体即文庙。如同"四书五经"一样，文庙在儒学传承中扮演着不可或缺的角色。尤其是文庙与官学或书院融合后，形成了中国历史及儒学文化史上特有的"庙学合一"或"庙学""学庙"现象，也使得文庙作为儒家文化的标志性符号，以其独特的精神特质深刻影响着中国的政治生态、社会生态、文化生态和教育生态，还辐射到周边及欧美不少国家和地区，至今仍彰显其强大的生命力，成为国内外学术界热议不休的历史"活化石"。

壹

据史料记载，主祀孔子的庙宇有文庙、孔庙、学庙、庙学、学宫以及宣圣庙、至圣庙、夫子庙、先师庙、先师殿、大成殿、礼殿、燕居堂、中和堂等不同的称呼，然最流行、最常用的就是文庙和孔庙，因而一些权威的大型工具书在对文庙、孔庙加以解读时，不同程度地认同文庙即孔庙、孔庙即文庙。如商务印书馆修订本《辞源》解释说，孔庙在"明清时也叫文庙"，文庙即孔子庙，"元明以后通称文庙"。[①]顾明远主编的《教育大辞典》认为，孔庙"亦称文庙"，文庙"即孔庙……元以后多称文庙"。[②]近人的学术论著中也多持此意见，这主要是基于对主祀孔子这一历史存在的认同。

"文庙"一词，较早见于《南齐书》。齐高帝时的尚书右仆射王俭，针对明堂与郊祀之礼，曾引用《郑志》中赵商与郑玄的一番对话，赵商问曰："说者谓天子庙制如明堂，是为明堂即文庙邪？"[③]《新唐书》中又有"汉孝惠、孝景、孝宣令郡国诸侯立高祖、文、武庙"[④]的记载。汉惠帝刘盈乃刘邦之子，西汉第二位帝王。可见，在西汉初年就有文庙的称呼，只是此时的文庙与孔子及其被封为"文宣王"没有必然联系。

在古汉语中，"文"与"武"是相对的一组概念。按古制，凡有功于社稷的文臣武官，均可设庙祠以祀。如主祀姜子牙的武成庙、主祀岳飞的岳飞庙、主祀关羽的关帝庙等，都属于"武庙"。而主祀姬旦的周公庙、主祀孔子的孔庙、主祀孟子的孟庙、主祀颜回的颜庙、主祀子思的子思庙、主祀曾参的曾子庙，以及孟子游梁祠、子贡祠、武侯祠、包公

① 商务印书馆编辑部编：《辞源》，商务印书馆1979年版，第778、1362页。
② 顾明远主编：《教育大辞典》第8卷，上海教育出版社1991年版，第152页。
③《南齐书·礼上》。
④《新唐书·高郢传》。

祠、范公祠等，都属于文庙。且武庙与文庙各有其配享及乐舞礼制，如《宋书》所载，曹魏时期"制《武始》舞武庙，制《咸熙》舞文庙"①。尤其是自唐宋以后，各地既建文庙又建武庙。因此，广义上的文庙，是一种与武庙相对的、主祀有功文臣或先儒先贤的礼制性建筑，体现出历朝历代"文治"的政治意图，负载有"价值判断和意识形态韵味"②，属于文化史学研究的范畴。而狭义上的文庙，则单指主祀孔子的礼制性建筑，亦即孔庙，也就是本丛书所论及的文庙。

就狭义上的文庙来说，史料及后世文献多以孔庙相称，明清尤甚。这是因为孔子乃"文道"之奠基者。自汉初始统治者就开始推崇孔子及其创立的儒学，汉高祖刘邦路过曲阜时还"以太牢祠焉"③。汉武帝"独尊儒术"后，儒学便一跃成为官方哲学，在其后上千年的发展历程中，孔子犹如道教尊老子、佛教尊释迦牟尼一样被推上神坛，或被追封为"文宣王"，或被奉为"万世师表"，主祀孔子的礼制性建筑文庙也逐步遍设于京师及全国各地。

按所承载的功能，文庙可以分为四类：

一是国庙。这是由帝王代表国家祭拜孔子的礼制性建筑，主要是设于京师的皇家孔庙。曲阜孔庙在京师未设孔庙之前曾一度扮演国庙的角色。

二是家庙。家庙是孔子家族的宗庙，如曲阜孔庙、浙江衢州孔庙以及河南郏县文庙（既是家庙又是学庙）等。

三是学庙。因庙设学、因学设庙或庙学同建，形成庙学合一的格局，具体是指与各级官学及书院直接相关的主祀孔子的庙宇，因而也多被称为"庙学"。明清时期多被称为文庙，如上海文庙、苏州文庙、郑州文庙等。还有被称为学宫的，如广东的番禺学宫、海南的文昌学宫等。此类文庙数量

①《宋书·乐一》。
②〔英〕海伍德：《政治学核心概念》，吴勇译，天津人民出版社2008年版，第4页。
③《史记·孔子世家》。

庞大，除少量的国庙、家庙、村庙外，其余的全部是学庙。

四是村庙。凡是学庙普及不到的边远地区，地方官员为推崇弘扬儒学、满足民众对圣人孔子的崇拜和对儒家文化信仰的需求，便在人口聚集区的村镇设孔庙奉祀孔子及有功于儒学的先儒先贤，可称之为"村庙"。如福建连城县培田村有一处清乾隆四十四年（1779年）所建的"文武庙"，文庙和武庙建在一栋两层阁楼内，下层武庙祀关羽，上层文庙祀孔子。在中原一带，多有因孔子圣迹所到之处而建的纪念性孔庙，如河南永城的芒砀山夫子庙是为纪念孔子在此避雨晒书而建的，河南淮阳的弦歌台为纪念孔子在此绝粮依然"弦歌不衰"而建（附有书院，亦为学庙）等。村庙数量不多、规模不大、建制不一，但与其他文庙一样承载着传承儒学与社会教化的功能。

贰

文庙起始于何时，学术界众说纷纭，或言早至春秋，或曰晚至唐朝。但无论始于何时，它总有一个产生、发展及演变的过程，其历史积淀也足以占据儒学发展的半壁江山。

文庙的雏形当从曲阜因宅设庙始，即孔子去世后，其居室由后人奉为庙，"故所居堂、弟子内，后世因庙，藏孔子平生衣、冠、琴、车、书"，且在孔子冢祭奉孔子，"鲁世世相传，以岁时奉祠孔子冢，而诸儒亦讲礼、乡饮、大射于孔子冢"。[1]此时的曲阜孔庙虽属家庙性质，并非严格意义上的礼制性庙宇，孔子冢之学亦属私学，且孔庙与孔子冢不在一处，但毕竟是主祀孔子，又兼有私学活动，可称之为文庙雏形，实开文庙建制之先河。

---

[1]《史记·孔子世家》。

文庙与政治结缘、与官学融合，可追溯到东汉时期蜀郡重修的文翁石室（即蜀郡郡学）中的"周公礼殿"。据史载："蜀儒文章冠天下，其学校之盛，汉称石室、礼殿，近世则石九经，今皆存焉。"[1]可以说，蜀郡郡学中的周公礼殿实乃"中国古代庙学合一的最早范本"，"曲阜之外中国所建最早祭祀周公、孔子的机构"。[2]但这只是地方政府行为，尚未在全国实施，更是主祀周公，并非孔子。自汉武帝"独尊儒术"后，统治者把尊孔崇儒提到国家治理的高度，开始加封孔子及其后裔。永平二年（59年），汉明帝更是诏令郡县学校皆祀周公、孔子。这是首次以中央诏令的形式祭祀周公、孔子。

魏晋南北朝虽王朝更替频繁，加之佛道及玄学的冲击，但统治者的尊孔崇儒政策没有弱化，文庙礼制建设多有成就。如曹丕于黄初二年（221年）下令，"鲁郡修起旧庙，置百户吏卒以守卫之，又于其外广为室屋以居学者"[3]，还要求各地修葺孔庙，重开祀孔之制。东晋时在国子学"增造庙屋一百五十五间"[4]。北魏太武帝时"起太学于城东，祀孔子，以颜渊配"，开创中央国学祭孔之制；孝文帝不仅在国都平城（今山西大同）创建孔子庙，开国都孔庙之先河，还下诏规范祭孔礼制，要求"自今已后，有祭孔子庙，制用酒脯而已"[5]等。

隋唐时期重新确立儒学及孔子的政治地位，文庙进一步规范化和制度化。唐高祖李渊于武德二年（619年）下诏在国子学中立周公、孔子庙，四时致祭。唐太宗李世民下令停祭周公，开国学文庙主祀孔子之先例；贞观二十一年（647年）开始确立追祀先贤先儒的制度，是年唐太宗下诏，以左丘明等二十二人配享文庙。开元八年（720年）唐玄宗下诏，以颜回等十哲从祀孔子，并塑为坐像；开元二十七年（739

① [宋] 席益：《府学石经堂图籍记》，见 [宋] 程遇孙等编《成都文类》卷30，文渊阁四库全书本。
② 舒大刚、任利荣：《"庙学合一"：成都汉文翁石室"周公礼殿"考》，载《四川大学学报（哲学社会科学版）》2014年第5期。
③《三国志·魏书二·文帝纪第二》。
④《宋书·礼一》。
⑤《魏书·高祖纪上》。

年）追谥孔子为文宣王，追赠颜回为兖国公，其余九哲弟子皆为侯，另追赠曾参以下七十三人为伯，孔子自此开始被称"王"。自唐以来，庙学合一进程逐步推进，庙学之制更加完备，史载"唐开元间，定孔子为先圣庙，而衮冕南面，每岁春秋祀焉，由是庙学之礼益备，凡有学者必有庙，示其尊也"①。

宋元时期，文庙设置更为普遍，"宋兴，崇尚文治，吾夫子之祀遍天下"②。不仅是官学，还有自宋朝日益兴起的书院内也必崇祀孔子，"每个书院必塑有孔子及十哲的肖像，甚至图画七十二贤一同配飨"③。尤其是北宋至和二年（1055年），宋仁宗开加封孔子嫡长子孙"衍圣公"的先例；南宋绍兴十年（1140年），宋高宗诏令"以释奠文宣王为大祀"④，即规定祭祀孔子的礼仪与祭祀社稷的大礼相同，均为国家级的重大祀典。至元朝，元武宗加封孔子为"大成至圣文宣王"⑤；至明朝嘉靖年间，历经数百年的"孟子升格运动"，儒学的重要传承人孟子被正式封为"亚圣"。在此情况下，文庙遍及全国各地，"郡县有学，学必有庙"⑥。

明清时期，"文庙"这一称呼开始被广泛使用。朱元璋即位后，改称孔子为"先师"，洪武元年便"以太牢祀先师孔子于国学"⑦，还"诏天下通祀孔子"⑧。明永乐八年（1410年），不仅"令天下文庙圣贤衣冠绘塑不合古制者悉改正"⑨，且改学校先师庙为"文庙"，自此"文庙"之名盛行天下。至明末，全国各地所建文庙多达1560所。⑩清初，康熙帝亲笔御书"万世师表"匾额悬于文庙大成殿，这是历史上首次称颂孔子为"万世师表"，表达出统治者对孔子及儒学的敬仰之情，也昭示出儒学的普世价值。至清末，文庙增至1740多所。⑪

① 吴澄：《崇仁县孔子庙碑》，见《吴文正公集》卷15，台北新文丰出版公司1985年版。
② [南宋]陈宜中：《学道书院记》，见《苏州府志》卷26，清光绪九年刊本。
③ 陈青之：《中国教育史》，商务印书馆1936年版，第195页。
④《宋史·高宗六》。
⑤《元史·武宗一》。
⑥ [清]阮元：《两浙金石志·杭州路重建庙学之碑》。
⑦《明史·太祖二》。
⑧《明史·太祖三》。
⑨《明会典·卷八十四》。
⑩ 王贵祥：《明代不同等级儒学孔庙建筑制度探》，载《中国建筑史论汇刊》2012年第2期。
⑪ 刘新：《儒家建筑文庙》，中国建筑工业出版社2013年版，第18页。

　　清末开办新式学堂后，庙学开始分离，文庙由以往的祭祀与教学两大主要功能蜕变为单一的祭祀功能，没有了"官学"这一光环，其维修和保护自然会受到一些影响；但不能否认其大教育功能的存在，那就是继续承担着社会教化的重任，且依然是广大士子心仪向往的神圣殿堂。虽经风风雨雨，仍有不少的文庙得以较好或部分地保存下来。改革开放后，文庙作为优秀传统文化的重要组成部分而受到普遍关注，其资源的开发和利用也被提到日程上来，文庙发展又迎来了一个新的春天。据国家文物局《文庙、书院等儒家遗产保护利用现状调研报告》（内部资料）统计，截至2016年底，除内蒙古、西藏、宁夏及台湾、香港、澳门外，共有327处文庙列入省级重点文物保护单位和全国重点文物保护单位名录，其中国保级文庙为108处。此外，日本、韩国、越南等周边国家也有近100处文庙。可以说，文庙立足本土，辐射周边，形成足以和佛寺、道观相媲美的"儒庙景观"。

叁

　　自文庙登上中国历史的舞台，便开始发挥其独特的多元功能，影响到中国的政治生态、文化生态及教育生态。

　　毫无疑问，文庙的强势缘于与政治生活的结合。自西汉确立以儒治国后，魏晋至明清皆秉承儒治政统，不断提高孔子及儒学的地位，称孔子为"人伦之表"，称儒学为"帝道之纲"，为此不断地完善庙祀孔子的礼仪制度。期间，儒学确实遭受过不同学术流派的冲击，但因儒学自身的包容性与再生力，以及与政治生活的紧密联系，它在博弈中始终占据着权力的中心位置。历代各地文庙正是在这一儒化的背景下得以建造的，反过来又对政治生态起到一种固化作用。诸如每当因社会剧烈震荡带来道德秩序的破坏、所谓"不孝不悌之事，频见词诉"①之时，统治者都毅然决然地动用儒学来拯救社会道德的缺失。每当基业稳定之际，统治者又会诏令修建文庙以传承儒学，并利用文庙祭孔活动来"宣德化""正人心"。总之，要让"君君、臣臣、父父、子子"等伦理观念根植于官员及民众心中，杜绝一切"僭越"行为，借以维系和谐的政治生态。

基于与政治生活的结缘，文庙在一定程度上成为以儒学为主体的中国传统文化反映在现实中的物化形式。这一被物化的建筑群，与"四书五经"一样，具有同等重要的文化传承价值。如果说"四书五经"借助文本来传承儒家文化的话，那么文庙则是借助建筑、礼仪等起到文化传承的作用。诸如按照礼制，文庙建筑分别有九进、七进、五进、三进院落等，常与官学毗邻，庙中有学、学中有庙等，将古代的庙宇性建筑文化传承至今。又如文庙的祭祀活动，从供奉人物的选择、座序排列到祭祀时的祭器、祭品、礼服、礼仪、音乐、舞蹈等，无不在制造一定的场境和氛围，引发民众对儒学文化的认同，从而形成特有的文化基因和精神特质，以至祭祀文化代代相传，生生不息。

基于文庙与官学或书院的结缘，文庙的设施及祭祀活动又有"风励士子"的强大教化功能，足以使在读学子形成对师道和学业的敬畏感。这是因为文庙中的受祀对象，已成为道德、道统、学统的象征，是言谈举止、待人接物的标杆，更是一种精神文化的符号。那么在文庙内祭拜这些先圣先贤，足以"使天下之士观感奋兴，肃然生其敬畏之心，油然动其效法之念"②，亦即通过"营造出一种庄严肃穆的场景，

① [南宋] 徐元杰：《延平郡学及书院诸学榜》，见《梅野集》卷11，文渊阁四库全书本。
② [清] 庞钟璐：《缮写成帙恭呈御览仰祈》，见《文庙祀典考》卷50，清光绪戊寅家藏本。

使人们对先圣先师先贤等供祀对象的崇敬之情升华为一种神圣的体验"①。正是这种庄严肃穆的文化场景，使得诸生在先圣先贤像前"穆然而志专，徘徊乐之，不忍去也"②。从"穆然"到"乐之"再到"不忍去"，足见谒祠之举对在院生徒的感染力之大。更使得"自为童子时"的文天祥，看到文庙中还奉祀乡贤先儒欧阳修、杨邦乂、胡铨等塑像，且"皆谥忠"，欣然慕之曰："没不俎豆其间，非夫也。"③如此，一代代学子带着对师道和学业的敬畏，去追逐"希圣希贤"的人生理想，最终实现"传道济民"的处世目标，这也是"庙学合一"价值的最好体现。

肆

正因为有如此多元的价值及功能，文庙才能在庙学分离后艰难地生存下来，后来者才能继续守望着中华优秀传统文化这块沃土而不至于断裂或丢失。改革开放以来，国家更加重视保护和弘扬中华优秀传统文化，文庙作为儒家文化的载体自然迎来了难得的发展机遇。曲阜孔庙的祭孔活动以往由民间团体主持，从2004年起转而由地方政府主办，2007年又上升到由山东省政府与教育部、文化部等联合主办，由此带动了各地文庙的官方"祭孔"活动；越来越多的文庙遗存被列为全国重点文物保护单位，同时带动了全国各地对文庙遗存的修复和保护工作。党的十八大报告明确指出"文化是民族的血脉，是人民的精神家园"，并基于对优秀传统文化营养的汲取，提出了"二十四字"的社会主义核心价值观。2014年五四青年节当日，习近平总书记在与北京大学师生座谈时指出，中华优秀传统文化已经成为中华民族的基因，植

① 肖永明等：《书院祭祀的教育及社会教化功能》，载《湖南大学学报》（社会科学版）2005年第3期。
② ［南宋］陈傅良：《潭州重修岳麓书院记》，见《止斋集》卷39，文渊阁四库全书本。
③ 《宋史·文天祥传》。

根在中国人内心，影响着中国人的思维方式和行为方式，今天，我们提倡和弘扬社会主义核心价值观，必须从中汲取丰富营养，否则就不会有生命力和影响力。2017年1月，中共中央办公厅、国务院办公厅印发《关于实施中华优秀传统文化传承发展工程的意见》。该意见指出，在五千多年文明发展史中孕育的中华优秀传统文化，积淀着中华民族最深沉的精神追求，代表着中华民族独特的精神标识，是中华民族生生不息、发展壮大的丰厚滋养，是中国特色社会主义植根的文化沃土，是当代中国发展的突出优势，对延续和发展中华文明、促进人类文明进步，发挥着重要作用。同时，该意见从重要意义、总体要求、主要内容、重点任务、组织实施和保障措施等方面予以战略性、全局性部署。党的十九大报告中，同样强调"文化是一个国家、一个民族的灵魂。文化兴国运兴，文化强民族强。没有高度的文化自信，没有文化的繁荣兴盛，就没有中华民族伟大复兴"，"中国特色社会主义文化，源自于中华民族五千多年文明历史所孕育的中华优秀传统文化"，在新时代传承与弘扬优秀传统文化，必须"创造性转化、创新性发展"。那么，文庙作为传播儒学的主阵地，理应成为培育和践行社会主义核心价值观的重要文化阵地。事实上，已有部分文庙积极开展国学教育普及活动，如举办成人礼、开笔礼、拜师礼等，取得明显效果。

但在现实中，文庙的发展还面临诸多问题或难题。有些地方政府文物保护意识淡薄，有部分文庙遗存得不到正常的维修和保护；部分得到保护的文庙，其蕴藏的多元功能尚未得到有效发挥，甚至存在过于功利化的倾向；部分文庙设施及祭祀活动不合礼制，存在一系列具体问题，比如祭祀日应是生日还是卒日、受祀对象只是孔子还是分层次进行、每年各地文庙是同时祭祀还是"各自为政"、祭文是年年都写还是规范统一，以及在东西两庑及乡贤祠、名宦祠中是否可以续增一些新儒学代表人物等问题。要根本解决文庙发展中的问题，有待于对文庙的深入系统研究。

伍

自从文庙问世后，就有不少学者从不同的角度、用不同的方式，对文庙的建制、布局、祭祀、教化等问题做过不同程度的思考和论述。自明清以来，在举国编著大型丛书、类书的驱动下，大批学者开始对文庙的各种资料进行梳理、研究和汇编。如《明史·艺文志》就载有潘峦的《文庙乐编》、何栋如的《文庙雅乐考》、黄居中的《文庙礼乐志》、瞿九思的《孔庙礼乐考》；《清史稿·艺文志》载有阎若璩的《孔庙从祀末议》、庞钟璐的《文庙祀典考》、蓝锡瑞的《醴陵县文庙丁祭谱》、郎廷极的《文庙从祀先贤先儒考》等。此外，还有陈锦的《文庙从祀位次考》、张侯的《文庙贤儒功德录》、金之植的《文庙礼乐考》、牛树梅的《文庙通考》以及民国时期孙树义的《文庙续通考》等。这些成果对文庙的发展流变、建筑形制、祭祀礼仪及从祀制度等都做了系统考辨。改革开放以来，随着国家对优秀传统文化传承的重视及文化遗存保护力度的加强，文庙研究呈现出良好的发展态势，先后出版多部有代表性的学术著作，诸如范小平的《中国孔庙》（2004）、陈传平主编的《世界孔庙》（2004）、刘亚伟的《远去的历史场景：祀孔大典与孔庙》（2009）、孔祥林等的《世界孔子庙研究》（2011）、彭蓉的《中国孔庙建筑与环境》（2011）、董喜宁的《孔庙祭祀研究》（2014）、朱鸿林的

《孔庙从祀与乡约》（2014）等。这些学术成果从历史学、建筑学、考古学、美学等多学科多维度对文庙进行了系统性、综合性思考与研究。但在文庙理论的提升、文庙精神的挖掘、文庙文化的传播、新时代文庙如何保护利用等问题上，还需要我们进一步去思考、去探索。

本套"中国文庙研究丛书"以马克思主义唯物史观和方法论为指导，以全球视野、中国立场、问题意识、实践导向为基本价值取向，坚持历史与逻辑相一致、宏观与微观相统一、本土与域外相参照、理论与实际相结合的基本原则，充分运用历史法、文献法、比较法以及田野调查、计量分析、文本叙事、图像佐证等研究方法，从选址布局、建筑特色、祭祀礼制、教化活动、文化传承等多个维度，对各地有代表性的文庙逐一进行微观分析和深度描述，使其成为介于学术性和普及性之间的一套文庙研究丛书。纳入丛书第一辑的有12部研究专著，分别是《曲阜孔庙研究》《西安文庙研究》《上海文庙研究》《郑州文庙研究》《太原文庙研究》《苏州文庙研究》《南宁文庙研究》《济南府学文庙研究》《宁远文庙研究》《定州文庙研究》《建水文庙研究》《正定文庙研究》，其他有代表性的文庙也正在研究之中。在此基础上，我们后续会进行历代文庙史料搜集与整理以及文庙专题研究、文庙通史研究等，努力使"文庙学"成为一门专门学问。同时，也期待有更多的文庙爱好者加入文庙研究队伍，通过深入系统的研究以及多种形式的学术交流活动，让中国的文庙文化走向世界，让世界了解中国的文庙文化。

周洪宇

2021年5月

目录

引言   001

01 > 正定文庙的沿革与现状

文庙溯源   021

庙与文庙   021

孔子与儒学及其传播   022

独尊儒术与建庙祭孔   023

正定城拥有两座文庙   026

正定城为何拥有两座文庙：从正定城的历史沿革谈起   026

正定城的两座文庙   033

正定府文庙的沿革与现状   036

先学后庙：正定府文庙的前身   037

庙学合一：宋元明清时期的发展   042

学进庙退：清末至改革开放时期的文脉延续   050

辨析：旧说"府文庙处有试院"   054

府文庙的新生：文庙戟门升级国保   059

正定县文庙的沿革与现状   063

县文庙的沿革   064

县文庙的现状   068

推测：县文庙大成殿的过往   070

02 > 正定文庙的选址、布局与生态

正定文庙的选址   075

古代正定城的地貌特点   075

府县文庙紧依古城政治中心而立   078

正定文庙的布局   080

正定府文庙的布局   080

正定县文庙的布局   084

正定文庙的生态   087

水木清华的正定自然风貌   087

华贵壮阔的正定城市建筑   088

固若金汤的古城防护设施   093

华北平原重要的经济中心   097

光辉灿烂的历史文化中心   098

多种宗教和谐共存的重镇   100

遥遥领先的科学技术中心   111

03 > 正定文庙的祀制与礼仪

文庙的奉祀人物   117

大成殿奉祀人物   117

东西庑奉祀人物   122

崇圣祠奉祀人物   125

名宦祠、乡贤祠奉祀人物   125

六忠祠奉祀人物   127

文庙的祭祀类别、祭品与乐舞   129

祭祀的类别   129

祭品与乐舞   132

文庙释奠礼的程序与举办地   136

释奠礼的程序   136

释奠礼的举办地   140

文庙释奠礼的礼乐人员   142

文庙的维护及奉祀费用   149

文庙的奉祀费用   149

文庙的维护费用   150

文庙的修缮费用   151

04 > 正定文庙的教化功能

多维的修身教化功能   165

文庙建筑蕴含的教化元素   167

文庙讲堂承继的教化传统   168

文庙奉祀形成的教化制度　　　　　　　169

文庙内的礼节教化实践　　　　　　　　172

有序的社会教化功能　　　　　　　　176

劝民重教兴学，推进地方治理　　　　　176

延续儒学道统，增强文化自信　　　　　178

05 > 正定文庙的教育功能

府县文庙的教育概况　　　　　　　　183

府县学的发展　　　　　　　　　　　　183

府县学的补充：书院的发展　　　　　　185

府县学在地方史志建设中的作用　　　　188

府县文庙的教育制度　　　　　　　　190

府县文庙教育管理的发展　　　　　　　190

明洪武初年圣旨制定的教育制度　　　　191

府县文庙的管理者和教育者　　　　　196

宋代之前的情况　　　　　　　　　　　196

宋代之后的情况　　　　　　　　　　　197

府县文庙的显著教育成效　　　　　　200

府县文庙在人才培养中的作用　　　　　200

府县文庙走出的杰出人才　　　　　　　201

06 > 正定文庙的建筑及其特点

府文庙的建筑及其特点　　　　　　　223

历史上府文庙建筑群全貌　　　　　　　223

现存府文庙建筑的屋身特点　　　　　227

现存府文庙建筑的屋顶特点　　　　　229

县文庙的建筑及其特点　　　　　234

历史上县文庙建筑群全貌　　　　　234

县文庙大成殿的建筑特点　　　　　240

07 > 正定文庙的文化传承

文庙的藏书与刻书　　　　　249

文庙的藏书　　　　　249

文庙的刻书　　　　　250

文庙的匾额与石刻等　　　　　252

文庙的匾额　　　　　252

文庙的石刻等　　　　　253

文庙的诗联、诗词碑与碑记　　　　　261

文庙的诗联　　　　　261

文庙的诗词碑　　　　　261

文庙的碑记　　　　　263

08 > 正定文庙人物

宋金元　　　　　273

吴中复　　　　　273

完颜永成　　　　　274

周　昂　　　　　275

史天泽　　　　　276

张德辉   278

元好问   280

常仲明   281

砚弥坚   282

明代   284

洪子祥   284

郭　勉   284

卢　秩   285

邢　简   286

田　济   287

张　琡   289

辛自修   290

范志完   291

清代   293

陈鹤龄   293

郑为龙   294

郑大进   294

方立经   295

09 > 对正定文庙的认同及定位

历代对文庙的认同   299

历代对文庙功能的认同   299

历代对文庙在社会生活中作用的认同   300

一个人和一座城：梁思成与正定文庙   304

兵荒马乱中与正定的邂逅   304

中国古建筑大规模抢救普查工作   305

梁思成与正定府县两文庙   307

对文庙的重新定位   314

中华优秀传统文化迎来新时代   314

传统文化复兴带动了文庙研究的兴起   316

对正定文庙功能和作用的重新定位   317

走向新时代的正定文庙展望   321

附录：历代文庙碑记   325

主要参考文献   353

后 记   359

2018年4月22日，丛书总主编周洪宇教授（右二）与本书作者徐莉（右一）、
李荣新（左一）、曹源（左二）聚首正定

　　这是一幅来之不易的照片，其珍贵之处在于，这四个人
不期而遇，相聚在这个古色古香的小城里，在这个特别的位
置上留下了特殊纪念。

照片上，我们所站的地方就是历史上的真定府府衙所在地，其对面常山路以南的子龙公园和华阳假日酒店都是历史上府衙内的地方——历史上真定府的最高权力机关称为府衙，同时它也是中唐至五代时期的成德军节度使、宋金时期河北西路与清初直隶巡抚的治所。子龙广场和华阳假日酒店中间的南端路口，就是当年府衙门口的影壁，处在府衙的中轴线上。2013年10月，在子龙广场以东的府前街进行道路施工时挖出明代早期真定府衙前照壁基座。府衙向北直到今梅山小区一带。其北以及东面一带，历史上出现过一座让欧阳修、沈括等名人贤士流连忘返、梦萦魂牵的古典园林——潭园。民国时期潭园一角被开辟为常山公园。子龙广场西面的停车场南邻，就是当年的正定县衙，现为正定县第六中学。过去县官为了避开上级官员，出入衙门时就走县衙南面的道路，即现在的中山路。中山路向西通往西城门，向东与府墙东街（今燕赵大街）交叉，人称"大十字街"。大十字街四面原各有一座跨街金牌楼，故又称"四牌楼"。这一带中心高，周围较低，湖水环绕，如同一座天生地造的碧水环护的神山仙岛。

这个集中有两级地方最高衙门的受人瞩目地带，正是自北魏以来从滹沱河对岸迁移至此的真定城的权力机关之所在。正定府县两文庙建筑，依傍此政治中心的两级最高衙门而立。

我们身后两棵大树后面的院子就是当年的府衙大堂所在。历史上正定府衙占地广阔，建筑规模宏大。1913年，袁世凯绕过参议院，擅自公布《划一现行各县地方行政官厅组织令》等法令，实行"废府存县"，正定府被撤，县府搬进原来的府衙，即今天的县委县政府大院，原县衙改作学校。

两位作者的身后就是两棵成了文物的老槐树

府衙当年的气派风光，在废府存县之后，随着权力机关的迁移而逐渐衰落，唯有大院门前的两棵粗壮的老树迎风伫立，见证着历史的沧桑巨变。

穿越古今，这里还记录着一段特殊的历史。20世纪80年代初，国家主席习近平从政起步，任正定县委副书记、书记的几年间，就在此办公。门前的两棵大树，树干沟壑纵横、苍劲有力。此前没有人意识到两棵普通的树还有什么价值，习近平书记来正定后一眼就注意到它们，当时请来林业专家鉴定，发现这竟是元末明初时所植，足有600多岁，是珍贵的历史文物，于是立即叫人围上围栏，保护起来，还专门立一石碑，刻上《古槐赋》。这块石碑在提醒着人们：只有珍爱历史，才能开启光明的未来。

从这两棵古槐开始，正定古城的一砖一瓦一草一木逐一得到普查，包括两座文庙在内，古城内的所有文物都得到了妥善保护。作为历史文化名城的正定，处处是历史，步步有文化。据正定县政协文史委《千年正定城》所载，习近平到正定后，把保护好古建筑、保护好文物就是保存历史、保存城市文脉的理念贯穿到从政正定的始终。这对于今天保护、传承和弘扬历史文化，坚持文化自信，实现中华民族伟大复兴中国梦具有重大而深远的意义。[①]这些一脉相承、延续至今的思想和实践，使正定古城孕育的博大精深的传统文化与中国现代化新征程的壮美华章融为一体，显得更为引人注目。

我们所站地方的正前方，是今天的子龙广场。子龙广场东面的府前街，即当年府衙的中轴线。沿此中轴线，把视线打开，可看到这座古城的四周。

这是一座周长24里、面积6.6平方公里的城郭，"天人和谐"的城建理念，铸就了古城的建筑风格。正定城四门中的

正定古城一角

① 张福建：《习近平在正定的历史文化思想探源》，载《领导之友》（理论版）2016年第21期。

东西门遥遥相对，处在一条东西轴线上，南北门却不在同一轴线上，两条南北轴线东西错开了200多米——这种东西城门相对，南北城门相错的城市布局在中国古城建设中经常见到。一切重要的建筑或设施均沿这几条轴线而设置。这样的城市建设格局，真可谓"一城四关双十字"。

站在城外远观，会发现整个城池呈"官帽"形，西北饱满，东南稍缺。据说可以保城内之人"为官长久，贵人多出"。因此，民间有"正定城，官帽形，达官贵人出无穷"的说法。传说明英宗正统年间（1436—1464）扩城时，御史陈金取风水学上"天满西北，地缺东南"之吉语，把城墙修成了官帽形，以期盼真定府人才辈出。但其实这是为了顺应地形，东南角本为湿地，城市泉水流泄汇注于此，修城时便在东南处向内凹进了一个直角，并设水门。后来水门在大洪水时蛰陷。

再向外看，古城外西南高坡为外堤，回水堤为内堤，设有分水闸。城内沿城墙一带多为空地，四角涌泉，东城墙设两处水门，这充分体现了古人守城护城与防洪治涝的规划思想。放眼四周，此地有"滋河亘其北，滹沱绕其南，柏棠河带其西，旺泉河抱其东"之说，实乃"山回水绕，气足神完"，堪称一块神奇的宝地！

这座城池的前身，可以追溯至东晋十六国时期滹沱河北岸的一座堡垒——安乐垒。前燕元玺元年（352年），前燕大将慕容恪追击冉魏大军，暂时驻军于此，在东面廉台决战打败冉闵。此后这里成为军事营垒，取名为安乐垒。据说，经过从前燕到北魏近五十年的完善和演变，这座安乐垒从以军事防御为主的营垒，变成了一座军民同住的垒城。这使得在河之滨的安乐垒更加扼险注目，加之"安乐垒"的美名，遂引起了站在滹沱河对岸古常山郡城之上的北魏道武帝的注意，而做出"移郡理之"的决定，将常山郡治所从真定城（今石家庄东垣古城）迁至安乐垒。由此，筑城墙、建衙署、起坊造市、移民入城，一座新生城市逐渐矗立在滹沱河北岸。在此后长达1600多年的历史岁月里，这里始终是历代雄主、军阀必争的军事重镇，并被冠以"河朔重镇""三关雄镇""京畿屏障"等称谓。

"太行之山何崔嵬，岩幽谷隐藏风雷。"这是明代诗人石瑶《太行山行》中的诗句。这座小城非同一般的分量与其得天独厚的天然地理位置优势密切相关。大约在六千万年前中生代晚期的燕山运动中，太行山脉逐渐隆起，形成了平均海拔高度1500米的高山，纵贯在今天河北、河南和山西三省之间，像一堵石墙将山西高原与河北平原隔开，成为黄土高原和华北平原的天然分界线。太行山系自南至北有数条穿越太行山而出的河流，其所形成的峡谷就成为古今穿越太行山的交通要道。其中最著名的就是"太行八陉"，是古代晋冀豫三省穿越太行山相互往来的八条咽喉通道。这其中最重要的一陉称为井陉，西出井陉便可直扑山西的核心战略要地太原。因而历史上有"得井陉而得天下"之称，井陉成为历史上的兵家必争之地。如唐军和安禄山叛军反复争夺井陉关；唐末五代时，各方势力在井陉关更是打得不可开交。从正定翘首西望，紧紧相依的正是这一关键的咽喉要隘。有井陉之险，足以扼其咽喉，进可攻，退可守。故可谓"控太行之险，绝河北之要，西顾则太原动摇，北出则范阳震慑"。

"过了长江与大河，横流数仞绝滹沱。"这是南宋爱国名将文天祥《渡滹沱河》中的诗句。滹沱河是流经正定县的最大河流，它位于县城南部，距南城门不足1千米，西北一东

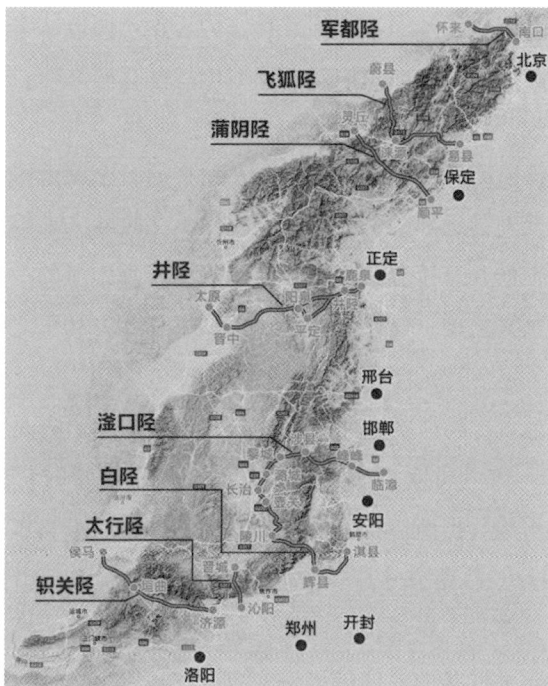

太行八陉图

南流向，也是今天正定县与石家庄市区隔河相望的分界线。滹沱河水浩浩荡荡，跨太行，越平原，在太行山东麓和平原西缘，滋养出正定这一雄踞河朔的重镇，成为历来兵家必争之地。

悠悠千载，滹沱情深，这条千百年来滋养了正定一方土地的水中精灵，也曾有过近代化历程中的遗憾与缺失。让我们把视野推向十九世纪末那个三千年未有之变的晚晴时局。从北京卢沟桥通往湖北汉口的卢汉铁路（后起始点延至北京正阳门，改称京汉铁路）是甲午战争之后，清政府修建的第一条铁路。光绪二十二年（1896年）五月，为发展山西经济，使山西所产物资能与外界便利地互通有无，时任山西巡抚胡聘之践行张之洞"利用晋铁"的主张，向清廷上书，力主开通从河北正定府至山西太原府的卢汉铁路支线，即正太铁路。

在铁路勘测、修建之初，现在繁华的石家庄市区，还是正定府获鹿县远郊的一处偏僻小村庄。在康熙二十年（1681年）之前的几百年岁月之中，它是隶属于真定卫的一个军屯村落。冥冥之中，这曾经的小村落似乎和北方30里之外的古城商定了一个美丽的千年之约。

跨越太行险峻的铁路，修建过程充满坎坷。先是由于国力不济，被迫向俄、法共同成立的华俄道胜银行贷款，工期一拖再拖，山西巡抚上书一年之后的光绪二十三年（1897年）五月，铁路方才正式立项。再者，由于太行山巍峨险峻，修筑不易，资金投入巨大，加之法国工程师力图缩减成本等，正太铁路的总体规划一变再变。一则，铁路规格变为窄于1435毫米的窄轨铁路；二则，始发站从正定古城南移到获鹿县柳林铺，再迁到获鹿县石家庄村。一波三折，历经数年蹉跎，至光绪三十年（1904年），正太铁路才正式破土动工。此时的卢汉铁路已经更名为京汉铁路。在京汉铁路振头站的侧旁崛起了正太铁路石家庄站。两站东西辉映、相得益彰，共同见证、塑造了古老正定府在近现代时期的崛起。铁路枢纽从滹沱河北岸的千年古城迁移到了名不见经传的滹沱河之南的小小村庄，政治中心的千年交接，在此时鸣枪启程。因为修筑地点与行政区划的变迁，这条铁路在不同时期便有了正太铁路、柳太铁路与石太铁路的称谓。

一纸合约，一段铁路，千年正定府的政治、经济、文化中心便由此从正定古城南移到了石家庄村。再经过民国与新中国时期的设市实践，从1925年自治市概念下的石门市，到

正太铁路三个版本的始发站示意图

1947年正式更名为石家庄市，再到石家庄市几度扩容，最终成为今日囊括若干区县与广袤城乡的广域型城市。今日的石家庄市，下辖、代管二十余个区县，囊括了晚清正定府的大部分辖区，成为当下正定府衣钵的正式传承人。正定与石家庄，可谓一枚硬币的古今两面。

正太铁路在滹沱河两岸的迁移，使得在古老的正定府土地崛起了一座现代化都市的同时，又基本保全了千年古城，城墙、佛寺以及其他更多的文物最大限度免除了工业化的侵扰与破坏，并享受着现代化带来的利好。由此看出，现代建设与古代文物的保护，是可以相得益彰、并驾齐驱的。这样一种南北呼应、古今相随的正定模式，值得今天的人们深刻思考与借鉴。

让我们把目光从现代世界中收回，投向深邃的远古。正定城所在的滹沱河冲积平原，土壤肥沃，水源充足，适合农

正定西洋仰韶文化遗址

作物生长。1980年，正定县城东南的南杨庄（现划归石家庄市长安区）文化遗址的发现，将滹沱河流域的农业文明推前到五千多年前。

1956年，位于正定县城东北部4公里处的西洋村发掘出土了红烧土、红陶片、灰陶片等新石器时代的文化遗存，考古专家鉴定为新石器时代仰韶文化至商代文化遗址，为原始社会晚期母系氏族向父系氏族过渡阶段的村落遗址。同年，河北省人民政府公布西洋仰韶文化遗址为重点文物保护单位。

由西洋村出发，其东北方向约20公里处，石家庄正定国际机场附近，便是正定地区古城邑的源头——正定新城铺鲜虞国遗址。

鲜虞国为白狄人建立的诸侯国，至迟在周幽王八年（前774年）便已出现在《国语》的记载之中。鲜虞国最初活动在山西五台山地区，后顺滹沱河而下，春秋时期将主动活动地区转移到石家庄地区。今日的新城铺，古时称新市，是当时鲜虞国的国都。新城铺遗址原为新城铺村村北三个东西排列

鲜虞国国都遗迹，当地俗称"城岗"

的大土丘，被当地人称为"城岗"。除城岗外，石家庄滹沱河流域还广泛分布着三十余处殷商以来的文化遗址，发掘出大量铜器与玉器，共同构建出遥远的鲜虞文明——正定古城的原点。

由古城西望，数千里之外大漠苍黄之中的莫高窟，也记录下了真定古城的倩影。在其第61窟之中，有一幅描绘自五代时期的镇州（正定府古称）至五台山途中人文景致的《五台山图》。作为镇州州治所在地，图中真定城的城墙、城门、衙署、桥梁等惟妙惟肖，令人一窥千载之前古城的风采。

饱览完先秦时代的正定文明，我们把目光投至滹沱之南。在今天的石家庄市，有一处东垣古城遗址（1956年发现）。该古城是战国时代"千乘之国"中山国的一座重要城邑，当时称为"东垣邑"。战国中期，赵武灵王胡服骑射，赵国雄起，达极盛之时，吞并中山国，据有东垣邑。秦始皇在位时，推行郡县制，东垣邑设为东垣县，并成为恒山郡的郡治所在。恒山郡，就是正定府与石家庄市这一行政区的正式

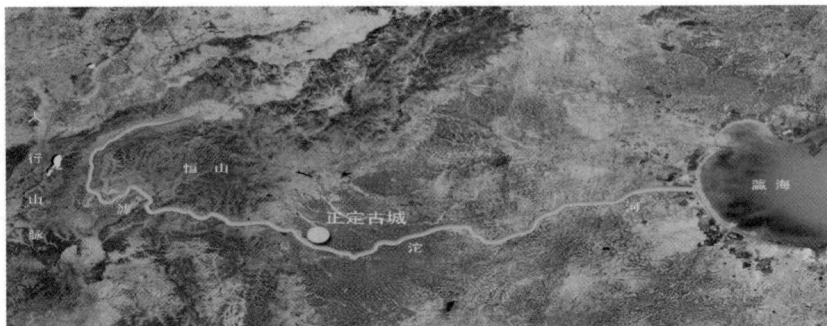

正定古城滹沱北，隔河望石城（图片来源：正定历史文化名城保护与风貌格局控制规划图）

源头，后世的变迁，皆从恒山郡启程。

　　汉高帝十一年（前196年），东垣县更名为真定县，一直到清雍正元年（1723年），才为避讳清世宗爱新觉罗·胤禛之名，改称"正定"，真定之名沿用一千九百余年。汉文帝刘恒即位后，为避其名讳，恒山郡改名为常山郡。汉武帝元鼎四年（113年），设真定国，东垣古城遂为真定国治所，常山郡治所迁移至元氏县。西晋时期，郡治迁回东垣古城。及至北魏道武帝时期，将常山郡治迁往滹沱河北岸的安乐垒，其时安乐垒属常山郡九门县。北齐时，废九门县，在其辖地置恒山县，治于安乐垒。至此，安乐垒成为郡县两级治所。至北周时，改恒山县为常山县。隋代，省常山县入真定县，真定县治遂从东垣古城迁移至安乐垒。滹沱河两岸的两座古城，呼应几百年岁月，最终二元归一，会同一家，千年正定府的基本格局被牢牢打下。其后，虽东垣古城失去政治中心地位，被逐步荒弃，但昂首千载的正定府雏形已现，迎接它的是更为璀璨的道路。

　　此后，这座古城长期作为郡、州、路、府治所，是当时中国北方政治、经济、文化中心和兵家必争之地。

今天，这座古城于1994年被公布为全国第三批国家历史文化名城，是国家可持续发展示范区、中国民间艺术之乡。城内有10处国家重点文物保护单位、5处省级重点文物保护单位以及23处县级重点文物保护单位。

走进这座古老的小城，你会发现，从隋朝到民国，各个时期的建筑遗存都可以找到。除去显赫的军事地位，它还是华北地区重要的商业中心、四方货物的集散之地。或许是因为安乐垒在隋代开始成为恒州州治与真定县县治，这座滹沱之畔的古城保存下来的文物遗迹多始于隋代。源远流长的历史，瑰玮灿烂、风格独特的文化名胜古迹，无论是建造年代、建筑风格、文物价值，还是保存完整性，在全国都享有盛誉，被称为"中国古建筑的博物馆"。

我国著名古建筑专家罗哲文先生这样评价："正定是一座独具特色的国家历史文化名城，其历史悠久，文化内涵丰富，特别是文物古迹数量之多、价值之大，不仅在相当县市级名城中独一无二，就是在现在已公布的103座国家历史名城中也实属罕见。"[①]在正定城内，可以找到隋、唐、五代、宋、金、元、明、清、民国各个历史时期的文物古迹，有文物遗存"九朝不断代"的美誉。仅隆兴寺一处，堪称"全国之最"的就有六项，包括被梁思成先生誉为世界古建"孤例"的摩尼殿，被鲁迅先生誉为"东方美神"的五彩悬塑倒坐观音，举高21.3米、有42只手臂的铜铸千手千眼观音菩萨等，都是让人无比震撼的绝世珍品。[②]

你还会发现这里是一个多民族聚集、多宗教和谐共处、多文化融合共生的古城。这是一座佛教名城，小城内密集分布着隆兴寺、广惠寺、临济寺、开元寺、天宁寺、洪济寺、舍利寺、崇因寺等诸多庙宇。隆兴寺是全国十大名寺之一。

① 潘晓棠：《历史文化村镇的保护与发展——访古建筑保护专家罗哲文先生》，载《小城镇建设》2004年第7期。
② 王更：《正定的古建筑》，载《石家庄日报》2011年11月19日。

隆兴寺摩尼殿

临济寺拥有临济宗祖庭地位，其创始人义玄禅师不仅使临济寺成为临济宗的发祥地，还让正定成为驰名中外的临济宗祖庭所在地与中华文化兴盛时期的佛教重镇。除佛教外，正定还并存着道教、基督新教、天主教、伊斯兰教等世界各地的多种宗教。镇州街是正定古城双十字结构的东中轴线，正对北城门。从北城门往南，镇州街及其延长线上分布着崇因寺（仅存藏经楼，今正定县教师进修学校）、基督教堂（新教）、天主堂（天主教）、天宁寺（仅存凌霄塔）、临济寺（禅宗临济宗祖庭）、清真寺旧寺（今正定县回民小学院内）和清真寺等寺庙、教堂。

人口组成上，据统计，截至2015年12月，全县除汉族外，另有回族、满族、蒙古族、土家族、白族、壮族、纳西族、黎族、傈僳族等34个民族。

古城中现存的文物遗迹，虽时间节点多为隋朝到民国时期，但其所接续和汇集的文化之源或许可以上溯到200万年前的河北境内的阳原人遗迹，更深深根植于始于远古时期的华夏文明的每一次探索的脚步。小城内不仅蕴含和融合着从隋朝到民国各个时期的文化风骨，更容纳和携带着一路走来的从上古时期至南北朝的精神风骨。这座提取千古精华于一隅的城池，或许就是历史有意让她承载起荟萃人类文明、凝聚中华传统文化精华的历史使命。

本书研究的两座文庙掩映在这璀璨的文化古迹长廊中，又为这座光芒四射的古城增添着奇异的光彩。正因为这座瑰丽的小城，在历史上长期作为郡、州、路、府治所，同时又是其附郭县治所所在地，因而既建有县文庙，又建有府文庙，形成了"一城两文庙"的格局。

两座辉煌瑰丽的文庙建筑群，毗邻府、县两级最高权力机构。府文庙位于府衙东。梁思成认为，府文庙戟门为现存为数不多的元代遗存，具有较高的历史、科学、艺术价值。该遗存于2006年被国务院公布为第六批全国重点文物保护单位。县文庙位于府衙和县衙以西，主要建筑如戟门、东西庑、大成殿，都集中在院落北半边。县文庙的大成殿，其建筑年代之久、价值之高，堪称国内文庙之最。1933年，建筑学家梁思成在正定考察时，怀疑其为唐末五代时期遗存，是我国现存最早的文庙建筑。1991年，国家文物局古建筑专家罗哲文考察后认为，此殿应为我国现存最早的文庙大成殿。1996年，该遗存被国务院公布为第四批全国重点文物保护单位。值得一提的是，正定县文庙至今仍在延续其文化功能，近年来多次举办"解读儒学经典""祭孔大典"等各类文化活动。

如果说作为中国古代的正统思想，儒学是古代中国社会长治久安的精神支柱的话，文庙则是承载其精神内核的最重要的物质载体。正定府—石家庄市，拥有五千年文明史、三千年城市史、两千年建制史，浓缩着浩瀚的中华文明底蕴。生于斯长于斯的这两座文庙堪称这种浓缩中最重要的文明殿堂之一。

梁思成先生曾三次来访正定，留下一篇《正定调查纪略》，丁玲在这里完成了代表作《太阳照在桑干河上》，解放战争期间，中国人民大学的前身华北大学矗立于斯，战斗于斯——这些都无疑将这座小城中的两座文庙映衬得更加特别而光辉耀眼。

今天，古城正定与省会石家庄市区，一北一南，隔河相守，一古一今，交互映照。进入新时期，承载着历史辉煌与荣耀的正定古城正在与省会石家庄市区一道开启新的征程，两座文庙必将在这一征途中贡献自身的力量。

然而遗憾的是，在当下的正定历史文化研究中，对这两座文庙的关注很少，仅有的成果只是一些散落在各种著述中的零星片段，迄今为止，还没有专门系统的著作问世。希望此书的出版可略补此缺憾，对正定历史文化研究以及其他相关研究起到一定的补充作用。

本书的研究价值和主要创新之点体现在研究视角、方法和研究结论几个方面：

首先，把正定文庙的研究整体地镶嵌于对古城文化的整体研究之中，并由此拓展至中国传统文化的整体框架中。一方面是在中华传统文化和正定古文化的全景下全方位地查找与文庙相关的史料线索。立足于中华传统文化的演进与传承的根脉之线，将目光投向华夏文化的源头及其演进所及之处，以探索儒学是如何在正定这座神秘的古城扎根的，又是如何与多元文化和谐共进的。探索视线涉及石家庄周边多个地方。另一方面是以一事一物为线索查考其大背景。如关注了民间小史的挖掘，竭力搜求地方上古代家谱之类的民间小史，从中挖掘发现了有关文庙的重要资料信息。

其次，突破就事论事、就文庙研究文庙的传统方法，而将正定文庙研究置于整体和长时段的观察框架内，在长时段和宏远的历史研究视域下展开对问题的探索和史料的挖掘，系统全面地挖掘梳理历史资料，并进行深入的分析和探索。本书是迄今为止正定地方史研究中最为系统、翔实的研究成果，填补了过去正定文庙专门系统性研究之空白。

第三，新方法新视角研究，使得本书在材料获取方面取得了重要突破。正是由于全方位广泛地考察了现存文物遗迹，扩大了搜求的范围，才得以在隆兴寺后院龙腾苑的草地中发现了清代在府文庙内建设尊闻书院的纪石碑额。而放置于龙腾苑中的"三世中丞"牌坊正是文庙培养人才的相关实物遗存。正是由于竭力搜求地方上古代家谱之类的民间小史，从中挖掘关于文庙的信息，从而在正定王氏家族的清代家谱著作《正定王氏家传》中发现了与"三世中丞"牌坊相关的史实，进而揭开了一个王氏后人也不了解的重大秘密，而且发现了文庙与传统儒学在陶冶情操方面的典型案例。"三世中丞"牌坊也成为明晚期志节高洁的儒林人物与魏忠贤集团斗争的证物。

最后，在本书的研究过程中，对正定地方志记载中的一些长期以来的错误或有待商榷的内容进行了辨析与梳理。比如：辨析了府文庙迁金粟冈的历史记载；将错误的"吴王宗宪"的记载订正成"吴王永成"，并据此写作人物介绍段落；等等。在此基础上，进一步对正定县文庙大成殿的历史进行了合理的推测，使这座宏大建筑的部分未载入史书的历史有了一种比较合理的解释。

正定文庙的沿革与现状

文庙溯源

正定城拥有两座文庙

正定府文庙的沿革与现状

正定县文庙的沿革与现状

炎黄子孙生生不息，华夏文明绵延不断，斯文一脉薪火相传。

　　府县两文庙究竟是怎样落在了滹沱河畔的千年古城？它们经历了怎样的起承转合，千锤百炼？本部分从华夏文明的起源探索教育的滥觞，从孔子创立儒学成为百家争鸣的开端切入，探寻正定文庙的来龙去脉，并追溯在这样的大背景下正定文庙曲折发展的情况。

文庙溯源

庙与文庙

庙，繁体字作"廟"，从广、从朝，会意字。广者，寓意宏大的建筑；朝者，如同臣子朝拜君王。可见，"廟"即是祭祀重要人物之所。受祀者一般是已经去世的世间贤达。后人奉祀于庙，表达敬顺仰止贤圣之意。以庙祭祖最早可以追溯到夏、商、周三代。祖籍河南夏邑的孔子，幼年时起即对周礼产生浓厚的兴趣，陈俎豆、设礼容，演习周礼。他早年多次还乡祭祖，并赴杞县、商丘和洛阳三地分别学习夏、商、周三代的礼制文化，晚年周游列国时也随处考察各地风土人情及各诸侯国的礼仪制度。

文庙，是纪念和祭祀我国伟大思想家、政治家、教育家孔子的礼制性建筑，在历代文献中又被称作夫子庙、至圣庙、先师庙、先圣庙、文宣王庙等，尤以"文庙"之名最为普遍。

孔子与儒学及其传播

孔子在教育上的杰出成就是与他的经历和追求密切相关的。

孔子是殷商后裔，少年时曾经从事体力劳动，同时思考并寻找自己的人生方向，自20多岁起，就对天下大事非常关注，对治理国家的诸种问题，经常进行思考，也常发表一些见解。但是身处乱世，孔子所主张的仁政没有施展的空间。政治上的不得意，使孔子将很大一部分精力用在教育事业上。公元前525年前后，孔子创立私学。他曾携弟子周游列国十余年，又曾入洛邑向老子请教。晚年返回鲁国，专心执教。孔子打破了教育垄断，弟子多达三千人，其中贤人七十二。七十二人中有很多为各国高官栋梁，又为儒家学派延续了辉煌。

孔子周游列国，其执政思想被认为迂阔而不被当世认可，实际上他的思想极其深刻，目标极其远大。他超卓的思想跑得太快太远，当时的世人如何能够理解？伟大的思想家，如同伟大的艺术家，往往曲高和寡，所以需要等待理解他的统治者出现。

孔子在教育上倡导"因材施教""有教无类"，这些开明的启发式教育方法以及他对于思想领域的开创性见解，间接地促进了春秋战国时期"诸子百家"这一文化鼎盛现象的形成。

诸子百家是对春秋战国时期各种学术派别的总称。这一时期周王室日渐衰微，诸侯争霸，学者们便周游列国，为诸侯出谋划策。春秋后期已出现颇有社会影响的法家、道家、儒家、墨家、阴阳家等不同学派。到战国中期，许多学派纷呈，众多学说丰富多彩，出现了诸子百家争鸣的局面。

《汉书·艺文志》中共记载596家，1万余卷著作。其中"诸子"部分共有10家。10家之中，儒家的思想体系渊博宏大，影响深远，且注意汲取各学派的营养，不断地丰富自己。一旦时机成熟，儒学就会在社会舞台中发挥重要作用。

独尊儒术与建庙祭孔

汉初，黄老学说受到重视，其在政治上主张无为而治，经济上实行轻徭薄赋，在思想上主张清静无为和刑名之学。此时，博士制度虽承秦制依然存在，但博士人数不多，且仅具官待问而已，在传授文化方面难以起多大作用。汉惠帝时期，博士达到七十余人，百家杂陈而儒家独多。这为汉武帝独尊儒术提供了条件。

武帝即位时社会经济已得到很大发展，国家力量逐渐强大，主张清静无为的黄老思想已不能满足政治和经济的需要；儒家的大一统思想、仁义思想及君臣伦理观念，又恰恰与汉王朝当时所面临的形势和任务相适应。于是，在思想领域，儒家思想终于取代了道家的统治地位。

"罢黜百家，独尊儒术"是汉武帝实行的封建政治统治手段，也是儒学在中国文化中居于统治地位的标志。从此儒学成为两千多年来中国社会的正统和主流思想。

儒家的仁政主张，有助于缓和阶级矛盾，提高吏治水平，不失为封建地主阶级的长治久安之策。汉武帝"罢黜百家，独尊儒术"对后世历史产生深刻影响：一方面，使汉代儒家经学得到重大发展，并从此成为后世历代的正统思想；

另一方面，伴随着儒学的发展，孔子地位日渐升隆，祭祀孔子的文庙也经历了一个由少到多、地位日益尊隆的过程。

公元前478年，孔子去世后第二年，鲁哀公将曲阜的孔子故居三间辟为收藏他生前所用的衣、冠、琴、车、书的场所，并派兵卒守护，予以祭祀。这可说是中国历史上第一座以孔子为祭祀对象的建筑，是天下文庙的滥觞。

刘邦于汉高帝十二年（前195年）十一月自淮南还途经鲁地时，亲自以太牢（古代祭祀中供奉猪、牛、羊三牲）之礼祭祀孔子，开创了帝王祭孔的先河。汉武帝"罢黜百家，独尊儒术"后，儒家学说渐成显学，祭孔活动开始倍受最高统治者的重视。

汉平帝元始元年（1年），追谥孔子为褒成宣尼公，开帝王册封孔子之风。汉明帝永平二年（59年），诏令郡县学校行乡饮酒礼，祭祀圣师周公、孔子，开创了以中央诏令在地方学校中祭拜孔子的先例。

黄初二年（221年），魏文帝曹丕诏令鲁郡修葺孔庙。《三国志》是"二十四史"中首度出现"孔子庙"一词的典籍，此时的孔子庙专指曲阜孔庙。两晋及南北朝帝王，无不崇儒尊孔。如北魏太武帝拓跋焘即位后开启在中央官学祭孔之举，创建中央学庙之雏形。在其之后的孝文帝拓跋宏，于太和十三年（489年）在平城（今山西大同）专门设立孔庙——最早的京师孔庙。又令州郡大力设立、修缮庙宇祀孔。全国范围内渐行设立孔庙之举，当自北魏时代始。

唐高祖李渊在开国不久的武德二年（619年）就下令在国子学中立周公、孔子庙，四时致祭。唐太宗李世民极力提高孔子的地位，于贞观二年（628年）接受房玄龄、朱子奢的建言，下令停祭周公，升孔子为先圣，颜回为配。唐玄宗开元二十七年（739年），追赠孔子为文宣王（由此，人们称孔庙为文宣王庙，明朝以后简称为"文庙"，更具备了与"武庙"① 相对应的含义），颜回为兖公，其余九哲弟子皆为侯。孔子自此开始称"王"。唐代以后，孔子的地位不断提高，对孔子的封号也不断增加。

宋代是国家大规模推广儒学的一个重要阶段。经过这一时期的三次大规模兴学运动，天下文庙通过多种方式大多转变为庙学合一的状态，以孔子、孟子为代表的儒家思想的地位全面上升；同时，程度不同地影响到边疆少数民族，甚至影响到与中国相邻的国家，形成儒家文化圈。

元朝在完成统一后，大尊儒术，元世祖忽必烈至元二十四年（1287年）下令在当时的都城大都（今北京）修建文庙，并于元成宗大德十年（1306年）正式建成。

明洪武二十六年（1393年），朝廷颁发"大成乐"专祀孔子。成化十三年（1477年），增祭孔乐舞为八佾，加笾豆为十二。清代，孔子祭祀成为国家的大祀。

孔子成王成圣以后，儒者们的地位也相应提高。唐代为孔子设立"从祀"即陪同享受祭祀的制度。最早选中配享孔子的，是其弟子颜回。后经屡次扩大，拓展至孔子的七十弟子与二十二贤。宋代之后，从祀制度继续完备。其中地位最高的四位称为"四配"；其次是"十哲"；再次是"先贤"，就是亲自接受孔子教导的弟子们；最后是"先儒"，是孔子弟子之后历代最优秀的儒者。后世的儒者，以去世后能够进入文庙成为从祀先儒为最高的荣誉。

① 武庙最早创设于唐玄宗时期，称"太公尚父庙"，至唐肃宗时，改称"武成王庙"。为与文宣王庙相对应，武庙设亚圣、十哲、七十二子。至明初以前，武庙主祀的都是姜太公。洪武年间，将姜太公移入帝王庙从祀。明清时期，岳王庙与关帝庙先后成为武庙，与当时的文庙相对应。

正定城为何拥有两座文庙：从正定城的历史沿革谈起

若言正定城为何拥有两座文庙，必先从正定城的历史沿革谈起。

安乐垒，这个古城不能忘记的名字，是这座古城的起点。东晋十六国时期的前燕元玺元年（352年），前燕景昭帝慕容儁的两个弟弟——大将慕容恪、慕容霸追击冉闵，在滹沱河北岸构筑了用于屯兵攻守的军事堡垒安乐垒。

在古代，有军事堡垒的地方往往会有百姓、商人聚附于近处，进而形成早期的城市。由此，安乐垒发展势头迅猛，其城市格局逐步完善。到后来，"后魏道武帝登恒山郡城，北望安乐垒，嘉其美名，遂移郡理之"[①]。又因此段河水由西北流向东南，南岸易受水冲，其在河之阳有助于躲避水患，便将郡城迁到此处。安乐垒遂成常山郡治所。从此，滹沱河北岸的常山郡九门县安乐垒继承了河对岸的常山郡城（今东

① [唐] 李吉甫：《元和郡县图志》卷17《河北道二》。

垣古城）的地位，华丽转身，走上历史的前台。

至后世的北齐时期，以恒山县替代九门县，县治设于安乐垒。北周建德六年（577年），北周吞并邻国北齐，统一中国北方。其后改恒山县为常山县。隋大业（605—618）初年，省常山县入于真定县，真定县辖区扩展至滹沱河以北的安乐垒附近地区，县治遂从东垣古城迁移至安乐垒。与此同时，隋代两度进行大的行政区划调整：开皇三年（583年），废郡存州，恒州所属各郡（含常山郡）被撤；大业三年（607年），改州为郡，以恒州为恒山郡（所以唐人李吉甫称"后魏道武帝登恒山郡城"）。改革后，精简了行政区划层级，原有的州—郡—县三级变更为郡—县两级。此后，除个别时期外（如唐初，恒山郡治于石邑，即今井陉），真定城（安乐垒）均至少为两级行政区治所。而且因真定县县治移于安乐垒，此后的安乐垒可称真定城。自此，真定（正定）城的千载芳华，正式拉开帷幕。

有唐一代，除唐初短暂的几年，真定城一直为州郡治所。不同时期，或称恒州，或言常山郡。至元和十五年（820年），改称镇州，直至宋初。

中唐至五代时期，以恒州（镇州）为中心的广大地域，属大型方镇成德军的辖域。成德军最盛时包括河北道的镇州、深州（治所在今河北省深州市）、赵州（治所在今石家庄市赵县）、冀州（治所在今河北省衡水市冀州区）、景州（治所在今河北省东光县）、沧州（今河北省沧州市）、德州（今山东省德州市）与河南道的棣州（治所在今山东省阳信县）等地域。成德军与天雄军（治所在今河北省大名县）、卢龙军（治所在今北京市）并称"河朔三镇"，是中晚唐时期中国北方的重要割据势力。

北宋时期，是逐步确立真定城作为河北西部中心城市的重要时期。北宋初年，中央削弱方镇势力，成德军渐成虚设的"军额"，此地最高行政长官多领"知镇州"或"知成德军"衔。此时的"知成德军"实质上已等价于知州，不再是掌握一方军政大权的节度使。仁宗朝（1023—1063）后，升镇州为真定府，真定府成为此地的正式名称，并沿用六百余年。宋初，镇州直辖于北宋中央政府，后于至道三年（997年）在今河北地区设河北路。后几度划分为东西两路，至熙宁六年（1073年），正式确立河北东路与河北西路的格局。真定府成为河北西路的首府，从此确立了真定府在河北西部政治中心的地位。在整个河北地区，其政治地位仅次于北京大名府（治所在今河北省大名县）。由于河北西路地处宋辽、宋金边防重地，北宋时期对其军事防御职能十分重视，加之真定作为河北西路的首府，城垣建筑迅速发展。北宋时期，河北西路辖有今日河南省的一部分，因此，相州汤阴县（今河南省安阳市汤阴县）的岳飞首次投军报国是北上真定府参的军。

金朝时，河北西路的首府依旧是真定府。河北西路户数总共将近30万，真定府九县三镇就占了13万余户，大大超过了唐代常山郡（5万余户）和北宋真定府（9万余户）时期。真定城是当时真定府中人口最密集、手工业与商业最发达的中心城市。金代真定诗人赵秉文的《登真定阁》盛赞真定"城中十万户"，扣除夸张的成分，其人口数量仍然令人吃惊。

蒙古军队占领河北大部地区不久，于元太宗元年（1229年）改真定府为真定路，意在进一步强化真定城在这一地区的政治、军事地位。

元朝在中国本土设立10个行省（此外，还有设于朝鲜半岛藩属国的"征东行省"）。河北、山西、山东三省以及内蒙古自治区的一部分地区，称为"腹里"，直辖于中书省，成为中央直接管辖的京畿地区。腹里与各行省下设路，管辖府、州、县。不过，元朝的路在管辖范围、统领府州县数量等方面，都要小于宋金时期路的建制。此时，改真定府为真定路，下辖多处州府，并直辖真定县。河北中部的真定地区，成为大都以南的一个重要的政治、军事、经济、文化中心。

元代诗人纳新的《河朔访古记》记载："宋寻改真定府，为河北重镇，金因之，置河北西路。国朝初，仍为河北西路，怀、卫、邢、洺、磁、相、保、大名、河间皆隶焉。后改真定路总管府，领县九，曰：真定、栾城、元氏、灵寿、获鹿、平山、阜平、藁城、涉县，领府一曰中山，领州五曰冀、深、蠡、晋、赵，府州所镇县凡二十有一。真定路录事司，国朝所建立，专理城内，城之外则真定县所理。城中今置燕南河北道肃政廉访使及真定路总管府以镇之，录事司、真定县二官署，皆在城中。"[1]

明朝灭元以后，改真定路为真定府，真定府下仍直辖真定县。

真定府城，成为真定府和保定府的军事中心，是真定卫和神武右卫驻地。明成祖朱棣迁都北平府（迁都后府名改顺天府，原府城改作都城，为北京）以后，真定府成为拱卫京师的重要城镇。

清顺治元年（1644年），承袭明制，设立保定巡抚，驻真定府，辖保定、真定、顺德（今邢台）、广平（今唐山、秦皇岛）、大名（今邯郸）、河间（今沧州、衡水）六府。顺治六年（1649年），裁保定巡抚，其辖地交由直隶山东河

---

[1] [元]纳新：《河朔访古记》卷上。

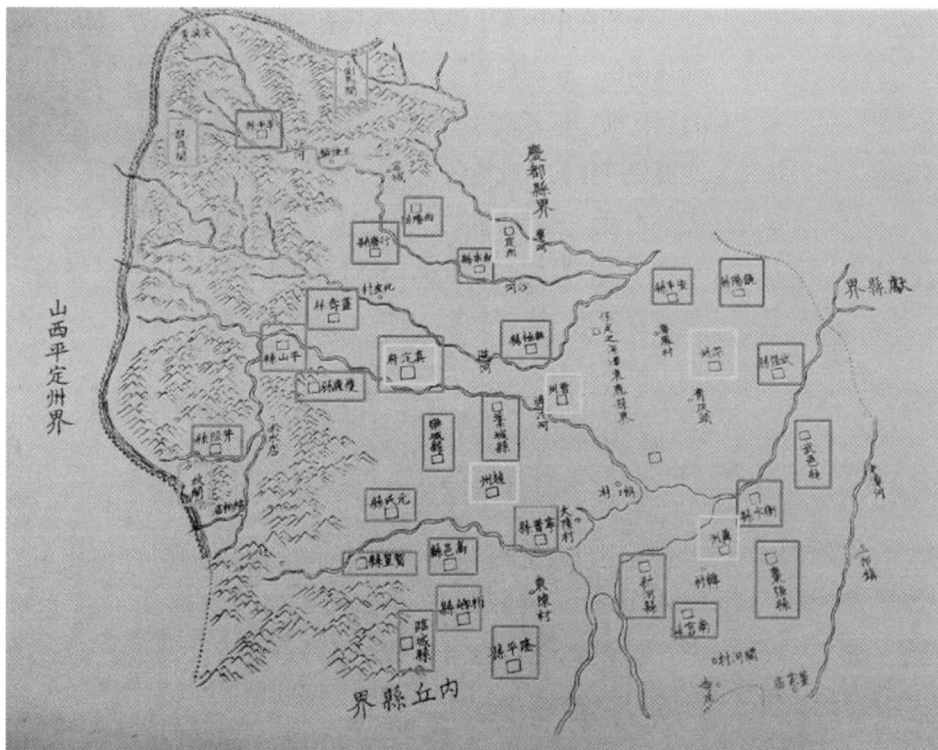

明朝真定府辖域图（图片来源：正定县文保所副所长于坪兰拍摄国家第一历史档案馆资料）

南三省总督（顺治六年设，驻大名府）管理。顺治十五年
（1658年）五月，裁直隶山东河南三省总督。同年七月，复
设保定巡抚于大名府，仍辖保定等府。同年，裁宣大总督
（设于明景泰二年，1451年），其故地交由顺天巡抚（顺治
元年承明制而设）管辖。至此，由保定巡抚与顺天巡抚二者
共理直隶全境。顺治十八年（1661年）十月，裁顺天巡抚，
直隶全境统归保定巡抚管辖。又因大名府地理位置较偏，无
法有效统管直隶，遂于当年十二月，迁保定巡抚于真定府，
并于康熙六年（1667年）正式更名为直隶巡抚。两年后，直

隶巡抚迁驻保定府，并于同年更直隶为直隶省。后于雍正二年（1724年），裁直隶巡抚，设直隶总督，并于乾隆二十八年（1763年）正式确立由直隶总督兼理直隶巡抚事宜。至此，现代河北省的雏形框架完全打好。由此看出，在清中前期尤其是直隶设省之前，各路督抚与直隶的对应关系是较为杂乱的，多位督抚大员共治直隶是常规状态。在此情状下，真定府于顺治元年至顺治六年间设有直隶督抚之一，于顺治十八年至康熙八年间（1669年）驻有直隶唯一的巡抚衙门。即清初时期，真定府相当于直隶省会之一，可见其政治地位之高。康熙八年后，真定府的政治地位逐步让位于保定府，但真定府的军队设置并未全部撤销，而是和保定府互为表里，形成掎角之势。雍正元年（1723年），为避讳皇帝名（胤禛），真定遂改名为正定，并沿用至今。至1913年废府存县后，正定县属直隶省范阳道（治清苑县，即今河北省保定市清苑县）管辖。1914年范阳道改名保定道。

由此可见，自隋代正定府雏形正式形成后，不论历朝历代风云变幻，除去个别时期外，正定城皆为至少两级行政区治所。在某些历史时期，更是省级行政区治所或治所之一，成为三级政区治所所在地。如此的政治地位，使正定城具备了同时拥有两级、两座文庙的底蕴。（中国古代不设省级文庙）

宋代之后，正定所处两级行政区多为府与县的搭配，所以在笼统称呼时，可称此二庙为府（学）文庙与县（学）文庙。但是，某些特定时期的称谓，宜当遵从与当时行政区划相对应的专门叫法。如有元一代，真定改府为路，这时的府（学）文庙应当以路（学）文庙命名。其他更为特殊的情况，本书作者会在相关段落中予以注明。

7. - Muraille et une des Portes de la Ville
Wall and one of the city gates
(Cheng-Ting-Fu Mission, S. W. Chihli, China)

正定古城门

正定文庙研究

此外，再对本书中正定的称谓问题进行简要阐释。称为"正定"时，或是清雍正元年（1723年）后，改真定为正定的情况，或是对正定各历史时期的统称；名为"真定"时，则是在那个具体时代，其名便是真定。在正定府县志或其他一些史料中，有不符合历史状况的写法。如一些文章于雍正年间之前写成，其题目却带有"正定"字样，明显为后世误刻误印或由其他原因导致。此种情况已一并做出修改，改为其所处具体历史时期的叫法，不再一一解释。

正定城的两座文庙

正定府文庙位于今天的解放街小学和县中医院一带。"文革"时期大成殿等建筑被拆毁，仅存戟门5间和东、西配房各3间。戟门被认为是古城正定现存的唯一一座元代建筑，

修复后的正定府文庙元代戟门

是研究元代政治、经济和社会发展不可多得的实物资料，具有较高的历史、科学和艺术价值。1982年被正定县人民政府列为县级重点文物保护单位。2006年5月被列为第六批全国重点文物保护单位。①

县文庙在城内育才街西侧，1956年河北省人民政府公布县文庙大成殿为河北省重点文物保护单位，1996年11月国务院公布其为全国重点文物保护单位。1933年，古建筑专家梁思成来正定考察，被五间大殿那翼翼的出檐和雄伟的斗拱所吸引，认为殿外表与敦煌壁画中五代镇州建筑物相似，推测是在古寺佛殿基础上改建而成的唐末五代遗物。1991年国家文物局古建筑专家罗哲文考察后认为此殿建于唐末五代，应为我国现存最早的文庙大成殿，其建筑年代之久、价值之高，堪称国内文庙之最。1998年6月1日，这座儒学建筑正式向游人开放。②

① 正定县政协文史资料委员会：《正定文史资料》第5辑，2003年版，第16页。
② 梁小丽、聂松鹿：《正定府文庙戟门》，载《文物春秋》2006年第4期。

正定县文庙棂星门（当时用作县立女子乡村师范学校）（梁思成摄）

正定县文庙大成殿原貌（梁思成摄）

正定府文庙的规格很高，曾经是一个非常庞大的建筑群。雍正十一年（1733年），正定知府郑为龙在《重修府学文庙记》中记道："正定郡北镇恒山，南临滹水，地号名区，化推首善，而文庙之肇尤为特重。其局势恢阔，规模宏远，瑞气所钟，人文辈出。凡擅文章之山斗，优相业之经纶者，代不乏人，无一不发轫于此。"同治九年（1870年），王荫昌（正定人，任山东武定府同知）在其所撰《重修正定府府学文庙碑》中称："正定府为历代省会之区，故府学、文庙规模广阔，气象崇宏，甲于通省。而修葺之费，工程浩大，亦无有过于此者。"

府文庙经历代修葺、重建，至新中国成立初期，主要建筑保存尚好，中路为牌坊、棂星门、泮池、泮桥、名宦祠、乡贤祠、戟门、东庑、西庑、大成殿、崇圣祠、六忠祠，东路为学宫，前为魁星楼，后为学堂及教学楼，西路为明伦堂。由于日后的屡加破坏，至20世纪80年代，正定府文庙仅余一座不大的院落，只剩下一座建于元代的戟门及其东西耳

房，其他建筑都已不存。正定府文庙大体经历了先学后庙
到庙学合一，而后学进庙退和重获新生的阶段。

先学后庙: 正定府文庙的前身

文教先声　封龙书院

东汉常山郡治于元氏县时期，学者伏恭"太常试经第
一，拜博士，迁常山太守，敦修学校，教授不辍，繇是北州
多为伏氏学"[①]。伏恭在此督促学校建设。同时期的学者李
躬长期隐居元氏县封龙山，在此授徒讲学。此二公极大地促
进了常山郡教育的发展。从此封龙山成为郡内名山，人文荟
萃，文化发达，兴学之风盛行。及至唐代，有郭元振、姚敬
等名士游学或讲学于此。汉唐时期，常山郡一直是河北的教
育中心之一。

此后，即使在真定城内建立府学之后，封龙山也一直是
真定地区重要的教育场所。

唐代，书院作为一种新的教育场所开始出现。至北宋，
名相李昉在封龙山创设中溪书院和封龙书院收徒讲学，开河
北书院教育之先河。

北宋，见诸记载的河北书院有三处，全在封龙山中。一
座是封龙书院，在封龙山之阳山脚下，即东汉李躬授业之
所，北宋李昉讲学之地。一座在龙首峰西，称西溪书院。还
有一座中溪书院在龙首峰下，又称为中峰书院。

元代封龙书院空前发展。元宪宗元年（1251年），真定
栾城籍著名数学家李冶（1192—1279），结束了流亡生活，
从山西东归，买田封龙山下，设帐讲学，学徒众多。他潜心
治学，诲人不倦。他在乡民及真定路都元帅史天泽、真定督

---

①《册府元龟》卷598《学校
部·教授》。

学张德辉和学者元好问等人的支持下，重振封龙书院，创立天元术。天元术比欧洲近代代数的产生早300年左右。李冶的两部天元术著作，奠定了他在13世纪世界数学史上的重要地位。

继李冶之后，藁城籍学者安熙主持封龙书院。安熙父祖有学问，"以学行淑其乡人"[1]。安熙本人"遭时承平，不屑仕进，家居教授垂数十年，四方之来学者，多所成就"[2]。

根据史料记载，封龙山中的书院曾举行过祭祀孔子的典礼。如《畿辅通志》中记载有安熙在封龙书院主持祭祀孔子的释菜文。释菜文，即在释菜礼上宣读的祭文。释菜礼，是古代入学时祭祀先圣先师的一种典礼，亦作"释采""舍菜"，即用"菜"（蔬果菜羹之类）来礼敬师尊。

元代之后，封龙山上的书院状况变得语焉不详。至于今，风流云散，胜迹无存。封龙书院遗址有读书洞，洞内有摆放油灯和书籍的壁龛，二洞有一小门相通，洞内有很厚的黑烟旧痕。洞口有道光年间（1821—1850）元氏知县刊刻的《禁凿胜山石记》碑，洞前20米有明代藏圣像室。

推测：前吴中复时代的真定庙学

据史料记载，真定府在北宋熙宁三年（1070年）之前已有庙学。在此，对这一时期的真定府庙学状况，做一辨析与推测。

首先，光绪《正定县志》记载有元代王思廉的《增修真定府学记》。此文中记载："恒府庙学建置之始无从稽考，其迁金粟冈地，则有宋龙图阁学士、知府事吴中复……"这样的记载颇值得研究一下。此文虽讲吴中复之前真定已有庙学，但无法确定其具体时间，或为晚唐，或为五代，抑或是

---

[1]《元史·儒学一》。
[2]《元史·儒学一》。

北宋初年，均无从知晓。再者，其"庙学建置之始"是个什么形态，也值得讨论。是否有可能在未知的时代里，真定府学（或镇州州学、恒州州学等）已然存在，但只是独立的学宫形态，尚未与文宣王庙珠联璧合。所谓"自唐代以来，州县莫不有学，则凡学莫不有先圣之庙矣"[①]的记载，据诸多当代学者研究，是一种古人夸大化的表述。真实的情况是，"庙学合一"是漫长岁月中不断发展深化的产物。宋朝是这一历史进程中的关键一环。到了元朝，才基本实现全面的庙学合一，做到"学必有庙"（即王思廉所讲的"庙学"）。吴中复所处的时期，或许就是真定府从庙学分离或有学无庙状态过渡到庙学合一境地的关键时期。金粟冈的文庙是真定府首度完成庙学合一的官学，也是官学走向建制完备的滥觞。所以才导致，吴中复之前庙学无从稽考，而从此之后代有记录。这或许是一种较为合理的推测。

其次，对王思廉所云"迁金粟冈"一事，有必要做一些辨析。《增修真定府学记》在乾隆《正定府志》和光绪《正定县志》中的版本为："延祐丙辰夏，郡学教授苏梦麟、学正韩大明、学录焦悦合辞谓予曰：'恒府府学建制之始无从稽考，其迁金粟冈地，则有宋龙图阁学士、知府事吴中复熙宁三年创建，礼部郎中陆佃元祐元年记；重修则有金常山周先生昂明昌三年记……'"[②]乾隆和光绪版明显同出一源，或是光绪《正定县志》直接誊抄了乾隆《正定府志》中的文章。与上述版本不同，正定府知府沈涛在道光年间考录了正定地区的古代碑刻，撰为《常山贞石志》一书。在此书中也有此文，且是誊录的碑刻原文，并明确谈及此碑立于延祐四年（1317年）五月，编撰此书时位于府学文庙。《常山贞石志》中的此篇文章，题为《真定增修庙学记》，与地方志有

---

① 《文献通考》卷43《学校考四》。
② 乾隆《正定府志》卷45，光绪《正定县志》卷11。

所不同，其行文也有不同："延祐丙辰夏，郡文学苏梦麟、学正韩大明、学录焦悦合辞谓予曰：'恒府庙学建制之始无从稽考，其迁金粟冈也，则有宋龙图阁学士、知府事吴中复熙宁三年律诗，礼部郎中陆佃元祐元年记；重修则有金常山周先生昂明昌三年记……'"① 二者篇首行文的区别，主要是"熙宁三年创建"与"熙宁三年律诗"的不同。以文章句法来看，前文中已提及"迁金粟冈"，后文中所言，应是对此事的完善，即吴中复留有律诗，陆佃作记，这样更合乎文法。这一"迁金粟冈"事与后文中的"重修"等事并列，构成一个完整的段落，写明"恒府庙学"的历史演进过程。"吴中复熙宁三年创建"则颇为语焉不详。所以，《常山贞石志》版更为妥帖、恰当。中国当代文史学家李修生在主编《全元文》时，综合地方志与《常山贞石志》的不同版本，将此段文字校勘为"延祐丙辰夏，郡学教授苏梦麟、学正韩大明、学录焦悦合辞谓予曰：'恒府庙学建制之始无从稽考，其迁金粟冈地，则有宋龙图阁学士、知府事吴中复熙宁三年律诗，礼部郎中陆佃元祐元年记……'"② 这样的修改是颇为恰当的。

至于这一"迁金粟冈"事的具体时间，下面再加以辨析。根据相关学术文献，吴中复知成德军，是从熙宁二年（1069年）开始的，直到第二年的九月，被继任者刘庠代替。其前任是治平四年（1067年）至熙宁二年在任的陆诜。③ 再查阅《大明一统志》等官方志书，言明真定府学"宋熙宁间建"④。这一"建"字即指王思廉碑文中的"迁金粟冈"。综上，根据《真定增修庙学记》一文，在迁金粟冈之后，留有吴中复熙宁三年律诗，知其事不可能晚于吴中复知成德军时期，再根据"宋熙宁年间建"等正史记载，知其肯定为吴

① [清] 沈诗：《常山贞石志》卷19。

② 李修生：《金元文》，凤凰出版社1998年版，第4—5页。

③ 周凯：《北宋真定府研究》，河南大学硕士学位论文，2016年，第80页。

④《大明一统志》卷3。

中复或陆诜任期之内所迁，再综合正定府县志中其他一些文章的记载，其结论便是，吴中复主持了此次迁移，并于熙宁三年在府文庙题写律诗，但迁金粟冈的具体时间无法确定，只能圈定为熙宁年间吴中复任期之内。

再次，便是在光绪《正定县志》第四十五卷《金石》中记载有这样一段话："宋真宗孔子赞并加号诏，王嗣宗行书，大中祥符元年十月，立在府文庙。"这句话细细品味，大有可商榷之处。此话能否理解为大中祥符元年（1008年）即已存在一处府文庙，并立有宋真宗赞孔子的碑文呢？并不尽然。查《宋史》等相关史料，这一赞孔子之事指的是宋真宗于大中祥符元年拜谒曲阜孔庙并封孔子为"玄圣文宣王"一事，其碑为《御制赞玄圣文宣王碑》。可是，参考其他地方的同款碑文，此碑文中有"十一月一日，车驾幸曲阜县""五年八月二十二日奉敕……十一月十三日奉敕，改谥曰至圣文宣王"的文句。[1] 按此碑记载，宋真宗于此年十一月一日到达曲阜，并载有大中祥符五年（1012年）加封孔子的事情。以此碑文中的"五年八月二十日奉敕，诸道、州、府、军、监，各于玄圣文宣王庙刻□御制赞"[2] 的记载推断，此碑立于大中祥符五年。所以，光绪《正定县志》中的记载明显有误。依以上内容推断，至迟在大中祥符五年，即吴中复时代之前，真定府已存在一处府文庙，并刻立有《御制赞玄圣文宣王碑》。但如上文所述，宋代初年的"玄圣文宣王庙"并不意味着必然存在庙学合一的"学庙"，此时的真定府文庙很有可能是庙学分离状态下的文庙。因此时真定府还未由州升府，所以此府文庙其实是镇州文庙。

最后，一种更加大胆的推测，有赖更多的资料，留待下文再做分析。

---

[1]《御制赞玄圣文宣王碑》，现存山西省新绛县博物馆。
[2]《御制赞玄圣文宣王碑》，现存山西省新绛县博物馆。

庙学合一：宋元明清时期的发展

宋元：规制完备，走向成熟

宋金时期持续修葺文庙。继府学迁金粟冈之后的元祐三年（1088年），蔡京知成德军时期扩大了府文庙的规模。[①]

金明昌元年（1190年），吴王完颜永成[②]改建文庙，又一次增大规模：增盖了东、西两庑及廊，重新彩塑了几十位先贤大儒的塑像。"大定己酉，皇叔吴王受钺来帅，越三日见于廷，慨然临之，有作新之意。既命工北徙其正室，去以十丈，梁栋楹桷，一易而新，其崇及广，视旧有加。而又增其两庑及廊为间十六，先贤大儒之像凡数十人，皆改图之。用钱于公几百万，相助者倍之。功起于明昌元年二月，终于八月。"[③]良乡令周昂明昌三年（1192年）为记。

蒙元时期，文庙走向进一步完善。蒙古军攻占真定后，史天泽掌管真定，真定总府参佐张德辉负责教育事宜。元定宗二年（1247年）五月，忽必烈召见张德辉，督导真定路学的兴修事宜。史天泽、张德辉等人倡集捐款，由本路工匠总管赵振玉组织施工。元好问为之作《令旨重修真定庙学记》："罅漏者补之，邪倾者壮之，腐败者新之，漫漶者饰之。裁正方隅，崇峻堂陛。庙则为礼殿，为贤庑，为经籍、祭器之库，为斋居之所，为牲荐之厨；而先圣、先师、七十子、二十四大儒像设在焉。学则为师资讲授之堂、为诸生结课之室、为藏厩庖湢者次焉。高明坚整，营建合制，起敬起慕，于是乎在。乃八月落成。"[④]

至元八年（1271年），总管乌提修葺讲授之堂、结课之室，东原崔迪为记。

① 据相关史料记载，当时蔡京因故从东京开封府贬黜至真定，担任地方州府长官，其知成德军的任期仅仅是短短的元祐元年至元祐二年约一年时间。《真定县志》的记载出现漏洞，但因史料的缺乏，此处无法进行定论式修改，只能存疑。

② 据正定府县志记载，此处为"吴王宗宪"，但查询相关史料，完颜宗宪既未封王，更早已去世于明昌元年之前，地方志记载出现明显疏漏。唯一能在明昌元年组织文庙改建的"吴王"，是完颜永成，遂更正。

③ [清]赵文濂：光绪《正定县志》卷11。

④《遗山先生文集》卷32。

大德九年（1305年），苏州经历范忠将原有祭器改换为铜制祭器簠、簋、坫、爵、牺、象、洗等共160件，总管王良辅率僚佐停发一月俸禄共计五千缗，命有钱人家经营料理。每年取其利息供府学师生费用。学士王思廉为记。

延祐三年（1316年），学庑两旁颓敝，教授苏梦麟请总府增修，更增加了一些庐斋从祀。学士王思廉为之作《增修真定府学记》："殿基旧卑下，崇以三尺。栋楹榱桷、瓦甓牖户易腐败，以坚率三之二，漫漶者鲜之，东西庑讲堂各益两楹用广狭隘，故者因而新之，华丽宏壮殆类初构，一洗前日之陋，称侯邦泮宫之制。七十子、二十四大儒昔图于壁，剥落几半，绘以缣素为不朽计。宋九儒本朝许鲁斋附焉。祭祀陶器加四百余事，笾九十豆六十幂布九十此又余力所及也。"[①]

至顺二年（1331年）兴修。此前，府尹马斯忽计划兴修府学，打好了地基，还没有来得及盖房舍就离任了。府尹张忙兀台到任后，增修殿庑门舍三十二楹，规制乃备。国子祭酒孛术鲁翀为之作《真定路加葺宣圣庙碑》："至顺辛未，宪暨府议，倡集楮缗三万，市物佣工募役，自殿之庑，自庑之门，新其屋楹三十有二，栋宇轩楯，拱挟环合，左右翔峙。作杏坛于殿之北。自庙徂学，门垣梐枑，循序森立，瓦墁缔筑，坚丽于旧。"[②]

至顺四年（1333年），立礼户碑。编修赡思为记。

至元四年（1338年），教授赵璧刻立乐户碑。学士兼国子祭酒欧阳玄为之作《真定路乐户记》。

至正十七年（1357年），府尹赵任重重新塑造了孔子像，另外新塑105尊先贤先儒像。集贤院学士杨俊民为之作《宣圣庙塑像记》。

元末，文庙在战火中被毁，殿堂门庑皆一片苍凉。据明

① [清] 赵文濂：光绪《正定县志》卷11。
② [清] 赵文濂：光绪《正定县志》卷11。

洪武六年（1373年）曹京的《增修真定府学记》记载，儒学"罹兵燹殿堂门庑悉皆颓圮，而明伦堂在大成殿东偏"①。

明代：多格局发展阶段

经过宋元修葺发展阶段后，明朝文庙进一步发展繁荣，形成庙学融合的复杂建筑群。

明太祖朱元璋登基为帝后，为了加强文化统治，培养封建统治人才，非常重视教育，进而开启了对文庙的新一轮建设高潮。明代的真定城，作为真定府的中心城市，除了官署卫所之外，府县学庙规模之宏大、殿宇之恢宏、庙堂之庄严都超越了前朝。

洪武六年，大成殿东侧的明伦堂已坍圮。真定知府郭勉邀同知梁侯宾、经历蒋辅等人，召集了真定知县叶思敬、平山知县沈亨、灵寿知县王士成、元氏知县刘原共同商议，捐资在大成殿东北重修明伦堂，在明伦堂南增建杏坛，并重修文庙内外墙，房屋凡损坏的地方都换成了新的，残缺的地方补全。殿堂、大门、房舍焕然一新。洪武六年主簿曹京为记。

正统（1436—1449）及景泰（1450—1457）年间，巡按御史郑邕、提学御史王琳、通判周彦宇都曾对文庙进行过修葺。知府李善置祭器。

天顺三年（1459年），推官吴篪增修明伦堂，添建了斋庐号舍。

天顺五年（1461年），巡按御史鲁秩增建尊经阁，并于此阁的东西两边建起了"梯云""步月"二楼。大学士彭时为记。

成化四年（1468年），知府邢简重修大成殿及两庑、神

① ［清］赵文濂：光绪《正定县志》卷11。

厨、戟门等屋。礼部尚书姚夔为记。

成化十一年（1475年），知府田济于“庙之后为师儒官舍者五区，庙之西偏南向为讲道之堂者十楹，旁列四斋，曰明德，曰崇信，曰养性，曰存义。南为门两重，各三间。堂之后为会膳之所者十楹。其后为尊经阁三间，以藏经籍子史。阁两直各翼以楼七间，匾曰步月，曰梯云，期多士之有所成也。阁之外，周围号舍五十间，俾诸生肄业之有其地也。文昌庙三间，旧在学门之西，今改置戟门之东，为门三间。他若乡贤有祠，收受有库，观乐有亭，廪庾庖湢无不具备”[①]。又高价收买紧邻庙学的居民土地，建设垣墙，使学校规局严整。当时总共建房120间。规制宏丽，远近无处能比得上。太子太保商辂为记。

弘治八年（1495年），知府张琡按图籍恢复府学被侵占的土地大约十分之三，改建明伦堂为六楹，东西建观乐亭。大学士徐溥为记。又鼎新文庙，立名宦祠、乡贤祠。大学士刘健为记。正德二年（1507年），知府彭泽重修。正德八年（1513年），在文庙东建“二忠祠”，祀唐颜杲卿、颜真卿。从此奠定了府文庙的三路格局。

嘉靖六年（1527年），建敬一亭于庙前[②]。嘉靖七年（1528年），知府喻茂坚重修。于大成门（即戟门）东建名宦祠，于大成门西建乡贤祠。嘉靖九年（1530年），撤像祀木主（将塑像、画像改为木制牌位）。嘉靖十年（1531年），建崇圣祠。嘉靖十二年（1533年），知府胡效才各修其颓败者。嘉靖十四年（1535年），知府宋宜重修明伦堂，又扩建了泮桥，修建了棂星门和大牌坊。编修欧阳唤为记。嘉靖二十六年（1547年），知府唐臣重修，明伦堂是这次重修的重点建筑。嘉靖四十一年（1562年），知府查绛重修。

① [清]赵文濂：光绪《正定县志》卷11。

② 乾隆《正定府志》记为在尊经阁后建敬一亭。

正定府文庙魁星楼与天宁寺木塔交相辉映（1918年摄）　　府文庙魁星楼

大学士袁炜为记。

万历九年（1581年），左都御史辛自修重修，自为记。万历二十七年（1599年），知府秦临晋增建魁星楼。至此，府文庙的规模和形制基本定形。

天启元年（1621年），知府朱本洽重修。太常寺少卿赵南星为记。

天启二年（1622年），知府孟腾芳增祀宋欧阳珣，二忠祠改称"三忠祠"。据清朝知府蔡封的《重修正定府文昌殿暨三忠祠碑记》记载其重修前的位置："文庙之东有奎星阁，阁后数武有文昌殿，殿后又数武则为三忠祠。"[1]由此可见东路有奎星阁（又称奎星阁）、文昌殿、三忠祠。明朝真定府的三忠祠一直到清朝时期的"六忠祠"，一直位于府文庙东路的最后位置。至此，府文庙已经形成"西学中庙东祠"的三路布局。

崇祯年间（1628—1644），东庑因灾被毁，知府范志完重建东庑。

---

① [清]赵文濂：光绪《正定县志》卷11。

官办恒阳书院：明朝后期府学的补充或扩编。正定有两所恒阳书院，建立并存续于不同的历史时期。府文庙东边的恒阳书院设立于清代。在此之前的另一座恒阳书院，即下文所述的明代恒阳书院。

嘉靖二年（1523年），知府王腾在真定城西北角（今正定中学处）改天王寺为崇正书院，官府管理教学内容。嘉靖三十年（1551年），御史杨选和知府孙绩修葺书院，并更名为恒阳书院。聘请湖南平江人艾穆（号纯卿）任主讲。艾穆博学善古文，平生仰慕个性刚猛的李梦阳（字献吉）之文章与气节。学生通过科举考试涌现出了一大批英才。明代政治家、吏部尚书、东林党领袖之一赵南星曾就学于恒阳书院，师从艾穆。万历七年（1579年），内阁首辅张居正取消天下书院，恒阳书院即停。万历十一年（1583年），改书院旧址为游击将军署。万历四十一年（1613年），御史傅振商、知府周光夔、推官魏运开商议捐镪，另建游击署，赎回书院，重新修葺，赵南星为之作《重修恒阳书院记》。崇祯十一年（1638年），知府范志完重修书院，改建六谕楼。崇祯十三年（1640年），知府王追骏改其为督学行署。

这时候的恒阳书院与政府关系极其密切。当时"三十二城之名士"[1]汇集到恒阳书院，而知府公余到书院看望并指导他们的学业，并与其中翘楚结下深厚友谊。例如，知府范志完特别欣赏在校儒生柏乡魏裔介，二人建立了非常深厚的友谊。此后魏裔介曾跟随范志完做幕僚。

清代：从西学中庙东祠到两学夹一庙

顺治十五年（1658年），知府佟彭年重修，自为记。康熙二年（1663年），知府李镛金重修，光禄寺少卿梁清远为

① [清] 赵文濂：光绪《正定县志》卷11。

记。康熙五年（1666年），知府胡预续修，吏部侍郎梁清宽为记。康熙十七年（1678年），同知罗京重修，兵部尚书梁清标为记。雍正十年（1732年），知府郑为龙重修，学政吴应棻、知府郑为龙为记。

乾隆二十五年（1760年），知府郑大进重修，自为记。清乾隆《正定府志》记载如下：

国朝定鼎以来，相继兴修。乾隆二十五年知府郑大进增建、重修圣德通天牌楼三间、照壁一座、德配天地牌楼三间、道冠古今牌楼三间、东西各下马牌一座、奎阁一座、围墙、东泮池、西泮池、泮桥、义路、礼门各一间（乾隆二十五年增建）、戟门五间、名宦祠五间、乡贤祠五间、大成门五间、东耳房三间（乾隆二十五年增建）、西耳房三间、东庑七间、西庑七间、大成殿七间、东角门一间、西角门一间、尊经阁五间、敬一亭三间、崇圣祠三间、围墙门楼一间、文昌祠三间、三忠祠三间、围墙门楼一间。以上共修建殿庑屋宇楼墙等八十七处所。乾隆二十五年郑大进谨记。[1]

乾隆四十一年（1776年），知府方立经重修，学政罗源汉为记。方立经作《倡捐小引》，历尽磨难，至今仍然镶嵌在戟门东耳房东墙上。碑石字迹甚至印章都清晰可辨。罗源汉的碑也从地下挖出，矗立在戟门北面东偏的台阶上。咸丰四年至同治八年（1854—1869）相继重修，武定府同知王荫昌为记。

在光绪《正定县志》的卷首图片中，府学与文庙明显呈现为"左庙右学东祠"的形式。古代在地理方位上，以坐南

---

① ［清］郑大进：乾隆《正定府志》。

朝北为基准，东为左，西为右，并且以左为尊，所以在"左庙右学"的位置安排中，明显可以看出府文庙的地位要高于府学。这种位置安排绝不是无意识的。在正定县学县文庙的位置安排中，曾经出现过前庙后学的安排，但是后来改成了左庙右学的布局。府文庙早期是不是也有过庙学布局的调整呢？这就不得而知了。

乾隆四十一年（1776年），知府方立经重修府学文庙时，规划东祠一块地方建尊闻书院。方立经亲自作《新建正定府尊闻书院碑记》，交代了书院名称由来："落成，司事者以名请。伏读我皇上驻跸郡城，御制隆兴寺诗，首云董子有言尊所闻，登高一呼，提倡道学，深切著明，谨奉天子命以临之，曰尊闻书院。夫尊所闻则行所知在其中矣。"①道光十年（1830年），知府关炳改其名为恒阳书院，即设立于清代的第二座官办恒阳书院。

至此，庙学布局成为两学夹一庙规制。此时，西边有府学，而东部的恒阳书院相当于府学的扩编部分。府学前还有学署，恒阳书院后还有六忠祠。府文庙成为布局复杂、规模宏大的建筑群。

此后，正定府文庙的兴修事宜就变得极其模糊了。2009年维修府文庙戟门的时候，才发现戟门顶部有"九月知正定府事江槐序重修"的铭文。

这是府文庙有据可查的封建王朝时期的最后一次重修，因为史料阙如，标识又不完整，故无法确定准确时间。但是，据《正定史源》记载，江槐序"光绪二十八年三月补至三十三年任"②，即1902年至1907年任正定知府，这是最后一次重修的大致时间范围。

① ［清］赵文濂：光绪《正定县志》卷11。
② 王米贵：《正定史源》，河北人民出版社2017年版，第232页。

正定府文庙戟门顶部江槐序重修府文庙铭文

学进庙退：清末至改革开放时期的文脉延续

1913年正定废府存县，正定府不复存在，府文庙遂逐渐衰败，旧址屡经占用。

光绪二十八年（1902年），正定府学和恒阳书院改建为新式学堂，名为"正定府中学堂"，学制四年，每级一班，每班约50人，共约200人。

民国元年（1912年），正定府中学堂更名为"直隶省立正定中学校"，府文庙大成殿改名"中山堂"。1917年，改为"直隶省立第七中学"。

1924年10月，冯玉祥发动"北京政变"，将所部改称国民军。当年11月初，国民军第三军第三混成旅进驻正定，旅部驻在正定七中西院。军队中的共产党员向学生介绍进步理论，促成了正定县及周边各县共产党组织的建立，将革命思

民国期间学生在正定府文庙中扫雪

想撒播于整个原正定府地区。

北伐战争后（1928年），学校名称改为"河北省立第七中学"；1932年，改为"河北省立正定中学"；1937年10月，日本军队占领正定后解散该校。其后由于日寇侵略，兵荒马乱，府文庙愈加衰败。1947年，河北正定中学在明代恒阳书院旧址（今正定中学处）重建。

正定城解放（1947年）后，府文庙被华北大学、河北建设学院、正定拖拉机站、正定河北梆子剧团、地区戏校使用。[1]

1954年正定第二小学（解放街小学前身）入驻，占据了府学府文庙、六忠祠和恒阳书院的大部分地方。20世纪50年代，拆除府文庙后面的大殿，建设正定县人民医院。1958年，县医院迁入文庙旧址的西北部，后来正定妇幼保健院又占用一部分。[2]

20世纪90年代，县医院和正定妇幼保健院相继迁出，原

华北大学学生在正定府文庙集合（在魁星楼上向西南方向拍摄，图中箭头所指的圆拱门为马家大院东门）

址北半部分成立了中医院，其中一部分划给了计划生育局，南半部分建成了正定县医院和正定妇幼保健院的家属楼。[1]

府学西路，即明伦堂所在地，后成为佛教俗家弟子诵经祈福的场所。前院为佛教界办的普济学校，正定城解放后为戏院和木制厂，[2]后为城建局、财税局所在地。同时管理和维

① 正定历史文化研究者长林风（安彦峰）的博客文章：《正定府文庙"钟灵坊"（圣德同天牌楼）》。
② 正定历史文化研究者长林风（安彦峰）的博客文章：《正定府文庙"钟灵坊"（圣德同天牌楼）》。

1949年春，华北大学学生在河北正定校区集会表决心，要随军南下，解放全中国
（在魁星楼上向西北方向拍摄，后面建筑即府文庙大成殿一角）

修公产房的部门也在此办公，初期隶属于财税部门，后归城
建部门。其后为财政局、房地产管理所所在地及家属宿舍。
2019年，房地产管理所拆除，财政局搬到正定新区办公，原
办公楼改建为酒店。家属宿舍楼尚在。

　　由于使用功能的改变，原来的庙、祠已基本无存。1966
年冬，大成殿被拆毁。现仅存戟门5大间和东西配房（耳房）
各3间，以及一个不大的院落，夹杂在县人民医院（20世纪90
年代迁出，正定县中医院入驻）的大楼和南面的宿舍楼楼群
之中，长期以来作为住房供正定县人民医院（后来是正定县
中医院）职工居住，后来还出租给个体工商户居住。由于年
久失修，加之使用者缺乏文保意识，古建筑损坏严重。戟门
屋面脊兽无存，瓦件松动，木构件劈裂、变形、糟朽，油饰
脱落。两耳房则有随时倒塌的危险。

正定府文庙戟门重修前（张永波摄）

辨析：旧说"府文庙处有试院"

有一个说法，正定府文庙处有试院。

试院又名贡院，是开科取士的地方。贡院最早始于唐朝。我国的科举制度萌芽于隋，确立于唐，发展于宋，明清两朝可谓是其鼎盛期，1905年废除。其考试共分三级：乡试、会试和殿试。清朝的读书人，先通过县—府—院三道童子试，成为学庙生员。再通过被称为"科试"的乡试资格考试，获取参加乡试的资格。之后是到省城与顺天府参加三年一次的乡试，一般在子、卯、午、酉年举行，考期多在秋季八月，所以又称"秋闱"。主考官由进士出身的官员，如翰林与部院属官等担任。乡试有正规的考场，叫作贡院，一般建在城内的东南隅。乡试共考三场，初九、十二、十五日各一场。发榜在八月底九月初，正值桂花开放，所以又称为"桂榜"。乡试取中的称举人，第一名叫解元。举人到京师贡院参加由礼部主办的会试。一般在乡试的第二年，也就是丑、辰、未、戌年举行，考期多在春季，所以又称"春闱"。主考官多由内阁大学士或六部尚书担任。发榜在四月，正值杏花开放，所以又称为"杏榜"。会试取中的称贡士，第一名叫会元。

会试之后还要举行殿试，由皇帝亲自主持，只考策问一场。殿试所发之榜称"甲榜"，分三甲：一甲为赐进士及第，只有前三名，即状元、榜眼、探花，合称三鼎甲；二甲为赐进士出身，三甲为赐同进士出身。考中一、二、三甲的都泛称进士。

正定府贡院今已无存，但在历史上也是赫赫有名。唐代相关资料缺失。宋代虽然位置不详，但还是有资料记载。据宋代吕颐浩《燕魏杂记》记载："忠献韩王赵普，保州人，相太祖、太宗，开基创业，谟谋行事，俱载国史。公于真定府居，今真定府大会院乃其故宅。"[1]大会院即举办会试的贡院。可惜这一段文字只粗略提及，至于具体地址、布局建筑等一概没有介绍。元代，朝廷确定了全国举办乡试的场所总共17处，真定路贡院是其中之一。明代时贡院在真定城西北角，其后迁址到东南隅，后来又迁回原址。

从1890年直隶总督李鸿章的一份奏章中可以看到贡院的变迁。下面是奏章原文[2]：

> 直隶总督李鸿章奏为捐资移建正定府贡院工竣请饬部立案事。大学士直隶总督一等伯臣李鸿章跪奏，为捐

① ［宋］吕颐浩：《燕魏杂记京东考古录潞城考古录》（全一册），中华书局1985年版，第3页。
② 奏章原文由本书作者2016年夏在中国第一历史档案馆内查阅资料时抄录、断句、添加标点。

资移建正定府贡院工竣，恭摺仰祈圣鉴事。窃查正定府贡院，原建于该府城内西北隅，嗣因地势卑隘，泉水为灾，乾隆年间移建于东南巽地，迄今百有余年，屋宇倾颓，墙垣欹侧，每逢考试，覆压堪虞。且自移建以来，科第寥寥，形家每言风水不利。该处绅士朱本奎等吁请移还故址，填高地基，加增屋宇，开通水道。由府核议勘估除旧料搭用外，计需工料制钱三万二千五百九十串。禀经臣批准捐资移建，旋据正定府知府陈庆滋按所属州县分别劝捐，委员照料其一切收发钱文购料监工，责成绅士经管应需。委员薪水及绅董饭食由该府及所属州县共捐廉银五百余两，核实支给。于光绪十五年三月十二日开工兴修，至十一月初七日一律工竣，计共修建瓦房二百十六间，平房十四间，魁星楼一座，辕门二座，石桥二座，照壁围墙并挑挖沟渠置备号板桌等项，共用经费制钱二万九千七百八十一串，檄委署定州知州高建勋验收结报，尚余经费制钱二千八百九串，合之官捐银两，凑足制钱三千串。分存所属当商，每月一分生息，以作岁修之用。归绅董经管其十四，属向来应派岁修一律蠲免，议定岁修章程，勒石遵守。由藩司裕长具详请奏前来，臣覆核无异，理合会同顺天学政臣周德润恭摺具奏，伏乞。

皇上圣鉴，敕部查照立案，再此项工程系绅民捐修，请免造册报销，合并陈明，谨奏。

该部知道（朱批）

光绪十六年七月二十九日

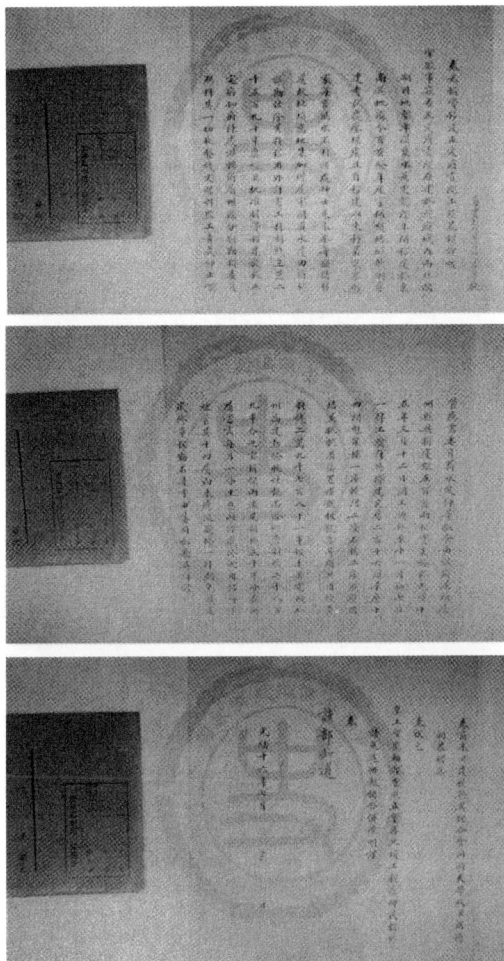

中国第一历史档案馆保存的《奏为捐资移建正定府贡院工竣请饬部立案事》奏章

　　"正定府贡院，原建于该府城内西北隅，嗣因地势卑隘，泉水为灾，乾隆年间移建于东南巽地，迄今百有余年，屋宇倾颓，墙垣欹侧，每逢考试，覆压堪虞。且自移建以来，科第寥寥，形家每言风水不利。该处绅士朱本奎等吁请移还故址……"从以上文字可知，乾隆之前，贡院位置在府城内西北隅（今正定中学一带），乾隆年间移建。此前，贡院在这个位置业已存在了许多年，一百多年到几百年都是有可能的。新建地原为明代的恒阳书院。从乾隆年间（1736—1795）至光绪十六年（1890年），正定府贡院在府城东南，而府学当时的所在地也在府城偏东南方向。乾隆年间到光绪十六年之间贡院所在的东南巽地是不是就是府学的位置呢？

在清乾隆《正定府志》中，对试院有明确的记载：

> 试院，在城东南隅。府治西北，其旧址也。先是，为恒阳书院，后改。郡人每以其地卑隘，屡请于官易之，乾隆十七年知府富尼汉遂移今地。

此记录正好印证了上文奏章中"正定府贡院，原建于该府城内西北隅，嗣因地势卑隘，泉水为灾，乾隆年间移建于东南巽地"的说法。光绪元年正定修县志，正好在李鸿章所奏的移建贡院回西北原址之前。从光绪《正定县志》城图中可见，东南隅有贡院，魁星楼建在城墙上。因为当时堪舆家普遍相信，东南位置高，有利于涌现人才。

图中的正定古城墙形状，取"天满西北，地缺东南"之吉意，修成了"官帽形"，当政者以此期盼正定府人才辈出。遗憾的是，乾隆年间移建之后，正定文化人才的成长发展之路并不顺遂，正定府科甲人才大不如从前，正定县进士更是罕有。这是由多种原因导致的。奏章中提出"形家每言风水不利"，将正定学子成才之路的坎坷归结于风水问题。在正定的历史传说中，贡院在正定城东南时曾经发生火灾，确实在某种程度上影响了学子的学业。城内西北多水，有利于防火救灾，因此于1890年将贡院迁回西北旧址。

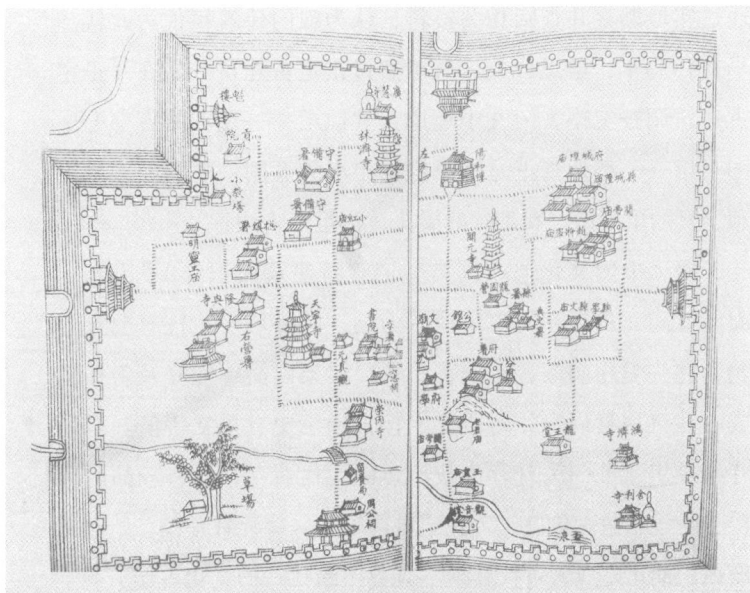

光绪《正定县志》城图（古地图方位是上南下北左东右西）

　　早期的贡院十分简陋，考棚由木板和芦席搭建，内有木制桌椅。木板、桌椅和芦席都是易燃之物。乡试期间，在考棚周围设置有烹茶热饭的炉灶，乡试的农历八月正是秋高气爽、大风肆虐的时节，因此贡院发生火灾并不鲜见。到了明朝晚期，地方上有了余力，才将贡院改为砖瓦结构。从此以后，贡院的火灾事故就很少出现了。

府文庙的新生：文庙戟门升级国保

　　1982年，府文庙戟门被正定县人民政府列为县级重点文物保护单位，当时公布为明代建筑。后来，戟门的始建年代问题引起了诸多文物专家与爱好者的关注。正定县文保部门通过实地勘察并查阅相关资料，认为戟门建筑年代为元代。早在1933年，梁思成先生就考察过正定古建筑。他在《正定古建筑调查纪略》一文中写道："前殿——现在的省立七中图书馆——都是真正元代原构，小小的五间，深两间，悬山顶，真的单下昂，和别致的梁头，都足令人注意。"[1]

据《中国文化遗产词典》记载：建筑面积560平方米，面阔五间，进深三间。单檐歇山顶，顶部坡缓。柱有明显卷刹，柱头只用阑额，不施普柏枋。梁架以简单驼峰及斜柱构成。斗拱用材硕大，对研究木构古建筑史有重要价值。后经专家鉴定，戟门为现存为数不多的元代遗存，具有较高的历史、科学、艺术价值，为正定城内唯一一座元代建筑。[2] 府文庙戟门使正定成为古代建筑"九朝不断代"的文化古城。

2006年5月25日，国务院公布正定府文庙为第六批全国重点文物保护单位。此后，正定县政府加强对府文庙的保护工作，经协调将其使用、管理权移交正定县文物部门，原住房人员搬离，文物部门派专人看管，解决了多年来存在的归口管理问题。

东耳房东墙嵌有清代方立经重修府文庙时所作的《倡捐小引》。该碑宽160厘米，高60厘米，正面阴刻楷书45行，满行14字，共458字，由时任正定知府方立经撰文并书丹。碑文简要阐述了学校之设以及捐资修缮文庙的意义。碑文（见附录）保存极好，连方立经的印也清晰可辨。2008年1月，正定县文保所在勘察府文庙文物时发现此碑。

戟门檐下，矗立着罗源汉的《真定府重修文庙碑记》。府学被废毁后此碑埋入土中，竟得以躲过了历史的风雨。2009年4月，正定县文物保管所对正定府文庙进行整修时发现此碑，几乎毫无毁坏之处。

① 梁思成：《正定古建筑调查纪略》，载《中国营造学社汇刊》1933年第4卷第2期。
② 丘富科主编：《中国文化遗产词典》，文物出版社2009年版。

现在的正定府文庙戟门

2009年3月份起，正定县文物保管所开始对戟门屋顶进行整修。当年7月19日，开始对东西耳房屋顶和木构架进行落架重修。

这一次整修，拆除了原正定县人民医院职工车库6间和周边简易房14间，清理了地基，找出原始地面，砌筑围墙，修建了警卫室和安防监控室，增设了消防和安防设施。

虽然已经修葺一新，但这处国保单位的建筑仍夹在居民楼中间，从外观看很难领略它的雄姿。2018年正定县制定重点建设清单，政府投资1.6亿元，对府文庙周边环境进行整治。2018年年底动工，到2019年底，一期工程全部竣工。整个工程拆迁非文物建筑一万多平方米，并复建泮池、名宦祠、乡贤祠、棂星门、照壁。竣工后进一步计划府文庙恢复建设的二期项目，随着二期复建工程的进展，府文庙原有的

正定府文庙一期整治完工后样貌

宏大古建筑群格局必将得以恢复而重展雄姿。

　　2020年4月，正定县人民政府发布公告：燕赵大街通往府文庙的道路将拓宽，并将为此拆迁道路以北公私建筑；府文庙向北直达常山路，将为此拆迁正定县中医院。此为清末知府江槐序修缮正定府文庙之后一百多年来最大规模的重修活动。

正定县文庙的沿革与现状

明朝以前，正定有无县文庙无明确翔实的资料可考。

据资料记载，正定县文庙始建于明洪武七年（1374年），原有建筑为照壁、棂星门、泮池、大成门、戟门、大成殿、崇圣祠、敬一亭、文昌阁、乡贤祠、名宦祠、兴文阁、义路、礼门等。现遗存院落为坐北向南的二进院，南北长约127米，东西宽约40米，占地约5000平方米。主要建筑如戟门、东西庑、大成殿都集中在院子北半边。其他建筑均在民国时期坍塌无存。文庙大成殿是中国现存最早的文庙大成殿。1933年，梁思成先生推测为唐末五代时期遗存；1991年，国家文物局专家罗哲文确定其为唐末五代建筑；第四批全国重点文物保护单位名单公布时，它作为五代时期文物位列其中。

大成殿后曾有元碑，可惜梁思成见到时文字已漫漶难辨，只有纪年尚可读，为元大德二年（1298年）立。可惜正定古代县志、府志中并没有留存下相关文字记录。如果能从浩如烟海的历史资料中寻找到此碑的相关记录，或许会为正定县文庙及大成殿的历史研究带来突破。

县文庙的沿革

正定县文庙规格虽然比不上府文庙宏大，但是也布局严谨，规模可观。

光绪《正定县志》记载，明洪武七年（1374年）知县洪子祥创建县文庙，最初的格局是前庙后学。县丞李鼎为记。

天顺六年（1462年），巡按御史卢秩重修文庙时按照庙左学右的规制改变了结构，大学士李贤为记。成化十二年（1476年）八月至十三年六月，知府田济重修，重建明伦堂，学士彭华为记。成化十六年（1480年），知府余瓒增修。嘉靖二十四年（1545年），知县邢尚简重修明伦堂，并增修。万历十七年（1589年）二月至七月，右都御史宋仕重修，自为记。现在石碑还立在县文庙中。万历三十四年（1606年），知县李若星建文昌楼。万历四十五年（1617年）、四十六年（1618年），知县苏继欧、王琨重修明伦堂并增修。

清朝时期共有四次重修。

顺治九年（1652年），知县张师成重修，编修梁清宽为记。

雍正二年（1724年），知县李伯正重修，修撰陈悫华为记。

乾隆六十年（1795年），知府杨浚文、知县刘浩重修，候选知县王定柱为记。道光二十八年（1848年），知县梁宝书重修，知县王世耀为记。王定柱与王世耀为父子关系。光绪十二年（1886年），正定商民捐款重修县文庙。光绪十三年立《重修正定县文庙碑记》，此碑至今犹存。

辛亥革命后，县文庙曾经被正定县立女子乡村师范学校、河北省立正定师范学校及其附属小学、察哈尔省立正定师范学校、河北正定师范学校、正定县初级师范学校等单位占用。

据正定师范校史资料记载，1941年，河北省立正定师范学校迁至县文庙。河北省立正定师范学校于1924年4月11日创建，原名"直隶第八师范学校"，1928年改称"河北省立第八师范学校"，1933年更名为"河北省立正定师范学校"。这一时期，虽校名屡次变更，但人们一直称其为"八师"。七七事变后的1937年10月8日，"八师"校址（原正定府贡院，今正定中学处）被日本侵略军占据，学校被迫停办。1940年，日伪政府在正定县城西街路北（今正定电影院旧址）办起"河北正定简易师范学校"，招收师范班、初中班各一个。不久，迁移到正定镇中学处（原正定县衙，今天的正定县第六中学）。1941年又迁至县文庙，恢复原校名"河北省立正定师范学校"，杨景荫任校长，继任校长是刘业荣。教师中有原"八师"的教师和毕业生，还有几名日本教官。除开设文化专业课和教育专业课外，还增设日语和军训课。在日寇"治安强化"的幌子下，伪政府对学校实行高压政策，强迫学生到井陉下矿采煤，到日本兵营清扫卫生，还美其名曰"勤劳奉事"，激起了师生的强烈不满。1945年抗战胜利，国民党政府接管学校，学校迁回"八师"校址，张秀山任校长。1947年人民解放军解放正定，人民政府接管河北省立正定师范学校，其原校址逐步演变为今天的河北正定中学。

1946年，河北省立正定师范附属小学（习称"八师附小"）在县文庙恢复。

"八师附小"始建于1925年，原名"直隶省立第八师范学校附属小学"。校址在正定城内东门里大街路南，清末镇台衙门故址，今中国地质科学院水文研究所。1928年，直隶省更名为河北省，附小亦改为"河北省立第八师范附属小学"；1933年，教育部规定学校以地名命名，附小又改为"河北省立正定师范附属小学"。人们仍惯称其为"八师附小"。

　七七事变后正定沦陷，"八师附小"被迫停办。1946年，"八师"毕业生刘诚甫邀请马文公、李金亭、南耀吉等在正定县文庙恢复了河北省立正定师范附属小学。一年级至六年级，每年级一个班，共二百多人。1947年，正定第一次解放，学校由人民政府接管。同年8月，国民党再次占据正定，学校又被迫停办。正定城最终解放后，在县文庙原址，察哈尔省立正定师范学校（正定当时属察哈尔省管辖）复校，大成殿成为学校的礼堂兼教室。①

　根据1949级校友耿吉红回忆，1948年上半年为给农村培养师资，正定县研究确定在正定城内一完小（地址在现在的正定六中）附设一个师范班。2月间，寒假期满，根据县政府的指示，师范班全体师生合并到察哈尔省立正定师范学校。1949年8月，河北省人民政府成立，学校更名为河北正定师范学校。1952年下半年，又更名为正定县初级师范学校。1956年，该校迁至小北门外新址，复名为河北正定师范学校。② 这所学校即为2007年更名的"石家庄科技工程职业学院"的前身。

　正定县初级师范学校1954届学生王树贵作《母校漫忆》③，回忆了当时县文庙的状况：

---

① 此部分参考了正定师范2017年上报石家庄市教育局的《正定师范校史资料》。

② 正定县政协文史资料委员会：《正定文史资料》第2辑，1996年版。

③《母校漫忆》为河北正定师范（今名石家庄科技工程职业学院）征集的校史原始资料。

母校前身为河北省立第八师范，系全省排序，如保师、通师、冀师等。

校址系县文庙，门向东开，进校门左手（南边）系一高大影壁，绿琉璃瓦起脊，除壁角及四边为卧砖砌成外，通体呈宫墙红色。由于正定县未曾有人状元及第①，故不开正门，东门系角门。和影壁相对是一座高大三开间的木质牌楼。过牌楼前行为一拱形石桥，桥有石栏，桥下系泮池，泮池应植蓼花，乃文庙标志。石桥东北侧为魁星楼。下石桥北行，迎门是一排北屋，中有门洞可通二进院。中间甬路青砖铺砌，东西各建有一长排房屋，估计是举子应试的考棚。甬路的尽头系一宽大平台，系砖面。三面石条砌成，北边与大成殿相接，大殿高大巍峨，飞檐斗拱，系古建无疑。五十年代初期即有北京数所高校对其测绘，大殿为全校师生聚会场所，即礼堂。西院为新建教室，后院是一排排的学生宿舍。

遗憾的是，梁思成1933年在县文庙所见的"正定县立乡村女子师范学校"，已经找不到相关史料了，不知其起止时间。

1956年，河北省人民政府公布县文庙大成殿为河北省重点文物保护单位。

师范学校迁走以后，原址改为正定县政府招待所，将大成殿作为召开大会的礼堂，殿内西头砌了一个半人多高的砖台，作为礼堂的主席台，有时还在这个"舞台"上演出节目。大成殿前面的东庑、西庑用来作为客房或者办公场所。后来西侧的县学拆了旧建筑建起了多栋宿舍楼。

改革开放后，习近平同志到正定任职，对文物极其重视，对包括府文庙戟门、县文庙等多处历史遗迹设定了保护

① 此说不准确。正定县历史上出过状元，而状元陈惠华当年就是跟随作为正定县教谕的父亲陈鹤龄在县文庙中学习。陈鹤龄的另外两个儿子也都进士及第，但史料未涉及此二子在何处学习，因此不能确定与正定县文庙有无关系。

红线。为了更好地保护正定文物，习近平破格提拔对正定历史文物比较了解的贾大山当文化局长。随着人们文物保护意识的逐步增强，招待所新盖了客房、会议室，现存的文庙的房屋被保护起来，并逐渐修缮。

1994年，县文庙大成殿划归文物单位管理。

1996年11月20日，县文庙大成殿被国务院公布为全国重点文物保护单位。

1997年5月至1998年5月，正定县文物保管所投资70余万元对文庙进行了抢救性加固维修，恢复了大殿原貌，翻新了东西庑，并增补了孔子、四配、十二哲彩色塑像和木制神龛。这一次修复由贾大山主持。

1998年6月1日，这座儒学建筑正式向游人开放。

随着经济的发展，2001年占据原正定县学位置的政府招待所被开发为金星家园小区。

县文庙大门外原来是一个广场，有棂星门和泮池。新中国成立后，这里变成了一片低矮的民居，进出文庙也不走原来的南门，改走东侧的便门。2017年，为发展旅游事业，政府将这些民房拆迁，重新恢复成广场，新建了棂星门和泮桥，同时在文庙的南墙上新开了一个南门。

县文庙的现状

正定县文庙为我国现存十大文庙之一。

正定县文庙棂星门为四柱三跨式牌坊，正中间题曰"棂星门"。棂星门东西两侧分别刻着"金声""玉振"，象征着儒家文化陶冶学子的高洁品行与渊博学识。2017年重修。旧日棂星门前东有门名"义路"，左通大街；东面向右通县学的大门为"礼门"。二门今已无存。

泮池，为半月形水池，水池之上架石拱桥。在古代，只有学有所成的人才能从泮桥上骄傲地通过，所以泮桥象征着学子的荣耀与追求。泮池东面旧时有兴文阁一座。

进入县文庙大门，戟门南面东西两侧各有角门三间。东角门可通大街，西角门通原来的县学。

戟门前边立有孔子铜像，像南两侧各有两尊古碑。左侧为明万历十八年（1590年）的《重修真定县学碑记》和清道光二十八年（1848年）的《重修正定县文庙记》。右侧的两尊碑是清光绪十三年（1887年）的《重修正定县文庙碑记》和清顺治九年（1652年）的《重修文庙记》。

按照顺治《真定县志》"学宫图"，石碑原在县学大门内仪门外东侧，共5通，为一排一大四小对称排列。光绪《正定县志》的"学宫图"，则变为前二后三排列。现在只余4通，无人知晓另一通石碑的下落。

戟门为五开间式殿堂式建筑，中线前后开门，可直通后边的大成殿。戟门又称前殿。

东庑，即东厢房，一排共13间房屋，为硬山顶建筑，北侧原有魁星楼一座。现东庑翻修为15间房屋。西庑，也是13间房屋，硬山顶建筑。现东西庑展示孔子名言和孔子生平的《圣迹图》等珍贵资料。

大成殿是孔庙的主殿，祭祀孔子的主要场所。当中匾额阔大，上书正楷金字"大成殿"，两侧悬挂"千秋景仰奉先师，万世尊崇称至圣"的颂联，字体端庄豪放，大气磅礴，与大殿浑然一体。

正定县文庙距今已有600余年的历史，其中的大成殿却已有一千多年历史。由于此前史料阙如，这座雄伟的大成殿成为谜一样的存在，没有人知道它当年是以怎样的身份耸立于此。1933年，古建筑专家梁思成来正定考察，推测五间大殿是唐末五代遗物。或许是梁思成先生的一句叮嘱发挥了作用，戟门、东西庑和大成殿等建筑相对完好地保存到今天。

推测：县文庙大成殿的过往

今天，当我们徜徉于这座始建于五代并延续至今的县文庙大成殿时，心中不免充满疑惑：如此巍峨端庄的大殿，除去作为县文庙大成殿之外，在历史上还扮演过怎样的角色呢？翻遍有关正定的各种史料，均找不到相关的记载。这不符合正定这片古老的土地对待历史文化古迹的态度：在"九楼四塔八大寺"的正定，每一座宏伟的历史建筑都得到了妥善的记载，唯独缺失了这座大成殿的几百年历史岁月。环顾四周，其周边的建筑确实均始建于洪武年间之后。尤其是大成殿两翼的东西两庑，其修造年代不早于道光年间。[1] 唯独这宏伟的大成殿，却是经包括梁思成在内的几代学人的勘验、考察，确定为五代时期遗物的。

这座大成殿既然是洪武年间之后县文庙中的中心殿堂，那在更加古远的时代里，它会不会曾经担负着相似的职责，作为其他文庙或官学的大殿，屹然挺立多年？前文提及的《增修真定府学记》中，有"迁金粟冈"一事，即在宋熙宁年间，真定府学迁至府治之旁的金粟冈之前，是存在"无从稽考"的"恒府庙学"的。加之光绪《正定县志》中所记载的府文庙刻立《御制赞玄圣文宣王碑》一事，可推测出至迟在大中祥符五年（1012年），镇州即已存在一座州文庙，且其形态应当是庙学分离的。结合上文的分析，此时的州文庙

[1] 林秀珍：《河北正定县文庙大成殿》，载《文物春秋》1995年第1期。

是不是就位于那座建成于五代时期的、在史料记载中独独缺失的大成殿呢？据梁思成先生推测，县文庙大成殿或由更古远时代的佛殿改造而来。以佛寺改建文庙，在历史上确有先例。比如，距正定不远的河北定州文庙，在始建时便是由唐大中（847—860）末年任定州刺史、义武军节度使的卢简求以会昌灭佛时期毁坏的佛寺改为文庙的。[①] 那会不会有另一种可能性：它在建成之初即承担了文庙的功能，而非佛殿转型。在宋真宗之前的悠悠岁月之中，一座巍峨壮观的镇州文庙，即已矗立于这千年古城之中。

依据中国古代文庙建设的规制，在一州府的附郭县，首先建设的一般为州府学文庙，而后再补充完善县学文庙。如"海右此亭古"的济南府，府学文庙建于宋熙宁年间（与金粟冈府文庙大致相当），而县学文庙（即历城县文庙）在几百年后的明成化十四年（1478年）才迁于今地（现已改为佛寺）。在真定县文庙兴建之前的几百年，以其大成殿为中心构建镇州文庙，是一种合理的推测。

宋朝是文庙规制完备的一个重要节点。不论是建筑还是制度，在宋之前都非常简陋，不成体系。即便是今日金碧辉煌的曲阜孔庙，在其唐代的建筑布局推测图中，也仅仅有庙门、讲堂、后堂等寥寥几座规模不大的建筑。[②] 正定县文庙大成殿独存一座单体五代建筑而不见其他同时代的附属设施，是符合那个时代的文庙规制的。

宋朝同样是推进"庙学合一"的重要时代里程碑。如宋仁宗在庆历四年（1044年）发布的诏书中，明确谈及"若州县未能顿备，即且就文宣王庙或系官屋宇"[③]，使地方官学暂时不具备办学条件者，可就文庙为学，大大推进了"庙学合一"进程。前文所述的定州文庙，虽始建于晚唐时期，但史

① 曾枣庄、刘琳：《全宋文》第四十册，上海辞书出版社、安徽教育出版社2006年版，第36页。
② 彭蓉：《中国孔庙研究初探》，北京林业大学博士学位论文，2008年，第54页。
③ 苗书梅：《宋会要辑稿·崇儒》，河南大学出版社2004年版，第82页。

料明确记载的形成"庙学合一"的时间，却是北宋皇祐元年（1049年）名臣韩琦重修之后。[①] 在此历史背景下，真定府文庙于熙宁年间迁址金粟冈并传承至今，脱离规制较不完备的原有院落，实现"庙学合一"。这或许是一种更进一步的合理推想。

当然，这种基于史料与历史规制的猜测，依然存在一些不可解释的缺憾。比如，在"迁金粟冈"后，原有的文庙大成殿做何用处，史料中未见记载，依旧成为历史迷雾。再如，在光绪《正定县志》中，有蔡京"迁而大之"，吴王永成（县志误为"吴王宗宪"）"撤徒改建"的记载，让今府文庙所在地是不是就是熙宁年间"迁金粟冈"之地打上了问号。一切的一切，还需未来的学者拨开迷雾，贯通历史，完成新的学术传承。

至于在更早的、五代之前的历史岁月之中，是否存在一座恒州州学或常山郡学，因为其时文庙、官学规制的简陋与历史记载的不完备，现今已很难考证。即便存在，大概率也只是几座规模不大的建筑，很难历经千载风霜传承至今。当然，在我们的内心期许中，是希望有那样一座古老、深邃的州郡之学，伴随真定儿女的朗朗读书声，与隋唐盛世和谐共鸣。

---

① 贾敏峰：《定州文庙考》，载《文物春秋》2010年第2期。

02 正定文庙的选址、布局与生态

正定文庙的选址

正定文庙的布局

正定文庙的生态

所谓"深山大泽，实生龙蛇"[1]，自然和人文生态对人才的成长有着渐染熏陶、潜移默化的影响，因此古之君子居必择乡，游必就士。蓬生麻中，不扶自直；白沙在涅，与之俱黑；譬犹练丝，染之蓝则青，染之丹则赤。本部分探讨正定究竟有怎样的生态优势，使得府县两文庙在此生根发芽、蓬勃生长。

---

[1]《左传·襄公二十一年》。

古代正定城的地貌特点

正定城的地理状况很有特点，自古称为"三山不见，九桥不流"。

古代正定城的地貌特点为中心高地，环绕河湖。主要高地一是大十字街及阳和楼一带，一是东部隆兴寺和真定卫一带，还有西南城隍庙一带。其中大十字街一带为最高处。府衙后山，俗称"泰山子"，是建造府衙时挖湖堆出的山。随着社会发展，人们逐渐挖高补低，山头逐渐平坦，遂产生"三山不见"的效果。古代，正定一带降水丰沛，地下水位很高，滹沱河水从地下流入城内，四大角楼和全城低洼处都有泉水涌出，高地之间和高地内部洼地，或者流水不断，或者形成独立的小湖泊。这些流水依靠暗流与整个水系连通，"地下涌来，地下流去"是它们的共同特点。所谓"九桥不流"，说的是隆兴寺、府文庙、县文庙等地共有九座石拱桥，但桥下之水并看不出流动。实际上桥下不仅有水，而且是活水，只是暗来暗去看不出流动罢了。

在成德军节度使李宝臣拓大城池之前，阳和楼应该就是真定城的南门。拓建城池之后，阳和楼就成了子城的南门。过去，阳和楼为子城南门还仅仅是一种推测。近年在开元寺南面考古挖掘出唐代城墙的基址，印证了这一猜想。

历史上真定城内最高权力机关大体位于现在的县政府加上子龙广场和华阳酒店一带。欧阳修任河北都转运使时也驻扎在这里。真定知府田况调任离开，欧阳修还兼代理真定知府三个月。因为从朝官被贬至此，他心情郁闷，导致身体欠佳，写诗称"北潭跬步病不到"。北潭即潭园，毗邻府衙，"官虽镇阳居，身是镇阳客"（镇阳，真定别称）的欧阳修却连走几步就可游玩潭园的心情都没有。现在的府前街到子龙广场南端，是府衙的南门，也是府衙的中轴线。中轴线最南端，府前街和裕华路交口北侧，有一琉璃瓦盖顶的大影壁。北面是钟鼓楼，鼓楼阔三间，中间是鼓楼洞，甬路向北直通大堂，鼓楼南面东西各有石狮一个。鼓楼北面是东西班房。东班房北有一弯曲小道，向东可通府墙东街。府衙西到府墙西街，北端到今梅山市场处，后门外向东向北即古时名声远扬的潭园。潭园在唐代成德军时期就成为风景名胜。金代砍伐真定潭园林木，建设都城宫殿，此事《金史》有记载。民国时期将潭园一角开辟为常山公园。整个府衙占地广阔，建筑规模宏大，处于全城最好的地段。

府前街和府衙门自南向北是一条中轴线。府前街南口竖"古常山郡"牌坊，北口（府衙前）竖"右辅雄藩"牌坊。

正定府前街南端"古常山郡"牌坊（2018年秋，正定县文庙国学传播中心施国强为我们提供了这一珍贵照片。该照片原件为正定县文保所原所长刘友恒淘得并保存，拍摄者不详）

关于"古常山郡"牌坊照片，正定县古文化研究会副会长、正定党校原校长樊志勇曾著文提及：

2015年8月10日，在我为此事电话询问刘友恒老师时，得到了意外的惊喜。刘老师系文博副研究馆员，退休之后的她，依然热情关注正定的古城保护事宜。在她那里我见到了她淘来的一张照片。这是一张拍摄于上个世纪五十年代的珍贵照片，正是我们苦苦寻找的那张府前街南端牌坊的照片。照片上的牌坊，其整体风貌十分清晰。在牌坊的正面赫然写有"古常山郡"的题额，在照片深远处，位于今华阳大酒店西南角的"正定府钟鼓楼"依稀可见。经多方调查印证，牌坊背面为"河山生色"。①

正定府衙的西南方就是县衙，在现在县六中处，向南直到现在的中山路。一个不大的区域集中两级地方最高衙门，足见这里自古就是正定的权力中心。

府县文庙紧依古城政治中心而立

府衙以南、县衙以西也曾经有过一些政府衙门。府墙东街的南段东面就是府文庙，向南直至现在的中山路。府墙西街南段的西面就是县文庙。府县文庙紧邻府衙县衙，正处于正定城的黄金地段。如此选址，亦可看出学庙在政治上的重要地位，同时也方便知府知县公余时间关注学子的成长。

府学所在的地方有一个美丽的名字，叫作"金粟冈"。这个名字大有来历。

后晋刘昫主编的《旧唐书》中的《玄宗本纪》记载："初，上皇亲拜五陵，至桥陵，见金粟山岗有龙盘凤翥之势，复近先茔，谓侍臣曰：'吾千秋后宜葬此地，得奉先陵，不忘孝敬矣。'"②龙盘凤翥，比喻山势雄壮蜿蜒，常用以指王者的气象。桥陵，即唐玄宗之父唐睿宗李旦的陵墓，位于陕西省渭南市蒲城县城西北15公里的丰山。据记载，丰山叫金帜山，亦称金粟山和苏愚山，当地人们依其展翅欲飞的天然形势，称之为凤凰山。诸峰罗列，沟壑纵横，峰峦起

① 樊志勇：《两百年前正定府文庙牌坊写的到底是个啥？》，载《正定之窗》2016年3月27日。
② 《旧唐书·玄宗下》。

伏，逶迤蜿蜒，若龙踞凤翔，气势磅礴，雄伟肃穆。

　　清代知府郑大进的《重修正定府庙学记》中称："郡庠为宋金粟冈遗迹。熙宁初吴公中复以龙图阁学士知成德军……记之者越州陆资政佃也……二公桂林一枝，奖进后学，用以金粟颜其冈。"[①] 按照这一说法，正定府学所在地是宋熙宁年间兴建文庙时命名为"金粟冈"的。

① ［清］郑大进：乾隆《正定府志》卷46。

正定文庙的
布局

正定府文庙的布局

正定城历代是州、郡、路、府治所的所在地，中国古代等级制度严格，所以正定府文庙的规格很高，规模宏大。

正定府文庙布局的变动

据《正定府志》和《正定县志》记载，历史上正定府县两文庙经历多次重修，县文庙更是经历了从前庙后学到左庙右学的转换。

正定县地方历史文化研究者燕军先生，自幼生活在正定城内，通过研究史料和调查当地老人，写了《正定府文庙》一文。该文详细介绍了晚期府文庙的布局，兹节录于后（局部有改动）：

　　正定府文庙的大门朝南，正门在正定城的东西大街路北（即现在解放街小学的大门处）。正门建有四柱三跨式木牌坊一座，名曰"钟灵坊"，牌坊面南题"万代宗师"，内题"圣德通天"。向北坡下是一个大广场，在今解放街小学操场中间位置，有一个大照壁，其形制与今隆兴寺门外照壁相仿。照壁的东南建魁星楼，基高三米多，上有一座六角型三层楼阁，下面两层是砖墙，墙外有廊，第三层是亭式六面明柱，六角庑殿顶（"文革"期间拆毁）。照壁北面是一条东西道路，至东西二门。东门在今镇州街路西，东门口三间牌坊，名曰"兴贤坊"，外题"德配天地"，内题"删述六经"；西门在今燕赵大街路东，西门口三间牌坊，名曰"育才坊"，外题"木铎万世"，内题"道冠古今"。东西道路以南为府文庙棂星门前的布局。道路以北是正式的建筑群，分为三路，中路是孔庙，东路是祭祠，西路是府学。

正定府文庙的中路——孔庙

正定府文庙中路，正定人俗称圣人殿，是南北向四合院的布局。居中是棂星门，棂星门向前为泮池，池上架三路石栏与石拱桥，泮桥向北是戟门，又名大成门，中间为五间，左右耳房各三间。大成门内中线是一条长长的神道，通向大成殿，神道两侧院落宽阔，东西建东庑和西庑，房前有廊。

大成殿共七间，高居正中，有五层石阶。大殿高台的四周为汉白玉石雕栏杆。大成殿高数丈，深广也有数丈。大成殿后有崇圣祠。

中路除建有以上大的建筑外，大成殿两侧有东观乐亭和西观乐亭，大成殿前两侧有供奉先贤先儒的东西两庑，戟门外两侧有名宦祠、乡贤祠，另外还有号房、神厨、神库等附属设施。

正定府文庙的东路——祭祠

正定府文庙东路是祭祀正定历史上有杰出贡献的忠义志士的祠堂。东路从南向北第一道是大门，第一座建筑是魁星楼，第二座建筑是文昌殿，也叫文昌祠。文昌殿内供奉的是文昌星，也就是文曲星，传说是主持文运科名、主宰功名禄位的神，为历代读书人所崇祀。

文昌殿后有一条甬路通向正殿六忠祠。祠内祭祀的是为国为民慷慨赴义的英雄忠烈之士。六忠祠原名二忠祠，于明正德八年（1513年）敕建，祭祀的是唐朝抗击安史之乱的常山太守颜杲卿和其堂弟平原太守颜真卿。明天启二年（1622年），增祀宋代的欧阳珣，二忠祠改名为三忠祠。清道光九年（1829年），在重修时又增祀宋代的李邈、元代的钹纳锡璋和明代的徐标，三忠祠改名为六忠祠。

六忠祠后面还有训导宅一处：大门一间，二堂三间，腰门一间，正房五间，东厢房二间。

正定府文庙的西路——府学

正定府文庙的西路是府学，即正定府的官办学校，按照左学右庙的规制安排。从南向北，依次有两重大门，然后是大堂十间，规模宏大，称为"讲道之堂"，相当于现在的礼堂和大教室，是讲大课的地方。"讲道之堂"之前东西两旁建有四斋各三间，斋名明德、崇信、养性、存义。

"讲道之堂"后面是尊经阁五间，台阶高五尺，阁高三丈七尺，是府学的藏书楼，"杰栋峥嵘，层檐翚飞，以藏经籍子史也"。阁的左右各有三间"庖廪"（厨房和仓库）。尊经阁前东西两侧各建楼房七间，东楼匾曰"梯云"，西楼匾曰"步月"，是师生讲课、学习的地方。号舍（住宿之处）与梯云、步月楼相环接，有60余间。

尊经阁后面是明伦堂五间。明伦，即教育学生通晓伦理。伦，就是伦常、伦理，指社会的伦理道德准则。封建社会称君臣、父子、夫妇、兄弟、朋友为"五伦"。明伦堂是府、州、县学校内必有的建筑。明伦堂前还建有杏坛，相传孔子讲学之处为杏坛。《庄子·渔父》记曰："孔子游乎缁帷之林，休坐乎杏坛之上。"后世文庙多建杏坛以寄教书育人之义。

明伦堂后面是退省堂五间。退省，意思是退而自省，事后省察自己的言行。孔子曰："吾与回言终日，不违，如愚。退而省其私，亦足以发，回也不愚。"曾子曰："吾日三省吾身。"退省堂是教授、训导、教谕的办公室。

在退省堂后面，还有训导宅、教授宅等附属建筑，是府学教员居住的地方。

为培养学生的忠义思想，府学内还建有关帝庙，供学生祭祀。

民国年间，庙内建筑布局为：大成殿七间，东西庑各十三间，庙东北为崇圣祠，东为六忠祠，庙西侧为明伦堂，堂后建尊经阁，阁左右建梯云、步月楼，阁后建敬一亭。戟门五间，其南东为名宦祠，西为乡贤祠。庙东南为魁星阁，阁北建文昌祠，院内辟泮池，上架三孔石桥，另有沟塘、奎阁、观乐亭、棂星门、关帝庙、斋室、教授宅、训导宅、试院等建筑。新中国成立伊始，府文庙建筑保存尚好。20世纪50年代，为建正定县医院，拆毁大成殿以北的学圣祠等建筑。"文化大革命"时期，大成殿等建筑被拆毁。现府文庙仅存戟门五间和东西两庑各三间。经专家鉴定，戟门为现存为数不多的元代建筑遗存，具有较高的历史、科学、艺术价值。

正定县文庙的布局

据光绪《正定县志》所刊"学宫图"和文字记载，正定县文庙坐北向南，三进院落（顺治《真定县志》为二进院落），中轴线南端为一照壁，向北依次为棂星门、泮池、戟门（两侧有墙隔断南北，墙上各有小门）至大成殿为一进，崇圣祠（曾名启圣祠）、敬一亭或文昌阁（顺治《真定县志》为敬一亭，光绪《正定县志》为文昌阁）为一进。顺治《真定县志》"学宫图"上大成殿与后面的殿阁没有隔断，兴文阁在泮池东侧。据光绪《正定县志》，南端东通大街的大门为"义路"，西通县学的大门为"礼门"。戟门内两侧，大成殿前有东西庑，戟门外东西两侧分别为名宦祠与乡贤祠，名宦祠北有魁星楼。

县学从南至北依次为：照壁一座，大门五间，仪门五间。仪门前碑石林立。

进仪门后，面南正屋是明伦堂，明成化十二年（1476年）知府田济重修，嘉靖年间（1522—1566）知县邢尚简重修，万历年间（1573—1620）知县苏继欧、知县王琨相继重修。清朝又有数次重修。明伦堂前左右为东西号房（宿舍），后来西号房坍塌废毁。

明伦堂后是尊经阁，尊经阁两侧有东斋和西斋，后有正斋。

后来尊经阁坍塌，重修以后改为教谕署，建有二门一间、正房五间、书房二间、东西厢房数间。

明伦堂的西北还有二门一间，门内是一座训导署，有正房，其西院有书房。

在训导宅的东北，清雍正年间还有过一座"状元楼"。清康熙年间，在真定任县学教谕的陈鹤龄之子陈惪华随任上学，在真定完成学业。雍正二年（1724年）开科，陈惪华状元及第。为此特建状元楼。光绪《正定县志》称当时状元楼已废毁。

到民国时期，上述许多建筑都已坍塌无存，保留至今的主要为大成殿、戟门、东西庑和明清时期的几通重修文庙碑等，其中尤以大成殿保存较好。[①] 虽经岁月的流变，文庙今天的占地面积仍有5000多平方米。

2017年新修了棂星门、泮桥以及南面的停车场。

---

① 郭开兴：《正定大观》，内蒙古人民出版社1999年版，第70页。

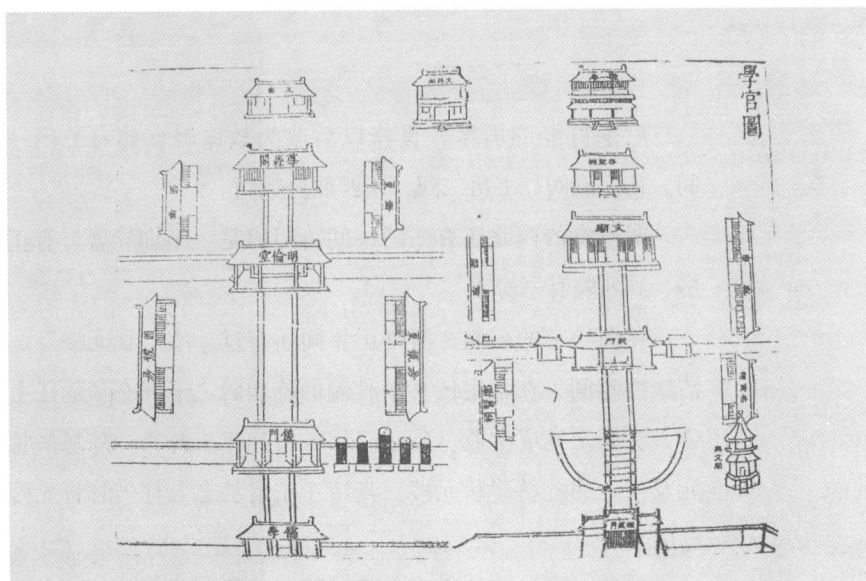

顺治《真定县志》"学宫图"

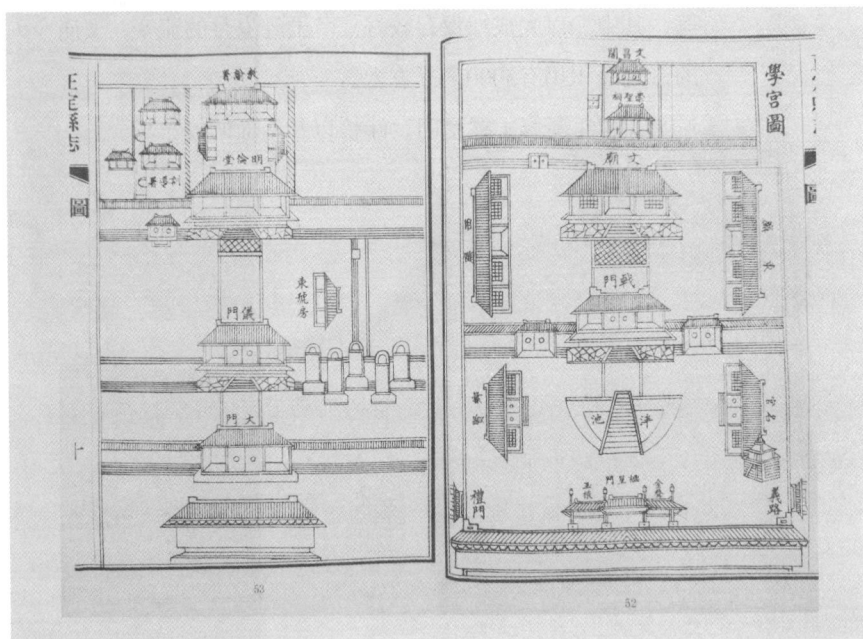

光绪《正定县志》"学宫图"
（原注：学宫系仍旧制，惟西号房无存，西边添绘训导署）

正定文庙的生态

历史上府文庙规格很高，曾经是一个庞大的建筑群。"瑞气所钟，人文辈出"的府学文庙诞生于斯，绝不是偶然的。

人生成长，只有读书是远远不够的，需要把自己的触角深入到社会生活。同样的，培养国家栋梁的庙学，也需要一个"地号名区，化推首善……局势恢阔，规模宏远，瑞气所钟，人文辈出"[①]的大环境。

可以说，正是因为有了这样的一座真定城作为生态背景，才打造出了府县文庙"擅文章之山斗，优相业之经纶者，代不乏人"的杰出成果。

水木清华的正定自然风貌

正定大十字街（今燕赵大街与中山路交汇处）四面原来各有一跨街金牌楼，故大十字街又称"四牌楼"。大十字街一带地形中心高四周低，中心高峰向四周渐次不规则走低。

① [清] 赵文濂：光绪《正定县志》卷11。

再加府衙后山名"松岭"（正定人俗称"泰山子"），两座高峰雄居全城，还有周围临近湖水的地方高台耸立，如真定卫、隆兴寺一带。整个城区起伏曲折，在正定辖域内的平原地貌中实属罕见，俨然一座天生地造、碧水环护的神山仙岛。正定还流传着"恒山飞来"①的传说。在《徐霞客游记》中的《游恒山日记》中还明确提及："有杰坊曰'朔方第一山'，内则官廨厨井俱备。坊右东向拾阶上，崖半为寝宫，宫北为飞石窟，相传真定府恒山从此飞去。"②

宋代吕颐浩在《燕魏杂记》中记载："今真定府使廨，雄盛冠于河北一路。府城周围三十里，居民繁庶，佛宫禅刹掩映于花竹流水之间，世云塞北江南。府治后有潭园，围九里，古木参天，台沼相望。"③

清代著名收藏家、四部尚书梁清标在《卧云草堂歌》中也写道："镇阳城西泉森森，老槐千尺生清杲，窈窕竹屿吟修篁，逶迤洲渚开芳沼，灌木荫荫鸣鸟繁，水田漠漠沙鸥小……"④诗句反映了当时正定城及其周围幽雅秀丽的风光。

正定城以它富庶的经济、恢宏的建筑、繁荣的街市和幽雅的环境，成为河北平原一座备受瞩目的重要城市，也成为文人笔下赞叹不已的对象。清代诗人赵文濂如此描绘正定城："形势山河胜，津梁道路通。城环新水绿，塔挂夕阳红。驿柳萦官舍，池芹秀泮宫。环桥门未入，行色惜匆匆。"⑤

华贵壮阔的正定城市建筑

古代的正定城，绝不仅仅止于自然风光的秀丽。"九楼四塔八大寺，二十四座金牌坊。"这一人文风光体现了正定

① 此处的恒山为汉代至清初的古恒山，即位于今河北省阜平、唐县、涞源三县交界处的大茂山。
②《徐霞客游记·卷一下·游恒山日记》。
③ [宋]吕颐浩：《燕魏杂记京东考古录潞城考古录》（全一册），中华书局1985年版，第3页。
④ [清]梁清标：《蕉林诗集》，河北人民出版社2012年版，第105页。
⑤ [清]赵文濂：光绪《正定县志》卷11。

城骨子里的华贵壮阔。

"九楼"有两种说法：一是指城池四门楼、四角楼、阳和楼；另一种说法是阳和楼、开元寺钟楼、崇因寺藏经楼、府前街钟鼓楼、隆兴寺内大悲阁、御书楼、集庆阁、慈氏阁、转轮藏。在中国古代，多数寺庙有殿无楼，有楼的较少，非寺庙楼阁亦很少。江南三大名楼等所以名声响亮，物以稀为贵也是一个原因。古代正定城集中建设九座楼阁，实属罕见。

两种说法都绕不开的阳和楼，是正定城的地标建筑。

梁清标在他的诗中这样描述阳和楼："飞阁高蟠大麓开，雄风萧飒并兰台。振衣自许陈登气，避暑重倾袁绍杯。落照苍茫寒雨散，太行飘渺白云来。凌虚此日堪乘兴，月涌滹沱首屡回。"①

历史上的阳和楼（梁思成摄）

① [清] 赵文濂: 光绪《正定县志》卷11。

"四塔倚天扶画阁，八楼匝地拱阳和。灵钟岳北河山壮，秀毓恒南将相多。"明代陈尧典的诗句成为赞颂阳和楼与四塔的经典。

"四塔"为高耸入云的凌霄塔、造型奇特的华塔、端庄朴实的须弥塔和玲珑秀丽的澄灵塔。

"八大寺"指隆兴寺、广惠寺、临济寺、开元寺、天宁寺、崇因寺、洪济寺、舍利寺。正定的"四塔八大寺"，是中国古代兴盛时期带有神秘色彩的文化信号及中华古代文明辉煌时期的图谱和证据。

"二十四座金牌坊"是指过去正定拥有著名的二十四座牌坊。牌坊又称牌楼，但正定为数众多的牌楼不都是金牌楼。正定牌楼分为三类：金牌楼、家牌楼、街巷牌楼。

正定隆兴寺（正定县文保所于坪兰提供）

正定临济寺澄灵塔

街巷牌楼又称"街坊",是地名或街巷名称的标牌。如府前街南口有跨街牌楼一座,上书"古常山郡";在其对过,宣化坊街口有"宣化坊"跨街牌楼一座。此类牌楼为木制,制作简约朴素,不用斗拱,着色以黑为主,辅以铁红或土黄。

家牌楼,是达官贵人功德牌楼和贞节牌楼,青石制成,不着色,不用斗拱,如明太子太保吏部尚书梁梦龙功德牌楼(梁家祠堂北边跨街)等。

金牌楼,为敕建牌楼和重要寺庙牌楼,一般民间不可用。正定号称有二十四座金牌楼。一种说法是:大十字街四面各有一跨街金牌楼,八大寺门前各有一座(隆兴寺天王殿前现尚存牌楼石柱础四墩),太仆寺(太平街)、观音堂(西北街)、元真观(大众街)前各一座,府文庙前、左、右各一座,县文庙前一座,府、县二城隍庙前各一座,三处关帝庙(阳和楼前、西南街、西北街)前各一座。其中,府城隍庙前金牌楼精美玲珑,榫卯坚固,价值连城。"文革"中,破坏者砸了好几天才将其毁坏。阳和楼前的关帝庙金牌楼,从现存阳和楼关帝庙旧照片中可见其精美别致。

另,据顺治《真定县志》记载,府文庙前、左、右有万代宗师坊、德配天地坊、道冠古今坊以及城隍庙坊四座,都察院前、左、右分别有畿南重镇坊、督抚邦圻坊、锁玥三关坊、纲维大郡坊、癸文坊、奋武坊,在按院行台左右有肃僚坊、贞度坊,在府前、左、右有右辅雄藩坊、宣化坊、承宣坊、表率坊,在县前有恒阳首封坊(旧名忠爱坊),此处旧时还有应宿坊、司平坊,但在清初已经废毁。在守备府左右有十城坊、保障坊,县北有恒阳书院坊,县北门外有恒岳具瞻坊,顺城关有广济坊。共计有二十四座牌坊。

万历《真定县志》记载有牌坊二十四座，除"一门双节坊"为苗通妻崔氏、苗梅妻张氏立之外，其余均与科举及第或为官等有关。顺治《真定县志》增补记载的明代牌坊，除为武才用妻石氏立的"圣旨坊"和为梁世宦妻冯氏立的"贞节石坊"之外的三十六座牌坊也均与科举及第或对官员及其父祖进行封赠有关。

"二十四座金牌坊"指的是敕建牌坊，至少在明末真定城内已经有了"二十四座金牌坊"。若包含有清一代，金牌坊的数量就更多了，"二十四"可能就成了虚数。

为数众多的金牌坊体现了真定城的氤氲文气，华贵气象。

曾考察过世界三大宗教文明的学者余秋雨在正定发出慨叹，认为正定最大的亮点是它曾经是中华文化兴盛时期的佛教重镇，在这个看似不起眼的地方曾经出现过最高的东方智慧。迄今为止，日本禅宗的绝大部分承袭的是起源于正定的临济宗。[①]人称一部千年文明史、千年佛教史在正定。

固若金汤的古城防护设施

正定城墙为我国少数现存比较完好的州府城墙之一。

正定城池，唐宝应元年（762年）因滹沱河溢水灌城，城日以圮，进行拓建。至明正统十四年（1449年），右金都御史陆矩与御史陈金增筑城池，改建为周长24里、高3丈多、上宽2丈的土城。虽是土城，却异常坚固，因为夯土是用黏土、石灰和糯米汤按照一定比例混合而成的。明隆庆五年（1571年），真定知县顾绶始在土城外包砖石，后任知县周应中申动府库银六万余两，征用真定府辖各县民夫，分段兴工，于万历四年（1576年）竣工。据光绪《正定县志》记

① 正定古文化研究会编：《古圃》（内部资料），2003年卷，第91—95页。

载，这次修筑砖城和城楼历时六年而成。[1]

四座城门东曰迎旭，南曰长乐，西曰镇远，北曰永安。南城门内门上题"三关雄镇"，瓮城门题"迎薰"，月城门上题"九省通衢"；西城门内门题"秀挹太行"，瓮城门题"挹蓝"；北城门内门题"拱护神京"，瓮城门题"展极"，月城门题"畿南保障"；东城门内门和瓮城门分别题为"光含瀛海"和"含翠"。

每座城门均建有高大雄伟的城楼，名称与城门相同，东门楼初题"迎旭"，明代改为"含翠"。每座城楼都是飞檐斗拱，雕梁画栋，十分壮观。南门月城上另建有城楼，楼上悬挂着"襟山带河"四个大字的额匾。真是壁垒森严、气势磅礴。此楼名看花楼，也叫望河楼，因为楼下有护城河、滹沱河并流交汇。河中种植大片莲藕，夏季莲花盛开，河中碧波荡漾，水美鱼肥，河岸杨柳低垂，城池壮美，恰似一幅古朴典雅的风景画。

出入正定古城要经过三道城垣，即里城、瓮城和月城。内城门之上都有巨幅石匾额镶嵌。城门洞深约五丈，高二丈，用条石铺基，用大砖砌拱券。高大的城门木门板厚半尺，门角有铁皮封包。为了避免城门直接暴露在敌人的攻击之下，在城门外侧添筑城墙一道，以形成一区面积不大的防御性附郭，这就是瓮城，其高度与内城相同。瓮城为屯兵之处，其大小决定屯兵多少。正定的瓮城比西安、南京的都要大，足见正定军事地位的重要。月城则是瓮城外加筑的弯月形城墙，高度是内城的一半。中国各地的古城墙很少有建筑月城的。

南门、北门的瓮城城门设在东侧，西门、东门的瓮城城门设在南侧，与内城城门形成90度夹角。南门、西门的月城

①［清］赵文濂：光绪《正定县志》卷9。

城门和内城城门于正方位开门，东门、北门的月城城门与内城城门则不在一条直线上，形成了曲折回旋的防御体系。出入城要经过三道城门，此种格局在国内亦不多见。这更说明真定城在明代政治、军事方面地位的重要，对拱卫京师有不可替代的作用。

正定城墙的内墙四周还筑有暗门，是城池被敌兵围困时，派出侦探或骑兵偷袭出城之路。从城外看，隐而不见；从城内看，即城墙洞。

城墙上建有垛口5051个，设有更铺、旗台。城四隅各建一角楼，角楼比较小，形状像亭子，四面有窗，便于瞭望。楼上设兵丁戍守，并设鼓楼，有更夫巡夜打更，所以角楼也叫敌楼、谯楼。

随着清康熙八年（1669年）直隶巡抚治所的迁移，真定城的政治地位逐步让位于保定，但作为城市标志性建筑的古城墙，清政府依然受到清政府的重视。康熙二十五年（1686年）、雍正六年（1728年）、嘉庆十六年（1811年）及同治七年（1868年），清政府分别对城墙进行了不同程度的修补。

悠久的历史、显要的关隘，使正定成为畿辅要区、历代重镇。

至于正定城当年楼橹巍峨的盛况，我们从光绪年间时任正定府学教授赵文濂的《登郡城西楼》中可以看到：

> 锁钥重关叠隘多，排云雉堞郁嵯峨。
> 行山北亘连恒岳，滹水西来会冶河。
> 柳暗花明平野阔，雨奇晴好晚烟拖。
> 感怀欲作登楼赋，独立苍茫思若何。①

护城河原由城内泉水形成,至乾隆年间,城内泉水淤塞。乾隆十年(1745年)接引西韩河水入护城河。过去西韩河水经由柏棠河流入滹沱河,这样无形中增加了滹沱河在正定城西上游的水量,一到雨季极易引起水患,威胁正定城。将西韩河水作为护城河水经由城西向城南,再向城东南隅的响水闸,随后东流汇入东大道河,再东流几十里入滹沱河下游,这样既降低了水患对正定城的威胁,又拱卫了正定城防,还形成了"禾黍青浮平似掌,芙蕖红借曲成河"[2]的自然美景。

有清一代的正定城,城楼巍峨,雉堞高耸,城墙坚固,水绕翠环,正定人容丕华写下《正定府》以颂之:

> 起伏沙冈一郡环,唐藩成德汉常山。
> 西包恒岳千峰峭,南截滹沱百道弯。
> 中国咽喉通九省,神京锁钥控三关。
> 地当河朔称雄镇,虎踞龙蟠燕赵间。[3]

金文纯的同名诗作放眼高远,感慨古今,令人荡气回肠:

> 百战河山在,严疆古镇州。
> 恒峰邀堞耸,滹浪蹴城浮。
> 立马人呼渡,吹箫客倚楼。
> 旺泉流泽普,弥望足青畴。[4]

① [清]赵文濂:光绪《正定县志》卷9。
② [清]赵文濂:光绪《正定县志》卷9。
③ [清]赵文濂:光绪《正定县志》卷9。
④ [清]赵文濂:光绪《正定县志》卷9。

华北平原重要的经济中心

正定北依恒山，南临滹沱，西肘太行，东揽沃野。作为交通枢纽、政治中心、军事重镇，八方辐辏，正定自然物华天宝，商贸发达，成为重要的商品集散地、华北平原上重要的经济中心。

早在新石器时代，这里就是中国北方最早开发的地域和农业经济最繁荣的地区之一。在农业经济发展的基础上，手工业和商业也随之繁荣发达。从本地的仰韶文化、龙山文化遗址发现制陶、铸铜器具以及纺织器具和陶制家蚕蛹，说明养蚕历史悠久。南杨庄遗址发掘出土仰韶文化时期带釉瓷片，将我国瓷器历史又向前推进了1000多年。唐代真定生产的丝、罗制品成为朝廷贡品。

及至元朝，真定更成为这一地区的政治、经济、文化中心，成为燕京（大都）以南的名城，人口20余万（真定路人口）。元代在真定设织染、杂造局。至元年间（1264—1294），真定城内还重修前朝创建的一座重要建筑景观——阳和楼。元代诗人纳新在《河朔访古记》中记载了阳和楼"左右挟二瓦市，优肆娼门，酒罐茶灶，豪商大贾，并集于此"的繁华景象。唐宋时期名冠全国的丝纺织业在元代得到进一步发展。唐宋以来开掘的纵横交错的人工河渠到元朝继续发挥排灌和漕运作用。

明代，随着商品经济的发展，各地开始形成具有一定区域性优势的特色经济。太行山丰富的森林资源，成为当时真定府的一大重要商品经济优势，东部的河间府（今沧州市一带）不断从真定采买木材。明代真定引种棉花后，纺织业闻名全国。大批晋商、徽商到真定城行商。商品经济的发展，促进了真定府各城镇集市贸易的兴旺。真定府所辖各州县都有几个大的集镇轮流作为贸易场所，而以真定城为中心的城市集贸市场最为红火。在这种经济条件下，真定府的税收也逐渐严格，对集市贸易照章征税。真定"牛、驴、花布、烟、油等税银三十五两七钱九分"①，时有上下浮动，"增减不等"②。据顺治《真定县志》记载，顺治年间，"皇税坐派本县及各集场落地税银共三百四十两四分九厘二毫"③。

商业的发展，促进了封建社会传统牙行制度的进一步完善。真定府和各州县官署，利用牙行管理和监督商税，登记和监督商人的贸易活动。牙行的牙侩是一种官府特许的商业经济人，各府州县由布政使司衙门定额发给牙贴，意在规范这些牙侩经纪人的商业行为。牙行还经常代官府收买民间商品。

清代还出现了典当业，而正定城作为区域经济文化中心，典当业尤为发达。乾隆年间有当铺20家。随着商业竞争的加剧，典当业作为一种高利润的行业，兼并、倾轧、竞争非常激烈。据光绪《正定县志》记载，到光绪年间，正定城内有"当铺六座，每座税银五两，共税银三十两"④，当铺数量和税银都远高于周围州县。

光辉灿烂的历史文化中心

正定历史文化底蕴深厚，先人以聪明才智创造出灿烂的历史文化。经专家鉴定，在仰韶、龙山以及商周文化等遗址出土的众多文物，保留至今的古建筑、碑碣、墓葬乃至冶炼、雕塑、丝织等科技、艺术佳品和千年城墙之中，有7项为

① [清] 赵文濂: 光绪《正定县志》卷16。

② [清] 赵文濂: 光绪《正定县志》卷16。

③ [清] 陈谦编修: 顺治《真定县志》。

④ [清] 赵文濂: 光绪《正定县志》卷16。

世界历史文化之最，21项为中国之最，不少古迹和器物在中华文明史上乃至世界文明史上占有重要地位，是人类文明史研究的重要实物。

正定不仅地灵而且人杰，有"藏龙卧虎"之称。正定既是宋真宗生母元德皇后的祖籍所在地，还是秦代南越王赵佗、楚汉相争时期的常山王与赵王张耳、三国顺平侯赵云、隋代教育家房晖远、北宋工程学家怀丙、北宋宰相赵普，以及元曲四大家之一的白朴、中医学补土派鼻祖李杲等各个领域名士生养或开创伟业之地。"百代师表"范仲淹也出生在正定。

公元1126年，金兵攻陷开封外城，在索要金帛、良马、军器、书籍的同时，还索要官吏、博通经学者、医师、工匠、倡优及伶人，将其一律带到北方，其中有些人就落户于真定。金代文学家蔡松年就是其中的翘楚。

南宋端平元年（1234年），金国在蒙古与南宋的持续联合夹击下被灭。金亡后开封、郑州之人多迁居真定。元代诗人纳新的《河朔访古记》里记载："大抵真定极为繁丽者，盖国朝与宋约同灭金，蔡城既破，遂以上地归宋，人民则国朝尽迁于此，故汴梁、郑州之人多居真定，于是有故都之遗风焉。"

蒙元时期，真定城作为重要的中心城市，政治、经济、文化各方面都得到了长足发展。杰出政治家史天泽及其侄子史枢等人在治理真定期间，以仁德的政治风范和拯救人才的历史责任感，大力发展经济，重视教育，培植人才，提高各族人民的知识文化素质，为真定经济文化的迅速发展奠定了基础。由于史天泽的保护，大批杰出的汉族文化名人在金朝灭亡之后，纷纷寓居真定，在真定一带经济、文化、教育等领域发挥了十分重要的作用。诸如文学家元好问，元曲四大家之一的白朴，杰出的数学家、文学家李冶，著名教育家张德辉等，他们都曾安居真定一带，对于培养当地人才、改善民风、传播知识发挥了重要作用，而且对蒙元时期的文化和科技发展产生了深远的影响。可以说，蒙元时期的真定是一个多民族人才辈出、名士荟萃的地区，也是各种学术、宗教、艺术、科学技术空前辉煌的时期。此时的真定先后涌现出阿拉伯著名学者沙克什（自称"真定瞻思"），元曲作家李文蔚、尚仲贤、戴善甫，维吾尔族政治家、文学家哈珊，还有文学家、政治家、史学家苏天爵、杨俊民，一代名医李杲等。

正是由于这种良好的文化氛围，真定城成为元大都之外的另一个重要的元曲创生和传播中心。元人钟嗣成所著的《录鬼簿》中，收录有真定杂剧作家7人、作品45种。钟嗣成评价真定的白朴、李文蔚、尚仲贤、戴善甫、侯克中、汪泽民、史樟、侯正卿等人都是"名誉昭然"者，史天泽本人也创作散曲。

明代太子太保梁梦龙、清代四部尚书、保和殿大学士梁清标、"北洋三杰"之一的王士珍等都是在正定的土地上成长起来的。此外，韩愈、卢照邻、欧阳修、文天祥等各时代的文学巨擘也在正定留下了许多故事和珍贵的诗词文章。

多种宗教和谐共存的重镇

正定城自北魏至清代长期为州、郡、路、府、县治所，成为一方政治、经济、文化中心。同时，正定也是一座宗教重镇。历代百姓崇拜诸神，大兴土木。至清中叶，城内寺庙庵观林立。佛教、道教、伊斯兰教、基督教，和谐共存，协调发展。

道教，为中国固有，东汉建宁元年（168年），道教传入真定。经宋、元、明发展，有府城隍庙、县城隍庙、玉华宫、玄真道、河神庙、火神庙、马神庙、龙王庙、圣母庙、水母庙、玉皇庙等。至清末，正定各条街道上都有土地祠、关帝庙、五道庙等。

元代真定城内的道观中最为著名的就要数玉华宫了。中统二年（1261年），元世祖忽必烈遣炼师王道归真定而创建，后来真定作为皇太后的汤沐邑，又把玉华宫作为祭祀其父母拖雷和显懿庄圣皇后唆鲁禾帖尼的影堂。纳新在《河朔访古记》中记载，这座道教宫观"外在红绰楔垣墙，四周槐柳森列，重门紫戟，广殿修庑，金碧辉映，宏壮华丽，拟于宫掖"。可见其建筑装饰之华丽、景观之秀美，确实为真定古城增加了几分庄严和神秘。

正定地区的天主教历史悠久，可以追溯到明朝末年的利玛窦时期，距今已经有四百余年历史。

正定解放后，天主教堂成为华北大学的所在地之一。华北大学就是中国人民大学的前身，教育家吴玉章任校长，教育家范文澜、成仿吾任副校长。华北大学在仅仅一年多的办学时间内，为国家培养了一大批各类人才。

1946年丁玲在涿鹿温泉屯参加土改的经历，是《太阳照在桑干河上》的最初素材，但其创作后期的素材主要取自她在正定县附近的石家庄市宋村担任土改工作组组长期间所经历的一件件事情。正如丁玲后来所说："宋村的生活使我改变了小说创作的计划，原定的第二部分和第三部分都没有续写的必要，新获取的素材只能另定计划。"

1948年4月，丁玲回到正定，压缩了结尾，把"分地"扼要写进《太阳照在桑干河上》最后几章。两个月后，全书完成。一部为新中国文学赢得世界性声誉的作品在正定华北大学校园里诞生了。

现今的天主教堂遗址位于256医院内。虽经时代变迁，其哥特式建筑的特点依然保存很好：尖塔高耸，尖形拱门、大窗户以及曾绘有圣经故事的花窗玻璃依然散发着往昔的风采。

佛教，在正定历来极为盛行。史书记载，汉有僧侣，晋兴寺庙，至唐即形成宏大规模，宋、金、元、明进一步发展，清代乾隆时期，达到鼎盛。有据可查，历史上正定境内有佛寺190余处，仅城内及四关就有48处之多。因此，正定被誉为中华"佛教重镇"。与此同时，正定佛学研究十分发达。史载十六国前秦时期，常山真定，前有西域高僧佛图澄行脚弘法，后有佛学翻译家释道安收徒建寺，设立机构翻译研究经律论三藏。同一时期，真定城赵氏女出家为尼，法号智贤，曾受帝赐十万金袈裟。隋唐时真定人慧净精研三藏，造诣深邃，被域外高僧波颇三藏誉为"东方菩萨"。城内大历寺藏杨贵妃为玄宗书《心经》墨宝。唐朝中后期，真定长期作为藩镇成德军的治所，广建寺院。

北宋开宝四年（971年），宋太祖敕令在龙兴寺内的最宽大之处重铸真定大悲菩萨铜像，同时兴建了高大宏伟的大悲阁。这处隋代兴起的名刹由此成为皇家重点扶持的寺院，各种配套建筑相继建成，逐渐成为拥有天王殿、大觉六师殿、大悲阁、摩尼殿、慈氏阁、转轮藏阁六座恢宏殿阁的北方名刹，也成为真定城内一座代表性建筑景观。高达十丈的大悲阁及阁内举高72尺的全国最高的站立式铜铸菩萨像、重檐九脊四面抱厦的摩尼殿，以及转轮藏阁及其阁内高大精美的巨大木结构转轮藏经橱，都是当时国内佛教建筑中的极品，名扬海内。

宋代任河北都转运使的吕颐浩在《燕魏杂记》中记载，真定府城"佛宫禅刹掩映于花竹流水之间"。

金代，重修了阳和楼、十方定林禅院、观音院。金元时期，真定城成为燕京（大都）以南的重要名城。

明朝时，崇因寺被封为"护国崇因寺"，大明宫廷御制千佛尊成为崇因寺镇寺之宝。

真定城内历代遗存的佛教名刹林立，古寺浮屠巍然耸立，构成真定一种特殊的城市景观。

清朝统治者十分重视对真定城内一系列名寺古塔的修缮和利用，在客观上维护了真定城市景观的完善，带动了城市建设的发展。康熙四十一年（1702年），皇帝亲诏大修真定隆兴寺，和硕裕亲王亲自赴真定估工，员外郎萨哈齐主持，历经七年，这一浩大工程才告竣工。康熙四十九年（1710年）到五十二年（1713年），康熙皇帝又亲笔为真定大佛寺题写了寺额"敕赐隆兴寺"，并亲笔御制长篇碑文，建造御碑亭，增加了这座千年古刹的建筑景观。他还为该寺的天王殿、大觉六师殿、摩尼殿、戒坛、慈氏阁、佛香阁等主要建筑题写匾额。

继任的雍正皇帝也效法其父的做法，大力弘扬佛法。即位不久，就颁诏封唐镇州临济寺僧义玄为"真常慧照禅师"，并对佛教禅宗临济派的祖庭正定临济寺进行大规模修葺，进一步改善了正定城内宗教建筑景观。

乾隆皇帝对正定城的佛教寺院也关怀备至。乾隆十一年（1746年），五台山礼佛归途中驻跸正定，瞻仰了大佛寺、广惠寺、崇因寺等正定名刹，并为隆兴寺撰写碑记，题写匾

崇因寺的千佛尊（今存隆兴寺毗卢殿）

额。乾隆十三年（1748年），在大佛寺的佛香阁月台之前建造御碑亭，丰富了大佛寺的景观。乾隆十五年（1750年），乾隆帝巡视河南北归途中，再次驻跸正定，诏修广惠寺，并为广惠寺华塔题写"妙光演教"匾额。乾隆二十六年（1761年），他在去五台山礼佛时再次驻跸正定，诏修天宁寺，历时一年多竣工。乾隆四十六年（1781年），乾隆帝下诏重修崇因寺，并拨巨款助修。钦差大臣果亲王、和亲王奉旨亲自到大佛寺礼佛，并题诗刻碑。

道光二十二年（1842年），在清王朝国力渐衰的情况下，正定府还得到朝廷支持，重修隆兴寺五佛殿。

清代统治者一向重视利用宗教维护统治，稳定民心。顺治、康熙、雍正三朝，都一再表示要弘扬佛法。他们效仿明朝旧制，从京师到地方普遍设立寺僧衙门，京师设僧录司，各省中，府设僧纲司，州设僧正司，县设僧会司。真定府的僧纲司和真定县的僧会司都设在大佛寺内。

经过清朝200多年的经营和完善，正定城内的宗教建筑发展到了最鼎盛的时期，不仅建筑规模是历史上空前的，而且建筑物的艺术水平、景观价值也是史无前例的。可以说，在正定这座文化古城中，宗教建筑不仅是城市的代表性建筑，而且是最重要的城市景观和最具特色的城市风貌。

如今，很多寺庙被历史风蚀，但古城内留存千年的著名的"四塔八大寺"仍然是历史的明证。塔是供奉或收藏佛骨、佛像、佛经、僧人遗体等的高耸型点式建筑。正定的四塔有雕饰华美的广惠寺多宝塔、巍峨高耸的天宁寺凌霄塔、朴实端庄的开元寺须弥塔、玲珑秀丽的临济寺澄灵塔。一城四塔，又都是国保文物，这在全国县城中绝无仅有。

八大寺分别是临济寺、隆兴寺、开元寺、天宁寺、广惠寺、崇因寺、洪济寺、舍利寺。中国佛教寺院，向有"唐寺宋塔"之说，而正定的八大寺，三座建于唐之前，其余五座中至少四座建于唐。其中开元寺始建于东魏兴和二年（540年），在正定城内现存寺院中始建年代最早。临济寺始建年代同上，只是建在城外五里临济村，唐代移入真定城内。隆兴寺始建于隋。洪济寺、舍利寺原为一寺，唐代名金牛寺，因唐开元间葬金牛禅师舍利于此而得名。广惠寺建于唐德宗贞元年间（785—805）。天宁寺建于唐懿宗咸通年间（860—873）。崇因寺建于明，是在元代遭兵燹而废毁的寺院上建立的。蒙古灭金时，真定城内被毁寺院中有明确记载的是大历寺。明灭元时真定城没有寺院遭池鱼之殃，且大历寺靠近城门，其位置特点与崇因寺有极大相似点，因此推测崇因寺极有可能是在大历寺原址兴建。大历寺不知起于何时，但唐、宋、金时代都有关于它的印记。四塔全建于唐代。实际上，开元寺须弥塔（初名雁塔）的始建年代有可能更早。唐大历十二年（777年）李宥作《解慧寺三门楼赞并序》中称三门楼"北有雁塔，建乎齐朝"[①]。可能因为此塔的古朴风貌更符合佛教刚刚传入中原时的特点，因此李宥推断它有可能是在北齐时初建。2005年，地方文物部门在重修须弥塔时在地宫发现唐贞观年间文物，因此确定为建于唐代。寺、塔均开佛教先河。金、元、明、清政府设置的僧官达44位，不少寺院住持作为皇帝替僧代皇帝出家。宋太祖敕造铜铸大菩萨，此后历朝帝后王公多诣正定礼佛，布施修葺。仅乾隆帝即莅临正定七次，留下诗赋楹联甚多。

正定作为佛教名城，还在于此处诞生了佛教重要的流派——临济禅宗。

佛教于西汉时期传入中国，经魏晋南北朝时期的发展，

① 郭开兴：《正定古文选注》，河北科学技术出版社1994年版，第39页。

不断与中国传统文化相融汇。正定一带汉有僧侣，晋兴寺庙。在北朝时期，虽经两次大规模灭佛运动，但真定佛教依然不断发展壮大。此后，由于临济宗的产生、传播与发展，正定始终保持了我国佛教文化发展过程中的重要地位，佛教文化得到深入传承发展。临济宗在禅宗中占有极其重要的地位。相传释迦创传禅宗于大弟子摩诃迦叶，由第二十八代菩提达摩大师传入中国。达摩大师初传神光修证法门，其直指人心、见性成佛的修行法门，因简约易行逐渐被修行之人所认知接受。菩提达摩东渡中华为禅宗初祖，至六祖慧能进一步简化禅道，不用按照高深学理循文解义释字疏经的方式，只用平常说话表达佛学心要，实现了佛学平民化革新，更加适合中国广大僧众的文化特点，也正合"教外别传，不立文字"、直接授受明心见性的禅宗佛旨。

有人视六祖慧能为中国禅宗的实际创始人。六祖之后的禅宗，普遍受到中国民间社会的推崇，并且越来越成为全国上下公认的最优秀、最突出的佛教宗派。

慧能的嗣法弟子中，南岳怀让和青原行思两支法系到唐末特别繁盛。南岳一系后又分出沩仰、临济两宗，青原一系分出曹洞、云门、法眼三宗，在佛教界合称为"五宗分灯"。五宗之中，声势最宏大、影响最深远的，是临济宗。

临济宗祖庭就在正定。六祖下五世义玄行脚于此，举扬一派禅风，弘扬"即心即佛""心外无佛""不向外驰求"的顿悟学说，使佛教宗旨更具辅政和利生之功能，始创临济宗，成为临济宗祖师。因其宗风机锋峻烈，龙象蹴踏，人才济济，流播天下，有"临济儿孙满天下"之誉。

中国佛教史上将政府对佛教运动的镇压称为"法难"。

中国佛教史上共发生四次较大规模的政府对佛教的镇压，即"三武一宗法难"。"三武"分别为北魏太武帝、北周武帝、唐武宗，"一宗"为五代末年的后周世宗。

北魏太武帝起初信奉佛教，后改信道教，公元446年因怀疑佛教徒参与盖吴的武装内乱而下令杀尽长安及各地沙门，并焚毁经像。

北周武帝宇文邕信奉佛教，但更重儒术，又信谶纬。在经过统治集团内部激烈辩论后，武帝于公元574年下诏同时禁止佛道二教，公元577年灭北齐后继续推行禁佛令。这使中国北方数百年来官私营造的所有佛塔毁坏殆尽，无数佛像、经典被毁，四万寺庙尽赐王公，三百万僧尼被迫还俗。

公元841年，唐武宗即位，改元会昌。会昌五年（845年）七月，唐武宗颁布诏令，禁断佛教。具体的措施是：长安、洛阳二地各留二寺，每寺留僧人三十名；大州各留一寺，分为三等，上等留僧人二十名，中等留僧人十名，下等留僧人五名。除此之外，所有寺庙一律拆除，僧尼迫令还俗，寺院财货田产全部充公，拆下的材料用于修缮公廨、驿站、熔化铜像、钟磬铸钱。由此，天下共毁寺庙四万多所，僧尼还俗人数达二十六万，没收田产数万顷，没收奴婢人数达十五万。

后周世宗柴荣于显德二年（955年）五月下诏限制寺院的发展，还严格规定出家为僧尼的条件。这一年共废寺院30336所，仅保留寺院2694所，还俗僧尼61200人。与此同时，又下诏悉毁天下铜佛像以铸钱，来促进商业发展。传说他还亲自斧劈真定城西北隅大悲寺（又名白雀寺）里的大悲菩萨铜像，命匠人"范铜铸钱"。另一种传说是他带兵到真定时命炮轰大悲菩萨正中胸口。

这些轰轰烈烈的灭佛运动在真定并未成功。前两次灭佛大约因为战略要地真定的驻军对佛教护佑生命的刚性需求而失效。后两次失败则是因为历来成德军节度使都信奉佛教，保护僧徒。后周世宗柴荣也是因为成德军不肯贯彻他的方针，无奈亲自动手毁佛。即使在武宗会昌灭佛进行得轰轰烈烈的年代，朝廷一再诏令毁撤佛寺，成德军也并未理会灭佛诏书，公开对抗朝廷的灭佛诏令。由于这些地方割据势力统治者的庇护，真定佛教不灭，反而成了当时中国的佛教中心。有一种说法是，义玄禅师是在武宗会昌灭佛期间来到真定，广授门徒，许多高士云集临济祖师门下，并有全国各地高僧云集真定。武宗灭佛不久暴亡，其叔父继位为唐宣宗，诏令天下恢复佛法寺院。临济宗弟子广赴大唐各地传法，自此宗风大振。

真定城从元代起便有伊斯兰教的活动，明初修建了清真寺。

据《正定县志》记载，元太宗时大食国人赡鲁坤任真定路征收课税使，携全家人迁居真定，真定开始有了伊斯兰教徒。他的孙子赡思出生于真定，成为著名学者和政治家，官至礼部尚书，为伊斯兰教在燕赵大地的传播做出了贡献。

还有维吾尔人写云赤笃忽嶙，任真定路达鲁花赤[①]。他的孙子哈珊亦出任过真定路达鲁花赤。众多穆斯林居住在此地，当时已经出现了伊斯兰教的建筑。明初，徐达、常遇春率领北征大军途经真定府各地，一部分汉族和回族将士留驻真定。洪武、永乐年间，从山西、浙江、山东、南直隶等地向河北地区移民，其中也有不少穆斯林移居真定一带。清真寺、礼拜堂开始创建。

明初，藁城九门底、赵、吴三姓和定县（今定州市）

---

① 达鲁花赤是元朝地方机构中的职官名称，为所在地方或军队的最高临治，为众官属之长。

白、马二姓的伊斯兰教徒迁入真定经营商业，随后在西门里街南侧建起清真寺。清道光十二年（1832年），正定府镇台闵正风（伊斯兰教徒）主持将已破旧的清真寺迁至东南隅仓西街（今四合街与生民街之间）。1945年，在顺城关建起古城内第二座清真寺。

咸丰六年（1856年），天主教北京教区分出32县建立正定教区。开始由北京教区主教孟若石（法籍）代理教务。咸丰八年（1858年），第一任主教董若翰（法籍）来正定传教，见隆兴寺西侧皇帝行宫幽静，欲建为教堂，即返京备文向清廷租借，竟蒙御批赏赐。从此，皇帝行宫成为天主教堂。以白银4万两，在院内北部正中建主教堂，在两侧建首善堂、仁慈堂，1919年扩建主教堂。

1910年前后，逐步形成了基督教正定教区和天主教正定教区。

另据河北师范大学戴建兵教授和学者梁勇研究，在唐代，真定曾经出现过景教。

清代，真定城深厚的宗教文化积淀，备受封建统治者重视，所以，这座历史名城不仅作为政治、经济中心构成对周围城乡的辐射，而且成为河北中南部地区重要的宗教文化中心。尤其是正定隆兴寺，由于经常迎接清朝帝王的巡临，并得到封建王朝的特殊维护，从而成为一座皇家寺院。

正定城拥有如此负有盛名的宗教建筑，自然使得文人墨客肆意挥洒文字和诗情。沈荃细致入微地刻画了天宁寺的琼楼玉宇和庄严气氛：

危级盘空上紫氛，清秋河岳望中分。

白毫隐隐逐天见，幽磬泠泠下界闻。

宝界花幢窥法相，金题录字想遗勋。

最怜尘世多劳攘，匹马西风逐雁群。①

他在另一首诗中又写道：

杰阁峻嶒耸碧霄，无边花雨昼飘摇。

千年龙象凌空矗，大陆云山入望遥。

金殿香灯停御跸，穿碑文字识前朝。

凭栏不尽登临意，萧瑟天风下沈潦。②

梁清标在描写隆兴寺大悲阁时写道：

堠烟遥接榆关影，佛日孤悬翰海涛。

暂尔登游多壮色，白云无际塞垣高。③

王士禛诗中感叹：

野鹊巢危塔，行堨上断碑。

何因一茎草，宝界现琉璃。④

此诗非常形象地描写出临济寺在清朝后期的苍凉气氛。

① [清] 赵文濓：光绪《正定县志》卷11。
② [清] 赵文濓：光绪《正定县志》卷11。
③ [清] 赵文濓：光绪《正定县志》卷11。
④ [清] 赵文濓：光绪《正定县志》卷11。

遥遥领先的科学技术中心

唐代，真定建筑技术跃居全国前列，多宝塔、澄灵塔、须弥塔、凌霄塔的设计与建筑，巨型赑屃的搬运以及形体硕大的"大唐清河郡王纪功载政之颂碑"准确安放在赑屃背上的榫坑就是例证。宋金元时期，这里的纺织、冶金、建筑、水利、畜牧以及兵器制造等诸多方面技能都有新的提高。真定绫锦院制造的锦、绮、绫、罗是北宋上品。举高22米的大悲铜像铸造工艺更属世间稀有。大悲阁、摩尼殿的建筑，都为世人夸耀。怀丙"抽梁换柱"成功修补凌霄塔的事迹，被记录在《宋史》中。

元代，真定经济文化繁荣，交通商贸发达，国内外商贾、实业家、学者云集。落户真定的大食人后裔瞻思，在经学、史学、天文、地理、历算、水利等方面研究成果颇丰，有很多著作传世。医学亦有较大发展。李东垣创立"内伤脾胃，百病由生"的理论和"扶正祛邪"的治疗方法，堪称"补土派"鼻祖，被日本"汉医"尊为李杲学派，其理论至今在中医院校中传承。

明代，棉花的广泛种植推动了纺织技术的改革、创新。真定卫兵器制造更为精良。现在出土的明代铁炮，炮膛设计较为科学，而且历数百年表层光滑依旧。崇因寺毗卢佛铸造之精湛，是其更为先进的代表。

清代，农业生产技术又有较大发展。雍正年间，大营水田，广种水稻，科学治蝗，大量增产。正定府棉花种植技术之高、产量之高为直隶之首。此时，正定的政治家、文学家、科学家等在诸多领域有重大建树，涉及古代政治沿革、历史人物、地理山川、工程、商贸、文化及军事等各个方面，且有丰厚著述传世。这是一批宝贵的文化遗产。

总之，正定的灿烂历史文化和显要的政治地位，受到了历代帝王的高度重视。从北魏至清代的一千五百余年里，乡贤循吏苦心经营，商贾方技聚散流播，高僧大德弘法瞻礼，文学大家行走游历，帝王将相征行驻跸，铸就了正定古城丰盈华美的物质财富、宏富博大的人文素养、深沉厚重的文化积淀。无数令人叹为观止的文物古迹、博大精深的民间文化、热情淳朴的风土人情，共同构成了丰富璀璨的正定文化，并成为燕赵文化的重要支柱。

03 >

正定文庙的祀制与礼仪

文庙的奉祀人物

文庙的祭祀类别、祭品与乐舞

文庙释奠礼的程序与举办地

文庙释奠礼的礼乐人员

文庙的维护及奉祀费用

文庙是封建国家彰显以儒家思想作为国家指导思想的标志。作为国家崇德报功的礼制庙宇一直受到国家的重视，历代封建王朝不断为文庙制定祭祀制度，逐渐形成了一整套文庙奉祀制度并将其列入国家祀典。

　　从历代祀典看，文庙祀典包括文庙的建筑制度、奉祀制度和祭祀制度。祭祀制度包括祭祀等级、祭祀名目、祭祀礼仪、祭品、祭祀音乐、祭祀舞蹈等。文庙祀制、礼仪等由国家统一规定。崇圣祠及两庑、大成殿及两庑奉祀人物，全国各地也是一致的。名宦、乡贤则各地不同。本书根据《正定县志》《正定府志》的记载，谨就正定文庙奉祀情况做概括介绍。

文庙的奉祀人物

大成殿奉祀人物

大成殿内正中正面神台上供奉的是"大成至圣先师"孔子，置孔圣先师于木暖阁内。左右两旁的木暖阁供奉的是颜回、曾参这两位孔子的高足和子思、孟轲这两位重要的儒家传承者，合称"四配"。殿中另有十二哲。

孔子（前551—前479），子姓，孔氏，名丘，字仲尼，祖籍宋国栗邑（今河南省商丘市夏邑县），生于春秋时期鲁国陬邑（今山东省曲阜市）。中国杰出的思想家、教育家，与弟子周游列国十四年，晚年修订"六经"，即《诗》《书》《礼》《乐》《易》《春秋》。

正定县文庙大成殿内孔子像

孔子像东，座东面西配二人，是"复圣"颜子（即颜回，孔子的学生）和"述圣"子思子（即孔伋，字子思，孔子之孙，曾子的学生）。

正定县文庙大成殿内颜子、子思子像

孔子像西，座西面东配二人，为"宗圣"曾子（曾参，孔子的学生）和"亚圣"孟子（孟轲，子思的门人的学生）。

正定县文庙大成殿内曾子、孟子像

以上为四配。

大成殿内东侧，"复圣"颜子和"述圣"子思子的神像后供奉有六位先哲：

闵子（闵损，即子骞，孔子的学生）。

冉子（冉求，即子有，孔子的学生）。

端木子（端木赐，即子贡，孔子的学生）。

仲子（仲由，即子路，孔子的学生）。

卜子（卜商，即子夏，孔子的学生）。

有子（有若，孔子的学生）。

正定县文庙大成殿东侧六位先哲

大成殿内西侧，"宗圣"曾子和"亚圣"孟子像后边供奉着六位先哲：

冉子（冉耕，即伯牛，孔子的学生）。

宰子（宰予，即子我，孔子的学生）。

冉子（冉雍，即仲弓，孔子的学生）。

言子（言偃，即子游，孔子的学生）。

颛孙子（颛孙师，即子张，孔子的学生）。

朱子（朱熹，南宋哲学家、教育家）。

正定县文庙大成殿西侧六位先哲

以上为十二哲。

春秋时代孔子界定"十哲"——德行：颜回（渊）、闵损（子骞）、冉耕（伯牛）、冉雍（仲弓）；言语：宰予（子我）、端木赐（子贡）；政事：冉求（子有）、仲由（季路、子路）；文学：言偃（子游）、卜商（子夏）。

后来颜回升为配享，与孔子并称"孔颜"。至唐开元八年（720年），特将曾参塑为坐像，坐于十哲之次。

南宋时曾参进入配享行列。南宋咸淳三年（1267年），孔门弟子颛孙师（字子长）升入十哲。康熙五十一年（1712年）与乾隆三年（1738年），分别增加宋儒朱熹和孔门弟子有若（字子有），从而构成了"十二哲"。①

东西庑奉祀人物

大成殿前面的东西两庑内，供奉历代先贤先儒。先贤者以明道修德为主，先儒者以传经授业为主。

先贤，主要有孔子弟子、孔子推崇的同代贤人、颛孙师弟子、孟子弟子及宋代理学家，共79人。先贤从祀在文庙大成殿两庑北部。

东庑供奉40人：东周公孙侨（1857年从祀）、林放（739年从祀，1530年罢祀，1724年复祀）、原宪（739年从祀，下凡不书从祀时间均为是年从祀）、南宫适、商瞿、漆雕开、司马耕、梁鳣、冉孺（又作冉儒）、伯虔、冉季、漆雕徒父、漆雕哆、公西赤、任不齐、公良孺（又作公良儒）、公肩定、鄡单、罕父黑、荣旂、左人郢、郑国、原亢、廉洁、叔仲会、公西舆如、邦巽、陈亢、步叔乘、琴牢（又称琴张）、秦非、颜哙、颜何（739年从祀，1530年罢祀，1724年复祀）、县亶（1724年从祀）、牧皮（同上）、乐正克（同上）、万章（同上），宋代周敦颐（1241年、1313年两次从祀为先儒，1642年升为先贤）、程颢（同上）、邵雍（1267年从祀为先儒，1642年升为先贤）。

西庑供奉39人：东周蘧瑗（739年从祀，1530年罢祀，1724年复祀）、澹台灭明、宓不齐、公冶长、公皙哀、高柴、樊须、商泽、巫马施、颜辛、曹恤、公孙龙、秦商、颜高、壤驷赤、石作蜀、公夏首、后处、奚容蒧、颜祖、句井疆、秦祖、县成、公祖句兹、燕伋、乐欬、狄黑、孔忠、公西蒧、颜之仆、施之常、申枨、左丘明（647年从祀为先儒，

① ［清］赵文濂：光绪《正定县志》卷22。

1642年升为先贤）、秦冉（739年从祀，1530年罢祀，1724年复祀）、公明仪（1853年从祀）、公都子（1724年从祀）、公孙丑（同上）、宋代张载（1241年、1313年从祀为先儒，1642年升先贤）、程颐（同上）。

先贤中，公孙侨是春秋时期政治家，蘧瑗是春秋时卫国大夫，都是孔子推崇的人物。公明仪是颛孙师的门人，乐正克、万章、公都子、公孙丑是孟子的门人。周敦颐、张载、程颐、程颢、邵雍是宋朝理学大家，其他均为孔子弟子。孔门弟子祀祭始于东汉永平十五年（72年），明帝至鲁祭祀孔子，并祭七十二弟子。光和元年（178年），灵帝于京都洛阳设鸿都门学，画孔子及七十二弟子像。唐开元八年（720年），将十哲以外七十弟子画于国子监孔庙墙上，从祀孔子。开元二十七年（739年），七十弟子皆追赠封号，其从祀地位稳定。明清时又增加孔子同时贤人、孟子弟子及宋代理学大师，到清咸丰七年（1857年）增至79人。

先儒祀祭，始于唐贞观二十一年（647年），太宗命以左丘明、公羊高等22人（后称"二十二贤"）从祀孔庙，后经历代增添、改换，到1919年增至77人。先儒在大成殿两庑南部从祀，位于先贤之后。东庑供奉39人：东周公羊高（647年从祀），汉代伏胜（同上）、孔安国（同上）、毛苌（同上）、杜子春（同上）、郑康成（647年从祀，1530年改祀于乡贤祠，1724年复祀），毛亨（1863年从祀），蜀汉诸葛亮（1724年从祀），隋代王通（1530年从祀），唐代韩愈（1084年从祀），宋代吕祖谦（1261年从祀，1313年从祀）、胡安国（1437年从祀）、杨时（1495年从祀）、胡瑗（1530年从祀）、李侗（1619年从祀）、何基（1724年从祀）、尹焞（1724年从祀）、黄干（1724年从祀）、王柏

（1724年从祀）、文天祥（1843年从祀）、谢良佐（1849年从祀）、韩琦（1852年从祀）、袁燮（1868年从祀）、辅广（1877年从祀），元代陈澔（1724年从祀）、刘因（1910年从祀），明代薛瑄（1571年从祀）、胡居仁（1584年从祀）、罗钦顺（1724年从祀）、刘宗周（1822年从祀）、孙奇逢（1827年从祀）、方孝孺（1863年从祀）、吕柟（1863年从祀），清代陆陇其（1724年从祀）、汤斌（1823年从祀）、张履祥（1871年从祀）、张伯行（1878年从祀）、黄宗羲（1908年从祀）、颜元（1919年从祀）。

西庑供奉38人：东周谷梁赤（647年从祀），汉代高堂生（同上）、董仲舒（1330年从祀）、后苍（1530年从祀）、许慎（1875年从祀）、刘德（1877年从祀）、赵岐（1910年从祀），晋代范宁（647年从祀，1530年改祀乡贤祠，1724年复祀），唐代陆贽（1826年从祀），宋代张栻（1261年从祀，1313年从祀）、司马光（1267年从祀，1313年从祀）、真德秀（1437年从祀）、蔡沈（又名沉，同上）、欧阳修（1530年从祀）、陆九渊（1530年从祀）、罗从彦（1619年从祀）、范仲淹（1715年从祀）、陈淳（1724年从祀）、魏了翁（1724年从祀）、李纲（1851年从祀）、陆秀夫（1859年从祀）、游酢（1892年从祀）、吕大临（1895年从祀），元代许衡（1313年从祀）、吴澄（1435年从祀，1530年罢祀，1737年复祀）、许谦（1724年从祀）、赵复（1859年从祀）、金履祥（同上），明代陈献章（1584年从祀）、王守仁（1584年从祀）、蔡清（1724年从祀）、黄道周（1825年从祀）、吕坤（1826年从祀）、曹端（1860年从祀），清代陆世仪（1875年从祀）、王夫之（1908年从祀）、顾炎武（1908年从祀）、李塨（1919年从祀）。[①]

① [清] 郑大进：乾隆《正定府志》卷16。

先儒于唐代时就有画像，后改为木主，题"先儒某子某神主"①。

崇圣祠奉祀人物

大成殿后有崇圣祠，是祭祀孔子五代先祖的祠堂。明朝时名启圣祠，只立有孔子的父亲"启圣王"叔梁公的牌位。清雍正元年（1723年），皇帝下诏对孔子的先世封爵，在崇圣祠增祀孔子的父亲以上四辈先祖，孔子的祖父伯夏公封为"昌圣王"，孔子的曾祖父防叔公封为"诒圣王"，第四代祖父祈父公封为"裕圣王"，第五代祖父木金父公封为"肇圣王"。孔子的这五位先祖的牌位居崇圣殿正位。

在崇圣祠正位的两边，还有配位的五位先贤。东配为孔氏孟皮、颜无繇和孔鲤，西配为曾皙和孟孙激明。

崇圣祠正殿前有东庑西庑。东庑从祀有先儒周辅成（先贤周敦颐父）、先儒程珦（字伯温，先贤程颢、程颐之父，旧封开国公）、先儒蔡元定（字季通，先儒蔡沈之父，生于宋高宗乙卯）。西庑从祀有先儒张迪（字德象，先贤张载之父）、先儒朱松（字乔年，先贤朱熹之父，元封越国公）。②

名宦祠、乡贤祠奉祀人物

府文庙与县文庙中名宦祠、乡贤祠奉祀的人物有别。本地任职而勤政爱民有德业的官员，逝后由当地士民举荐，经本省总督、巡抚，会同学政审核批准，将其牌位入祀于所在州县名宦祠。明清时本地凡有品学为地方所推重者，死后由

---

① [清] 赵文濂：光绪《正定县志》卷22。
② [清] 赵文濂：光绪《正定县志》卷22。

大吏题请祀于其乡，入乡贤祠，春秋致祭。

据光绪《正定县志》记载，当时府文庙名宦祠内供奉的有：

章时銮　张孟绣　李荫祖　张存仁　朱昌祚
王登联　金世德　于成龙　魏象枢　郭世隆
李光地　赵宏燮　朱宏祚　邵嗣尧　武国楹
常大忠　宋　基　熊伯龙　周　球　沈朝聘
于成龙

光绪《正定县志》记载府文庙乡贤祠内供祀的有：

贾应春　梁梦龙　许守谦　刘有余　梁士醇
王　藻　陈显际　梁维基　梁维本　梁维枢
刘元慧　梁清标　何　澄　张　莲

以上为正定本地人十四位。

此外，因清朝初年真定相当于直隶省会之一，所以除真定府之外所祭祀的直隶各府人士还有四十二位，以保定府人士为多。姓名如下：

师雨住　张绍栻　张绳栻　鹿　府　鹿久徵
鹿　正　鹿善继　鹿化麟　孙承宗　于从庆
王世琇　石　琇　管嗣章　孙从彦　孙从范
孙从庆　金毓峒　张罗俊　张罗彦　张罗喆
王稔占　郭　棻　张　□　何体元　高　涛
魏一鳌　刘兴　刘斗　王　哲　宋　琏

　　　　杨继盛　邵　雍　傅　珪　王德明　郑　洛

　　　　贾　钶　陈　采　金　铨　王继武　贾鸿洙

　　　　张邦政　师　心①

　　县文庙戟门外东侧厢房是名宦祠，供祀的是历史上在正定县工作过的有成绩的官员，共十二位：

　　　　贾　琛　曾　布　赵任重　叶思敬　洪子祥

　　　　李守义　刘　豫　邢尚简　周应中　胡　敬（县丞）

　　　　杨　□　李贞（训导）②

　　以上人物除注明官职的，其余皆为本县知县。

　　县文庙西厢房乡贤祠内供祀的是在历史上做出过巨大贡献的正定名人，共有十四位：

　　　　赵　云　房晖远　李　至　王举正　褚承亮

　　　　杨粹中　李　著　朱　显　崔　显　马云辉

　　　　孙　敬　李　时　张　宏　王　藻③

六忠祠奉祀人物

　　六忠祠坐落在原正定府文庙东院，匾额题曰"敬恕"。祠堂内供奉的是与正定历史有直接关系的六位视死如归的志士仁人：唐朝的颜杲卿、颜真卿，宋朝的欧阳珣、李邈，元朝的钡纳锡彰和明朝的徐标。

　　六忠祠原名二忠祠，明正德八年（1513年）朝廷敕建，供奉在唐朝平定"安史之乱"中立下卓越功勋的颜杲卿和颜

①［清］赵文濂：光绪《正定县志》卷22。

②［清］赵文濂：光绪《正定县志》卷22。

③［清］赵文濂：光绪《正定县志》卷22。

真卿。明天启二年（1622年），真定知府徐腾芳在二忠祠内增加宋朝时以忠义殉国的欧阳珣的牌位，改名三忠祠。

清道光二年（1822年），张范东任正定知府。因三忠祠已残破，张知府决定捐资重修。他会同正定知县赵模，查阅府志中名宦名单，考证这些人的历史功绩，在唐宋以来的名宦三百多人中选择三位曾在正定为官并且事迹突出的忠义之士——宋朝真定知府李邈，元朝真定路达鲁花赤钑纳锡彰，明末总督畿南、山东、河北军务的兵部右侍郎兼移驻真定的保定巡抚徐标，请示直隶省布政使屠之申，获批准。于是重修祠宇，改名六忠祠。

此次重修六忠祠，由正定知府张范东和正定知县赵模两人捐献俸禄重修，直隶省布政使屠之申亲自撰文刻石记之。同治二年（1863年），正定知府徐塘主持了六忠祠的又一次大修。

以上各个殿阁祠庑，除名宦祠、乡贤祠、六忠祠外，全国各地文庙祭祀的人物及排位完全相同，享受祭祀的人员位次等均由国家制定。历史进程中的人员移除增补及位次调整等，也都是全国一盘棋，这体现了国家意志。

文庙的祭祀类别、
祭品与乐舞

祭祀的类别

中国古代，遵照国家的庙制，府、州、县文庙的祭祀礼仪与国子监大体相同，历代建庙、塑像、祭祀都非常隆重。文庙内的祭祀活动主要有三种：行香、释菜礼、释奠礼。三种活动中，行香最简便易行。

行香：明洪武十七年（1384年），"敕每月朔望，祭酒以下行释菜礼，郡县长以下诣学行香"①，即每月朔、望日（农历每月的初一和十五），官员按例至文庙及武庙（即孔庙与关帝庙）焚香叩拜。

释菜礼：释菜礼仪程简洁，在学校落成、制成礼乐器、新生入学以及春天入学时均可举行。

古时士人见君主要敬献野鸡，见师尊则要拿"菜"，后世相沿成习，逐渐变成了敬师之礼。古代凡始入学，须向先师行释菜之礼，以苹蘩之属奠祭，而不用牲牢币帛。

① 《明史·礼四》。

作为祭祀先圣先师的释菜礼，先秦时期并无时间成规，秦以后成为制度。至唐代时发展为成熟的太学开学典礼仪式，设"酒、芹、枣、栗、菜羹"祭献孔子及颜渊等贤哲。到了北齐时期，文宣帝于天保元年（550年）命国子寺每月朔日行礼。明洪武十七年（1384年），敕每月朔望，祭酒以下行释菜礼，州县长官以下诣学行香。清顺治二年（1645年），清世祖下令每月朔日行释菜礼，设酒、水芹、菁菹（又名芜菁，即蔓菁）、红枣、栗子，祭酒三献于先师。

清代国子监释菜礼和各省府州县的释菜礼仪程，比先秦复杂许多。释菜礼在每月朔日，即初一举行。参加人员除正献外，分献包括监丞、博士、助教、学正、学录，肄业诸生则负责司香、司爵、引赞、通赞，洒扫庙户内外，摆好神案与祭品。

每案陈菜、枣、栗各一豆，炉一，镫二。设案一于殿内之东，陈香盘七，尊一，每位爵一。又设案于东西两庑之南，各陈香盘三，尊一，每位爵一。

祭酒着朝服，诸生着吉服，通赞赞曰："跪！叩！兴！"祭酒以下行三跪九叩礼。赞引祭酒诣阶东盥手，升东阶，入殿左门，诣先师位前，司香奉香盘从。引赞赞曰："跪！"祭酒跪，俯伏。通赞赞曰："上香。"司香跪奉香，祭酒三上香，俯伏，兴，退。

上香后包括注酒、献爵等仪程，分献官也要俯伏、上香、献爵再复位；之后祭酒率属下及诸生行三跪九叩礼，礼毕各退。

以上是国子监释菜礼的礼仪过程。府县文庙释菜礼只在开学时举办，祭品不及国子监丰盛，礼仪过程大致相同，而主祭是地方官，穿官服而非朝服。

古人将释菜礼称为"礼之轻者",但礼轻情意重。尊敬师长是最基本的礼节,古人在学校举行释菜礼,目的在于对刚入学的学生进行一次尊师教育,让学生铭记老师教育之恩。

正定府县文庙释菜礼资料阙如。只有明清重修碑文中提及文庙为释菜之地。另外《畿辅通志》中录有元代安熙在封龙书院主持祭祀孔子的释菜礼祭文《封龙书院释菜先圣文》。此文收入苏天爵纂录的《元文类》中,全文如下:

> 维大德十年,岁次丙午,秋七月己巳朔,越翌日庚午,后学安熙敢昭告于先圣至圣文宣王:熙至愚极陋,总角趋庭。私淑诸人,实始闻道。自兹厥德,钦诵遗编。近本程朱,上窥思孟。以求经防,以探圣心。庶竭驽顽,进德修业。孰云不力,中道而迷。悲叹穷庐,摧颓已甚。虽由病废,实亦惰偷。内自省循,枯落是惧。兹焉感愤,避俗岩居。追忆旧闻,卒究前业。洒扫应对,谨行信言。余力学文,穷理尽性。循循有序,发轫圣途。以存诸心,以行诸己,以及于物,以化于乡。或冀有成,不悖于道。兹涓吉日,载见祠庭。旨酒蘋蘩,式陈明荐。尚蕲启迪,实诱其衷。庶假威灵,不至大戾。谨率诸生恭修释菜之礼,用伸虔告。[1]

释奠礼:释奠礼比释菜礼复杂得多,在明清的文庙碑记中有"全礼"之称。

早在周朝的时候,学校每年都要按四季释奠于先师,来表示尊师重道之意。不过当时所谓的先师,并不是指特定的某一个人或某些人。凡是过去对教育有贡献且已过世的教师,都是师生祭祀的对象。

---

① [元]苏天爵:《元文类》卷48。

唐代，每年春秋两次大祭，每月初一和十五两次小祭。大的祭祀起初由学官主持，后来改由地方官主持。

光绪《正定县志》"释奠"部分记载，清顺治元年（1644年）规定，"每岁春秋仲月上丁日，直省府州县各行释奠于先师之礼，以地方正印官主祭，陈设、礼仪与国子监同"。康熙二十九年（1690年）议准，"文武官军民等经过文庙下马"。康熙四十九年（1710年），奉皇帝旨意，致祭先师孔子时，各省所辖府、州、县的同城大小文武官员必须按照规定入庙行礼。雍正二年（1724年），朝廷又下令，郡县每年春秋进行两次祭祀，并且提高祭祀用的牺牲标准，增用"太牢"[1]，此即释奠礼。[2]

古代祭祀山川庙社统称释奠礼，宋以后只有祭祀孔子方称为释奠礼。

祭品与乐舞

祭器与祭品（祭祀时器用物品，按乾隆六年颁）

祭器：爵、樽登、铏、簠、簋、笾、豆、镫、炉、花瓶、牲俎、牲盘、帛筐、祝板。[3]

陈设：祭祀各殿，都有规定的祭品。

大成殿至圣先师陈设：帛一（白色）、尊一、白瓷爵三、血豆一、牛一、羊一、豕一、登一、铏二、簠二、簋二、笾十、豆十、灯二。

四配陈设（东西各二案）：帛一（白色）、尊一、白瓷爵三、豕一、羊一、铏二、簠二、簋二、笾八、豆八、灯二。

十二哲陈设（东西各一案）：帛六（白色）、尊一、白

① 祭祀分少牢和太牢，少牢指祭祀时牺牲只备豕和羊，太牢指祭祀时牛、羊、豕三牲全备。
② [清]赵文濂：光绪《正定县志》卷22。
③ [清]郑大进：乾隆《正定府志》卷16。

瓷爵三、羊一、豕一、铏一、簠一、簋一、笾四、豆四、灯二。

两庑陈设（东西各二案三俎）：帛各一（白色）、羊三、豕三（每俎一羊一豕，凡三俎）、簠各一、簋各一、笾各四、豆各三、铏各二，三尊同坫。

崇圣祠正位陈设：帛五（白色）、尊一、爵五、血豆一、羊一、豕一、铏二、簠二、簋二、笾八、豆八、灯二。

配位四贤陈设（东西各一案）：帛二、尊二、羊一、豕一、铏二、簠一、簋一、笾四、豆四、灯二。每位爵三。

从祀五先儒陈设：尊一、羊一、豕一、簠一、簋一、笾四、豆四、灯二。每位爵三，帛各一。

名宦祠和乡贤祠陈设：帛一、爵三、簠一、簋一、笾二、豆二、羊一、豕一。①

祭品：帛、犊、羊、豕、俎（羊、豕、鹿、兔）、镫（太羹）、铏（和羹）、簠（黍、稷）、簋（稻、粱）、笾（形盐、鹿脯、槁鱼、枣、栗、榛、菱、芡）、豆（韭菹、菁菹、芹菹、笋菹、醓醢、鹿醢、兔醢、鱼醢、脾析、豚胉）。

祭品说明：

太羹：淡牛肉汁。

和羹：猪脊膂肉切薄片，滚汤瀹过滤起，用盐、酱、醋调匀置碗底，用腰子切荔枝形盖面，临祭用淡滚汁浇之。

黍、稷：黍，捡淘滚汤，捞起蒸饭；稷，蒸法同黍。

稻、粱：稻用白粳米，粱用糯米，蒸法同黍。

形盐：洁白净盐。

槁鱼：干鱼。将大鱼用盐咸过，临祭洗净酒浸。

鹿脯：鹿肉酒咸炙脯，如无鹿以獐羊代。

----

① ［清］赵文濂：光绪《正定县志》卷22。

枣：或干或鲜皆可用。

栗：如无栗，以荔枝、龙眼代。

榛：如无以核桃荔枝代。

菱：或菱米或鲜菱皆可用。

芡：鸡头莲，如无，以莲实代。

黑饼：荞麦面造，用砂糖馅印作团龙饼。

白饼：小麦面造，肉馅，形同黑饼。

韭菹：生韭切去本末，取中三寸淡用。

菁菹：蔓菁菜。

芹菹：生芹长切，淡用。如韭、芹尚未芽，即取根用。

笋菹：干笋煮过洗净，切作长片，淡用。

醓醢：猪脊膂肉细切小方块，用盐、葱、椒、莳萝、茴香拌用作脯。

鹿醢：鹿肉细切小块，造法同醓醢。

兔醢、鱼醢：用兔、鱼，做法如上。

脾析：羊脾切细条，沸汤捞过，盐酒拌匀。

豚胉：猪肩膊上肉，近膊者亦可用。[1]

乐舞（包括乐器、乐章和舞器）

乐器：麾一座、编钟十六口、编磬十六块、鼓一架、搏拊二面、柷一座、敔一座、琴四张、瑟二张、排箫二柄、笙四执、箫四枝、笛四管、埙二个、篪二个。[2]

乐章：

（1）迎神——《咸平之曲》：大哉孔圣，道德尊崇。维持王化，斯民是宗。典祀有常，精纯并隆。神其来格，于昭圣容。

（2）初献——《宁平之曲》：自生民来，谁底其盛。惟

① ［清］郑大进：乾隆《正定府志》卷16。
② ［清］郑大进：乾隆《正定府志》卷16。

师神明，度越前圣。粢帛俱成，礼容斯称。黍稷非馨，惟神之听。

（3）亚献——《安平之曲》：大哉圣师，实天生德。作乐以崇，时祀无攸敎。清酤惟馨，嘉牲孔硕。荐羞神明，庶几昭格。

（4）三献——《景平之曲》：百王宗师，生民物轨。瞻之洋洋，神其宁止。酌彼金罍，惟清且旨。登献惟三，于嘻成礼。

（5）彻馔——《咸平之曲》：牺象在前，豆笾在列。以享以荐，既芬且洁。礼成乐备，人和神悦。祭则受福，率遵无越。

（6）送神——《咸平之曲》：有严学宫，四方来崇。恪恭祀事，威仪雝雝。歆兹惟馨，神驭还复。明禋斯毕，咸膺百福。①

舞器：节二架、翟二十四枝、龠二十四管、干二（即虎牌）、戚二柄、大鼓一面并架、鼓幔一副。钟磬鼓架、流苏节缨共八串，金龙首珠竿红架一副。②

---

① [清]郑大进：乾隆《正定府志》卷16。
② [清]郑大进：乾隆《正定府志》卷16。

释奠礼的程序

祭祀前的准备阶段

正祭前三日，参加祭祀的所有人员不饮酒，不茹荤，散斋。前二日，沐浴更衣，宿于别室，致斋。祭前一日，承祭官率各官送祭品到学宫，引赞献官，齐赴先师庙阶下拜台，执事者设香案，行一跪三叩首礼。随后，常服诣省牲所（即宰牲所）监督宰杀牛、羊、豕三牲。

崇圣祠的祭祀

崇圣祠的祭祀时间，于"春秋仲月上丁子夜致祭，取子不先父食之义也，遣教职先祭毕，始祭文庙"。崇圣祠祭祀仪式同先师庙，唯不用乐。

祭祀崇圣祠也要宣读祭文，祭文曰："维王，奕叶钟祥，光开圣绪。盛德之后，积久弥昌。凡声教之覃敷，率循源而遡本。宜肃明禋之典，用伸守土之忱。兹维仲春（秋），聿修祀事。配以先贤颜氏、曾氏、孔氏、孟孙氏。尚飨。"①

崇圣祠迎神、送神行二跪六叩礼，奠献行一跪一叩礼。

主祭过程

正祭日，鸡初鸣，正印官率同城大小官员，着官服到文庙大成殿，按照官职大小列队。承祭、分献、陪祭各官入两房门序立。赞引生引承祭官至盥洗所，盥手毕，引至阶下拜台。先师庙前整个过程包括迎神、初献、亚献、终献、彻馔、送神六个阶段。

祭日夙兴鼓初严，遍燃庭燎香烛。鼓再严，赞礼乐舞生及执事各序立于丹墀两旁。鼓三严，引赞引各献官至戟门下立候。通赞唱："乐舞生各就位。"乐生、司节者、舞生入场相向站立。通赞唱："执事者各司其事。"执事者至各事所。

通赞唱："陪祭官各就位。"各官就拜位讫。通赞唱："分献官就位。"引赞引分献官至拜位。通赞唱："献官就位。"引赞引献官至拜位，相向立。通赞唱："瘗毛血。"执事者捧毛血，正祀由中门，四配、十二哲由左右门出，两庑随之，瘗于坎。通赞唱："迎神。"舞生横执其籥乐舞。麾生举麾。通赞唱："乐作《咸平之曲》。"歌乐舞作。通赞唱："跪，一叩首，再叩首，三叩首，兴。"如是者三。

乐止，通赞唱："奠帛。行初献礼。"捧帛者诣主祀、四配、十二哲及两庑各神位前。引赞唱："诣盥洗所。"引赞引献官至盥洗所盥手。引赞唱："进巾。"献官帨手。引赞唱："诣酒樽所。"导引至酒樽所。引赞唱："司樽者举

① ［清］赵文濂：光绪《正定县志》卷22。

幂酌酒。"执爵者以爵受酒，在献官前进入殿庑，朝上立。引赞唱："诣至圣先师孔子神位前。"麾生举麾，奏《宁平之曲》。乐作，舞生按节而舞，歌《宁平之曲》。引赞唱："跪，奠帛。"捧帛官以帛跪进，承祭官接帛，拱举，授捧帛官，捧帛官捧帛陈案上。赞引生唱："献爵。"执爵官以爵跪进，承祭官接爵，拱举，授执爵官，执爵官执爵陈案上。

引赞唱："诣读祝位。"赞引生引承祭官诣读祝位，引赞唱："跪。"读祝官捧祝跪于左，分献官跪于后。通赞唱："众官皆跪。"陪祭官跪于拜台。引赞唱："读祝文。"读祝即宣读祭文。祭文曰："维先师德隆千古，道冠百王。揭日月以常行，自生民所未有。属文教昌明之会，正礼和乐节之时。璧雍钟鼓，咸恪荐于馨香。泮水胶庠，益设严于笾豆。兹当仲春（秋），祗率彝章，敬（展）微忱聿。将祀典以复圣颜子、宗圣曾子、述圣子思子、亚圣孟子配。尚飨。"[1]读祝毕，读祝官捧祝陈案上。乐作，赞引生唱："叩，兴，行一跪三叩首礼。"

典仪唱："诣复圣颜子位前。"赞引生引承祭官诣案前，唱："跪，奠帛。"捧帛官以帛跪进，承祭官接帛，拱举，授捧帛官，捧帛官捧帛陈案上。赞引生唱："献爵。"执爵官以爵跪进，承祭官接爵，拱举，授执爵官，执爵官执爵陈案上。赞引生唱："叩，兴，行一跪一叩首礼。"宗圣曾子、述圣子思子、亚圣孟子皆如前仪。

十二哲、两庑，由分献官俱照前仪行礼。

毕，通赞唱："初献礼毕，复位。"赞引生引承祭官、分献官各至阶下拜台立。乐止，引赞唱："行亚献礼。"如前。引赞唱："诣至圣先师孔子神位前。"如前。引赞唱：

---

[1]〔清〕赵文濂：光绪《正定县志》卷22。

"唱奏《安平之曲》。"乐作，承祭官、分献官升坛、献爵，仪式如初献礼。引赞唱："复位。"

赞引生引承祭官、分献官至阶下拜台立。乐止，通赞唱："行终献礼。"引赞唱："诣至圣先师孔子神位前，奏《景平之曲》。"乐作，承祭官、分献官升坛、献爵，执行如亚献礼。

通赞唱："饮福受胙。"引赞唱："诣饮福受胙位。"赞引生引承祭官诣受福胙位，唱："跪。"捧福酒官捧福酒跪进，典仪唱："饮福酒。"承祭官受爵，拱举，授捧福酒官。捧福胙官捧福胙跪进，引赞唱："受胙。"承祭官受福胙，拱举，授捧福胙官。引赞唱："俯伏，兴，复位。"众人至原拜位。通赞唱："谢胙，三跪九叩首。"赞引生引承祭官、分献官至阶下拜台立。乐止，通赞唱："彻馔，奏《咸平之曲》。"乐作，通赞唱："举彻馔礼。"承祭官、分献官升坛，赞引生引承祭官、分献官各诣案前视彻馔。毕，典仪唱："彻馔礼毕，复位。"

赞引生引承祭官、分献官至阶下拜台立。乐止，典仪唱："送神，奏《咸平之曲》。"乐作，典仪唱："送神。"赞引生唱："跪，叩，兴，行三跪九叩首礼。"

乐止，典仪唱："诣望瘗所。"读祝官捧祝、捧帛官捧帛、执爵官执爵，各诣望燎所。赞引生引承祭、分献、陪祭各官俱诣望燎所。引赞唱："焚祝、焚帛，揖。"引赞唱："复位。"通赞引赞同唱："礼毕。"各官俱散。[1]

祭祀孔圣时，迎神、送神行三跪九叩礼，读祝、初献、亚献、终献、饮福、受胙，行一跪一叩礼。

祭祀四配十二哲和两庑先贤先儒时，迎神、送神行一跪三叩礼，奠献行一跪一叩礼。

---

[1] [清] 郑大进：乾隆《正定府志》卷22。

名宦祠和乡贤祠的祭祀

主祭官换成便服致祭，迎神、送神都是站立再拜行礼，不进行跪拜。祭祀时要献帛、三献爵、宣读祭文，不须跪拜。

名宦祠祭文曰："维公，德秉廉明，功昭社稷，俎豆维馨，仪型是式。兹维仲春（秋），谨以牲帛、醴斋庶品，式陈明荐。尚飨。"①

乡贤祠祭文曰："维公，功崇昭代，望重乡评，光生俎豆，用垂典型。兹维仲春（秋），谨以牲帛、醴斋庶品，式陈明荐。尚飨。"②

文昌祠、魁星楼、六忠祠等的祭祀

在文庙祭祀礼毕后，还有许多祠庙都要去祭祀，如文昌祠、魁星楼、六忠祠等。对正定府六忠祠内的忠义烈士，清朝时每年都要进行两次祭祀，时间是仲春和仲秋（农历二月和八月）的上丁日（天干纪年每月的第一个丁日）。

雍正二年（1724年）奉旨创建忠义节孝祠后，每年春秋二次致祭。

释奠礼的举办地

释奠礼是孔庙的盛大祭礼，而正定城里有府县两座文庙，是不是同时在两处举行呢？根据古代碑文，两座文庙同时举行的时候也是有的，但是更多的时候是统属于府文庙，县文庙就不再举办释奠礼。

万历十八年（1590年），右都御史宋仕的《重修真定县学碑记》记载，当时县学颓堕至极，因为过去很多年里都是

① ［清］赵文濂：光绪《正定县志》卷22。
② ［清］赵文濂：光绪《正定县志》卷22。

"岁时督部宪臣、行部使者谒庭讲经义俱莅郡庠，而不下附邑。其余乡饮、读法亦然。邑宰率教官、弟子员弦朔趋郡，刺史受约束恐后，视邑之学舍犹赘已"[1]。

由此可见，重大活动一般安排在府文庙中，以至于万历二十九年（1601年），直隶建德人郑三俊由元氏调任到事务繁剧的真定，见县文庙"礼制缺略，笾豆简薄"。许守谦的《真定邑侯郑公修明文庙祀典增建学宫庾碑记》也明确交代了原因："前此以附郭故，祀事统于郡守，全礼久废。"于是郑知县"慨然捐俸金出帑羡"，"益置祭器若干事益供祭牲若干口"。连祭器都要增置，可见过去缺乏举行全礼即释奠礼的设备。[2]

县文庙往往历六七十年甚至"时近百年不见修举"[3]，以至于"摧圮剥落，风雨割其隅，霜露降于席"[4]。洪武七年（1374年）创建县文庙，天顺六年（1462年）迁左庙右学，成化十一年（1475年）重建，成化十六年、嘉靖二十四年增修个别建筑，万历十八年（1590年）宋仕重修，万历四十五、四十六年两任县令各增修，顺治九年（1652年）知县张师成重修，雍正二年（1724年）重修，乾隆六十年（1795年）重修，道光二十八年（1848年）重修。县文庙的重大新建或重修事项最短间隔五十多年，最长间隔115年。

府文庙的重大修葺事项则要多出许多。正因为府文庙是进行重大活动的关键场所，正定历史上祭祀圣贤的"全礼"释奠礼一般是在府文庙进行的。明清时期，府文庙的重大修建事宜就有十三次之多，工程规模要浩大得多。

① [清]赵文濂：光绪《正定县志》卷11。
② [清]赵文濂：光绪《正定县志》卷11。
③ [清]赵文濂：光绪《正定县志》卷11。
④ [清]赵文濂：光绪《正定县志》卷11。

文庙释奠礼的礼乐人员

正定府县文庙举行释奠礼时所用的礼乐生，据推测应该都是由本地官学培养出来的。这一方面全国各地都缺乏相关资料，但是正定府文庙中的两通石碑弥补了这一方面的不足。元至元四年（1338年），翰林侍讲学士兼国子祭酒欧阳玄[①]作《真定路乐户记》，路学教授赵璧刻乐户碑。至顺四年（1333年），编修赡思作记，在府文庙立礼户碑。礼户碑惜已无存，且未留下任何文字资料；《真定路乐户记》则文碑俱存，较详细地记载了真定路学中乐户的培养。

一般而言的"乐户"，是指从北魏时期至清雍正年间，以音乐为职业，为各级官府提供服务的"贱民"。此类"贱民"多来自罪犯之家等，且身份世袭罔替，不得科举入仕。但《真定路乐户记》中的"乐户"，其实是不同于上述"贱民"的"礼乐户"。其身份为"庶民"，可以参加科举考试，成为国家官吏，是各级官学中的一类特殊生员。

清道光时期正定知府沈涛所撰《常山贞石志》卷22和光绪《正定县志》中，都载有此碑的碑文，但均有误漏，且因

① 欧阳玄，浏阳人，祖籍庐陵（今江西吉安），欧阳修族裔。元延祐二年（1315年）中进士第三名，为官40余年，学识渊博，文绩卓著，人称"一代宗师"，与王约并称元代"鸿笔"。

避康熙皇帝玄烨讳，改撰文者欧阳玄的"玄"为"元"或
"园"，且题名均为《真定路学乐户记》。《常山贞石志》
和《正定县志》在题目上的改动其实是很合理的。碑文题目
加一"学"字，表明此"乐户"是对真定路学在释奠活动中
演奏典礼音乐的"乐生"的特称，与"相礼及诸执事"的
"礼生"相对应。原石碑的题目也没有任何问题，因为此石
碑立在路学之中，在这个特定的环境里，不会产生歧义。

2000年8月29日，河北省正定县中医院在南侧挖门诊楼地
槽时，于距地表2米深处发现残石碑5通。其中有《真定路乐
户记》碑，保存较完整，现保存在正定县大佛寺的碑廊中，
置于玻璃罩内。

该碑高145厘米，宽68厘米，厚24厘米；碑为青石质，碑
首半圆形；额作长方形，内篆书"真定路乐户记"，正文为
楷体，背面为题名录，包括真定路一些官员以及真定路学学
官姓名，但字迹已模糊。

《元史·礼乐志》对朝廷所用礼乐的乐器、曲谱、人员
数量、乐章、礼乐官员、礼乐人才培养等均有明确规定，
但未涉及地方官学中的礼乐教育。其他方志中也未见有关
礼乐生的记载。元代地方官学礼乐生类的碑刻目前很少见
到，因此，欧阳玄的《真定路乐户记》碑具有重要文献与
文物价值。

《真定路学乐户记》主要记述礼乐教育的意义、沿革以
及真定路礼乐生的姓名、数量、籍贯等。从碑文看，礼乐户
和儒户一样，享受免除赋役的待遇。

欧阳玄《真定路乐户记》碑拓片[1]

① 齐易：《元代〈真定路乐户记〉碑研究》，载《音乐研究》2012年第2期。

礼乐生来自真定路录事司（录事司，官署名，金、元管理城市民政的机构。金置于诸府、节镇治所所在地，录事秩正八品。元置于路、府治所所在地）和真定县的共计三十七人，附庸两人，其他五县共八人，这五县都是距离真定比较近的地方。真定府辖域内距离真定城更远的若干县则一个人也没有。可见真定城内以及真定县是礼乐人才比较集中的地方。

为什么真定城内和真定县的乐户生源占比如此突出呢？推测应当与真定城的礼乐活动影响有关。

元世祖忽必烈于中统二年（1261年）遣练师王道在真定城建道观玉华宫。后来，忽必烈在玉华宫内设影堂（即灵堂），把它作为供祭自己父亲拖雷和母亲唆鲁禾帖尼的家庙，逢时进行祭祀。元代诗人纳新在《河朔访古记》中记载：

> 玉华宫，在真定路城中，衙城之北，潭园之东，是为睿宗仁圣景襄皇帝之神御殿奉安御容者也。外为红绰楔垣墙，四周槐柳森列，重门繁戟，广殿修庑，金碧辉映，宏壮华丽，拟于宫掖。制命羽流崇奉香镫，置卫土以守门阅，岁时月日，中书以故事奏闻，命集贤院臣代祀函香致醴，遣太常雅乐率燕南宪臣、真定守臣，具朝服，备牲牢，行三献之礼。延祐间，御史元永贞上疏略曰："圣朝建宗庙，崇孝享，可谓至矣。而睿宗神御别在玉华宫，窃惟功德莫如太祖、世祖，不闻有原庙。世祖神御奉安大圣寿万安寺，岁时以家人礼祭供，不用太常雅乐。今玉华宫又非龙兴降诞之地，伏望朝廷，照依京师诸寺影堂例，止命有司祭供，罢太常乐，斯得典礼

之正矣。"疏上不报。元统乙亥，监礼官萨都拉天锡有诗咏其事，诗曰："大禘天香出内宫，孝思与世总无穷。百年礼乐行三献，一派箫韶起半空。使者领班云气里，女仙摇佩月明中。小臣监礼陪清列，两袖葵花映烛红。"天锡进士，时为燕南廉访司照磨云。①

在这座"重门繁戟，广殿修庑，金碧辉映，宏壮华丽，拟于宫掖"的玉华宫举办祀典，参与人员有集贤院臣、燕南宪臣、真定守臣，用超规格的"太常雅乐"，为此甚至招致御史元永贞上奏劝谏。可是皇帝对他的上奏不予采纳。

忽必烈在位是1260至1294年。元永贞上奏劝谏是在延祐年间（1314—1320），元统乙亥即元统三年（1335年）。可见到元统三年，玉华宫举办使用超规格的"太常雅乐"祀典的时间约在四十一年至七十五年之间。之后，这一祀典究竟继续存在了多少年，没有资料说明，可能一直延续到元朝灭亡。

《真定路乐户记》作于元惠宗至元四年（1338年），此时玉华宫长期沿用的太常雅乐祀典，对真定城音乐人才的熏陶作用无疑是巨大的。真定路学招收的乐户有一半是在真定城内，几乎三分之一在除真定城之外的真定县境内，两者相加占了总人数的约六分之五，应当说就是这种礼乐熏陶的显而易见的成果。

此碑记刻立于至元四年，有的文献作"后至元四年"。元代，元世祖忽必烈和元朝第十一代皇帝元惠宗（顺帝）妥懽帖睦尔都用过至元为年号。忽必烈时期的至元从1264年到1294年，历经三十年，元惠宗时期的至元从1335年到1340年。为了加以区别，将元惠宗所使用的至元年号称为"后至

① [元] 纳新：《河朔访古记》卷上。

元"。此碑记内记录有至顺年间（1330—1333）的事情，所以应当是后至元。

"按郡学始建，置乐生十有六人，春秋二仲上丁释奠犹用俗乐。延祐五年改作雅乐，增置四十有五人。至顺二年，援乐生例，请设相礼及诸执事者，又置礼生二十有五人，寻增置八人，然后声容文物烨然，最圻内诸郡。"圻，指方圆千里之地。"最圻内诸郡"是指在方圆千里之内的诸郡中，真定路学的释奠礼乐水平是数第一的。

元朝初年，宫廷礼乐人员主要来自东平路（治所在今山东省东平县），后因东平路远不便，遂减少其名额。取京师旁近诸生三百八十四人以充任。见危素《赈恤乐户记》（作于至正十一年）记载：

> 国朝灭金之五年，岁在戊戌，诏曲阜孔公元措，括故太常知礼乐者，给驿传，徙诸东平。明年，孔公至燕，访求掌乐许政等九十有一人。世祖皇帝中统三年九月，东平万户严公忠范言："宫县二舞工人未备，请以土人习之。"中书省臣忽鲁不华议以为是，且蠲其赋役。至元三年，中书以东平等处礼乐户道远，资粮费重，止留九十有二户，余遣之还，取京师旁近诸生三百八十有四人补其数。[1]

真定路是距离京师比较近的地方，真定路学的礼乐生水平又是方圆千里内最出色的，那么朝廷"取京师旁近诸生三百八十有四人补其数"的时候应当少不了真定路的乐生。

由来已久的礼乐之风为正定培育出了诸如苏天爵、杨俊民等掌管礼乐的优秀人才。杨俊民，元代进士，任翰林编

[1] 李修生：《全元文》第48册，凤凰出版社2004年版，第323—324页。

修，又任山西廉访使，入京为礼部郎中，后升国子监司业，又迁为集贤直学士。至正年间（1341—1367），曾奉命祭祀曲阜的宣圣庙，回京后拜为国子监祭酒。苏天爵，元代文学家、史学家，就学于国子学，历任翰林国史院典籍官、监察御史、礼部侍郎、集贤侍讲学士兼国子监祭酒等。碑记中称"请于郡人春官侍郎苏君天爵，访玄司成之馆，征辞以记之。玄与苏君俱以礼乐为职事者也"。春官侍郎，即礼部侍郎，掌礼乐之事。

可以说，欧阳玄撰文的《真定路学乐户记》在整个中国古代的历史碑记中具有珍贵的价值。

文庙的维护及奉祀费用

文庙的奉祀费用

文庙的创建、维持、修葺、祭祀都是需要资金支持的，文庙中的师生及官员也都离不开资金维持生计。

光绪《正定县志》中记载有明洪武七年十一月所立石碑碑刻《学校格式》：

生员数额：府设四十员，州设三十员，县设二十员。

师生膳：每人日支二升，盐酱在内，于本处系官钱粮内放支。

教官出身俸给定第：如果教有成效，异材出众，不拘资格优加擢用，俸给就于本处系官钱粮内放支。

户部拟到教授、学正等官改拟试职，俱令训诲生员，所据俸给量拟教授月支米一石五斗，学正月支米一石三斗，教谕、训导各支米一石，钱米三七兼支相应。[1]

至清光绪年间，正定府学廪生四十名，增生四十名，文生新进二十一名，武生新进二十八名（内有卫学八名）；县学廪生二十名，增生二十名，文生新进十八名，武生新进十五名。[1]

其中廪生享受上面的钱粮待遇。增生和新进如果学行优异可以进为廪生，而廪生如果荒废学业也可以降低等级，不再享受钱粮待遇。[2]

为了保障庙学师生的生活，古代各地官方普遍划定学田给文庙使用。光绪《正定县志》记载：

县学学田

上中下地共四十八顷七十三亩三分五厘七毫。

又新增置三十四顷八十四亩二分一厘四毫。顺治二年巡按御史卫周印尽除其税，今仅二顷二十余亩。今昔异形，旧地不可考矣。

府学学田

隆庆三年三月，置地五顷（碑立明伦堂前）。崇祯十五年，置地一顷四十七亩三分（碑立明伦堂上）。今仅存八十四亩，余俱不可考矣。[3]

文庙的维护费用

府县文庙祭祀以及宾兴礼的费用在公帑中列支。府县文庙的日常维修保护由正定县负责，费用在公帑中列支。例如光绪《正定县志》"田赋"部分记载："本县修理文庙银十两。文庙、崇圣、名宦、乡贤春秋二大祭银四十两。文昌帝

① ［清］赵文濂：光绪《正定县志》卷11。
② ［清］赵文濂：光绪《正定县志》卷11。
③ ［清］赵文濂：光绪《正定县志》卷11。

君春秋二大祭银二十六两六钱六分六厘"，"本府乡饮二次酒礼银二十四两。朔望行香纸烛银二两。本县乡饮二次酒礼银十二两。朔望行香纸烛银一两"，"本府廪生四十名每名岁支月粮银三两二钱，共银一百二十八两。闰月银十两六钱六分七厘。本县廪生二十名，每名岁支月粮银三两二钱，共银六十四两"。①

文庙的修缮费用

正定府县文庙规模较大的修葺、重修及新建等所需要的资金，全出于公帑的时候很少。在历次修葺的碑文中明确提及出于公帑官钱的只有寥寥几次：

刘健《真定重修文庙记》记载，明弘治年间，府文庙"阅岁既久，未免颓敝，且界域逼近民居，多为所侵"。镇原张琼担任真定知府，见此状况，决意重修，"弘治乙卯，计公帑所积堪以济事，乃谋诸寮案，请于上官，遂鸠工市材，分委董役，自是岁三月起工，讫丁巳九月，再踰岁而成"。此次重修，工程浩大，历时三年半，并收复被居民侵占的土地，但是"学门犹为市区所碍"。随后继任的南昌熊达实"以官钱易之，东西各表以坊，曰兴贤、育才，始面通衢，而宏敞壮丽，视旧有加"②。

徐溥的《重修真定府庙学记》记载的也是同一件事情，平凉张琼"自户部郎中来知府事……数岁财力皆裕，计其事可济"，然后向上级申请。可见此次建设全出公帑。③

万历九年（1581年），真定知府辛自修下令重修府学庙，"度支公帑而不以累民"，并于落成后亲自作《重修儒学文庙碑记》。④

① [清] 赵文濂：光绪《正定县志》卷17。
② [清] 赵文濂：光绪《正定县志》卷11。
③ [清] 赵文濂：光绪《正定县志》卷11。
④ [清] 赵文濂：光绪《正定县志》卷11。

乾隆二十五年（1760年），正定知府郑大进重修正定府庙学，并自为记。此次重修工程浩大，历时两年有余，但是未涉及资金来源问题。若涉捐款，此乃大善事，焉有不特别说明之理？如此想来，应该是出于公帑。

有时候是从公帑中出一部分，民间捐助一部分。

金代周昂在《修真定府学记》中记载："大定己酉，皇叔吴王受钺来帅，越三日见于廷，慨然隘之，有作新之意。……用钱于公几百万，相助者倍之。"①

明代袁炜的《重修真定府学碑记》则明确记载，在明嘉靖四十一年（1562年）知府查绛重修真定府学的工程中，"费取诸公之入羡"，同时巡抚李迁"捐俸金三百"。②

更多的时候，是官员捐俸，倡导地方士绅捐款捐物甚至出力来完成。

元代初年，真定路文庙的重修一开始步履维艰，因为没有资金来源，"惟不取于官，不敛于民，故难为功耳"。后来，"王以丁未之五月，召真定总府参佐张德辉北上。德辉既进见，王从容问及镇府庙学今废兴何如"，了解到情况后，忽必烈（时为藩王）专下令旨，让真定路工匠总管赵振玉与张德辉"合力办集，所不足者，具以状闻"。"连率史天泽而下，晓然知上意所向，罔不奔走从事，以赀以力，迭为侪助"，有人出钱，有人出力。经过精心修缮，"庙则为礼殿，为贤庑，为经籍、祭器之库，为斋居之所，为牲荐之厨；而先圣、先师、七十子、二十四大儒像设在焉。学则为师资讲授之堂、为诸生结课之室、为藏厩庖湢者次焉。高明坚整，营建合制"。半年落成。教官李谦和诸生一起邀请元好问为此作《令旨重修真定庙学记》。③

元代王思廉《增修真定府学记》记载延祐三年（1316年）

① [清] 赵文濂：光绪《正定县志》卷11。
② [清] 赵文濂：光绪《正定县志》卷11。
③《元好问全集》卷32。

正月至五月府文庙的重大修葺事件，"华丽宏壮，殆类初构，一洗前日之陋，称侯邦泮宫之制。七十子、二十四大儒昔图于壁，剥落几半，绘以缣素为不朽计，宋九儒、本朝许鲁斋附焉。祭祀陶器加四百余事，笾九十、豆六十、幕布九十"，也是"其赀盖宪司总府州县官吏俸金、富室巨族见义而勇为者之所助，不强取也"。①

光绪《正定县志》还记载了元代真定路"总管王良辅率僚佐辍月俸五千缗，命高赀家营之，岁取子钱以供师生费"②。

孛术鲁翀的《真定路加葺宣圣庙碑》记载，元朝至顺二年（1331年），燕南河北道肃政廉访司和真定路官员商议重修真定路宣圣庙，也是"倡集楮缗三万，市物佣工募役"完成。③

除了大规模的营建和修葺，就是局部建设，也很少从公帑中使用资金。

元代杨俊民的《宣圣庙塑像记》中记载，至正十六年（1356年），赵任重为真定路总管，与属下到路学文庙拜谒，见到只有正殿是塑像，两庑两序都是将人物绘在白绢上的图画，"即日割俸倡率，鸠赀如干"，将原有正殿塑像换成全新的，又新造塑像105尊。④

据真定县主簿曹京《增修真定府学记》记载，洪武六年真定知府郭勉率领真定府官员以及真定、平山、灵寿、元氏四县知县，聚于真定府学中，号召大家"毋费尔民财，毋妨尔民务，鸠工抢材"⑤。只是说明不耗费百姓的钱财，那么这次增修的资金很有可能大部分仍然是捐款。

据彭时《真定尊经阁记》记载，明天顺七年（1463年），仅仅是扩建明伦堂，在其址增修尊经阁与梯云、步月

---

① [清] 郑大进：乾隆《正定府志》卷45。
② [清] 赵文濂：光绪《正定县志》卷11。
③ [清] 赵文濂：光绪《正定县志》卷11。
④ [清] 赵文濂：光绪《正定县志》卷11。
⑤ [清] 赵文濂：光绪《正定县志》卷11。

楼等，便得到了本地志义者与官吏耆老的勤加相助，使扩建工程得以顺利完成。①

据姚夔《真定重建大成殿记》的记载，明天顺七年（1463年），关右邢简出任真定知府，"睹庙宇弗称，亟图修举"，一经倡议，"士大夫闻而乐趋焉。财不赋而羡，工不驯而集"。修建府文庙大成殿与两庑各十四楹、大成门三楹、棂星门三楹，另有更衣堂、储器库，庖湢宰牧之所，碑楼庙表等，"规制宏杰，畿内曾未有过于此也"②。

随后，同省田济继任真定知府，见庙新而学旧，上报朝廷，要求广建真定府学，得到批准。商辂《真定府重修儒学碑》记载，"遂捐己俸为倡，凡厥有位暨富室之仗义者欢然从之。乃召梓人度材，陶人埏埴，以至攻金攻石之工皆执艺事以趋"，用时一年零三月，"官无冗费，民不告劳，而规制宏丽，远迩莫加焉"③。田济捐出俸禄倡议，官员百姓纷纷响应。

明代末期范志完任真定知府，在艰难的背景下，想要修复学宫，查看"故牒向编有修理之赀，属在邑之新河者仅四十一缗，武强者□缗耳"（据后文可知两县共有修复之赀五十缗）。最后还是得到寺院规划建设僧房节余的资金，又"搜黎累铢于颁赋，□每岁时捐百缗，并前两邑之五十缗，合付真定邑帑，以迎兴司立循环号簿，赴府系验以严勾积，俾岁修□资更新无斁"。范志完亲自写下《学宫碑记》，记录了在动荡的年代修复真定府学的辛酸历程。④

清初乡贤梁清远的《重修郡学碑记》记载，康熙二年（1663年）知府李镛金"下车首谒先师，毅然以兴学教士为己任，乃捐俸议修"，修葺府学文庙启圣祠殿阁等处。⑤

其堂兄梁清宽的《重修郡学碑记》记载，康熙五年（1666

① ［清］郑大进：乾隆《正定府志》卷46。
② ［清］赵文濂：光绪《正定县志》卷11。
③ ［清］赵文濂：光绪《正定县志》卷11。
④ ［清］陈谦：顺治《真定县志》，新华出版社2012年版，第394—396页。
⑤ ［清］赵文濂：光绪《正定县志》卷11。

年）知府胡预与府中官员商议，发动所管辖的三十一州县的官员"共捐俸金八百有奇"，即捐款白银八百多两。①

康熙十七年（1678年），真定人梁清标的《重修文庙记》记载，学宫两庑倾圮，真定府同知罗京于是捐献俸金重修。正逢学使吴国对到此巡视，罗京向吴学使请示汇报，吴学使见贤思齐，也捐出俸金，所以这次修葺的规模覆盖了整个真定府学庙。接着，又有"井陉道羊君琦、郡守赵君瑾"等几人共同赞助这件事，所以真定府文庙"焕然复旧观焉"。②

雍正十年（1732年），督学吴应棻巡视正定学政，在《重修正定府学宫记》中称，正定知府郑为龙"慨然以修复为己任，率先捐俸以倡僚属"③。而郑为龙的《重修府学文庙记》则记载如下："督学吴大宗师讳应棻……慨然以恢复旧制为己任，多方指示，复自行捐助倡率其先，为龙偕同十属各捐己俸，共襄厥事。"④可见前来巡察的学政吴应棻也是较早捐款为众人做了表率。

乾隆四十一年（1776年），知府方立经为修复文庙，亲自作文《倡捐小引》。⑤

根据同一年罗源汉的《真定府重修文庙碑记》记载，罗源汉到正定视察学政，并"捐薄俸助之"。前来视察的官员尚且捐俸相助，知府方立经必定也要率先捐款做出榜样的。

正定人王荫昌的《重修正定府府学文庙碑》记载了咸丰四年（1854年）至同治九年（1870年）长达十六年的一次大修。自乾隆四十二年（1777年）之后长达近八十年未经修葺，这次重修工程之浩大在全省可谓史无前例。其资金来源，先是咸丰四年（1854年）正定知府"枣阳侍御史公慨然兴修"，正定知县"贵筑周公竭力襄举"，"劝捐"并"次

① [清] 赵文濂：光绪《正定县志》卷11。
② [清] 赵文濂：光绪《正定县志》卷11。
③ [清] 赵文濂：光绪《正定县志》卷11。
④ [清] 赵文濂：光绪《正定县志》卷11。
⑤ [清] 赵文濂：光绪《正定县志》卷11。

第修理"，但未完工。咸丰七年（1857年），德清徐公接任，"率属劝捐续修"。徐公因病退休后，同治五年（1866年）蓬莱王公接任，适逢乱世扰攘。同治七年（1868年），社会稳定，与正定知府代理正定知县山阴胡公"力筹巨款并饬各属劝绅募捐"，一面继续兴修。同治八年（1869年），蓬莱王公退休还乡，"接任者广德张公、黄安刘公饬正定令新建夏公及各属，将已捐未交各户督催交办"。同治九年（1870年），这一次浩大的工程才算彻底完工。除同治七年蓬莱王公与山阴胡公"力筹巨款"外，其余都是捐款。而"力筹巨款"究竟是出于公帑还是怎么回事，却无法明确。①

明代欧阳暎的《重修真定府学记》记载了嘉靖十四年（1535年）宋宜任知府时修建府学的事件，只说"联役集材募工"，对于费用却语焉不详。

正德八年（1513年），在府文庙东敕建二忠祠，祭祀唐朝安史之乱中首举义旗抗击安禄山叛军的常山太守颜杲卿，以及与其联合抗敌的堂弟颜真卿。

天启二年（1622年），知府徐腾芳在二忠祠增祀宋欧阳珣，二忠祠更名三忠祠。

乾隆五十六年（1791年），知府蔡封重修府文庙文昌殿及三忠祠并作《重修正定府文昌殿暨三忠祠碑记》。碑记中大略记载捐款情况，蔡封"为捐俸若干以为经始，而十四属之衿秀闻风相应，踊跃捐输，数月之间又得若干，数犹不足，则余又力任之"②。

道光八年（1828年），知府张范东、知县赵模重修三忠祠，欲增祀宋李邈、元钹纳锡彰、明徐标，预先向直隶布政使屠之申上报申请，在禀文中就申明由自己和正定知县赵模"捐廉重加修葺"，得到批准后重修并增祀，三忠祠改为六

① ［清］赵文濂：光绪《正定县志》卷11。
② ［清］赵文濂：光绪《正定县志》卷11。

忠祠。屠之申为作《正定府六忠祠碑记》，其中明确说明张范东与赵模"共捐廉俸"。① 咸丰六年（1856年），知府徐塘重修六忠祠，自为记。其在《重修六忠祠碑》中称自己"亟捐俸廉以为之倡，和之者且不一而足"②。

清代恒阳书院位于府文庙东部，由尊闻书院改名而来。据清代正定府学教授赵文濂的《重修恒阳书院碑记》记载，乾隆四十年（1777年），知府方立经选址府文庙东部，修建尊闻书院。当时，"阖属捐银六千余两，发商生息，按月批解，束脩膏火，奖赏薪水，咸取给焉。每年岁修，正定县承办；若需大修，向十四属大中小治公摊，不在生息之内，共银五百五十两。九十余年章程守而弗失"③。

道光十年（1830年），知府关炳复改题为恒阳书院。

同治九年（1870年），赵文濂为府学教授并提调恒阳书院，由此也可证明，恒阳书院其实隶属于府学。次年二月，知府刘崑圃命赵文濂估计工料，择要兴修，但是辖属州县请求从缓。适逢恒阳书院山长（历代对书院院长的称谓）去世，赵文濂代理山长之职。延至同治十二年（1873年）九月，知府刘崑圃与赵文濂和正定知县庆之金商议，不再等待州县例派修费解到，并且全部解到也不够用。知府刘崑圃先行垫钱开始准备，一面下文催下属州县上缴费用，一面开工。知县庆之金"先捐银五十六两"，到次年二月初旬完工，"共费大钱一千一百余千。所有经费不敷皆太尊独力倡捐"。④ 太尊即知府刘崑圃。这次重修是恒阳书院自建成近百年后的一次大修。

以上均是关于府文庙及其附属建筑的重建修葺事宜资金来源的资料。

正定县文庙也曾多次重修或修葺，当然次数远不及府文

① [清]赵文濂：光绪《正定县志》卷11。
② [清]赵文濂：光绪《正定县志》卷11。
③ [清]赵文濂：光绪《正定县志》卷11。
④ [清]赵文濂：光绪《正定县志》卷11。

庙。一来，有资料明确记载的县文庙建于明朝，历史相对比较短。二来，因为一座城里有两座文庙，遇到重大事件如宣法、宾兴、释奠礼等事往往在府文庙举行，知县带学官及生员等同往府文庙参加活动。另外，以一县之力支撑修复事宜也的确是力有未逮，举步维艰。其资金来源有资料可证明的、完全出于公帑的只有万历十八年（1590年）右都御史宋仕重修真定县学。

明代右都御史宋仕亲自作《重修真定县学碑记》，"以戊子冬忝奉玺书拥钺来纲纪此邦"，地方上长老缙绅觐见并要求修复县学，"时兵宪顾大夫亦感怀激切"。"兵宪"应为对明代整饬兵备道官员的俗称，兵宪顾大夫或为某兵备道兵备官。此次重修预估费用需要"五百余镪"，即需五百多两白银。顾大夫打算动用地方粮仓中积存的粟米，被宋仕否定了。这时，尹知府从天雄军调任到真定府，调查发现官府仓库有另外贮藏的若干缗钱财，使用一半就可以完成重修事宜。工程完成后发现仅用银三百余两。[1]

也有的是既有公帑又有捐款的。

许守谦在《真定邑侯郑公修明文庙祀典增建学宫庾碑记》明确记载，直隶建德人郑三俊由元氏调任到事务繁剧的真定，见文庙"礼制缺略，笾豆简薄"，"慨然捐俸金，出帑羡"，可见是有公帑有捐款。这些资金除了"益置祭器若干事，益供祭牲若干口"之外，还在县学的空地"创建学庾"，又"创设学田"，在学庾中"积谷以赡诸生之贫不能养、不能葬、不能娶、不能爨者"。此文仅记"岁辛丑"，按许守谦原籍真定府藁城县，入籍真定，中嘉靖四十四年乙丑科进士，卒于万历三十二年九月，万历辛丑年为万历二十九年（1601年）。[1] 据光绪《正定县志》记载，郑三俊任

① [清] 赵文濂: 光绪《正定县志》卷11。

真定知县恰是万历二十九年。

彭华的《重建真定县学明伦堂记》记载，明成化十二年（1476年）八月至十三年（1477年）六月，知府田济重建县学明伦堂。此时田到任三年，"政成人和，岁亦有秋"，就是庄稼收成很好。商辂《真定府重修儒学碑》记载据田济在成化十二年二月至成化十三年五月重修真定府儒学，看来是捐款丰裕。除了重修府学，顺带重修了县学的明伦堂。

顺治九年（1652年），知县张师成重修文庙。时为弘文院编修的真定名人梁清宽撰写《重修文庙记》，文中详细记载了资金来源，知县张师成"先捐若干缗为倡，而备兵使者陈君、郡太守崔君、郡佐杜君、别驾房君、司五里杜君各捐俸继之，绅士感诸君意，快输者趾相属也"②。"快输者趾相属"意即拿着现金来捐款的人摩肩接踵，踊跃得很。这与后来同治七年（1868年）修府文庙时候官家"饬各属劝绅募捐"以及同治八年（1869年）"已捐未交各户"需要官府"督催交办"形成鲜明对比。

雍正二年（1724年），知县李伯正重修县文庙。正定县学毕业的状元陈悥华写下《重修正定县文庙碑记》，其所记捐款情形甚为感人。李知县"为先捐俸百金作一邑倡，随召在城绅士于明伦堂，劝以大义，量力输资，无不云集响应。家大人（陈悥华的父亲陈鹤龄时为正定县学教谕）复携同僚田先生于红尘赤日中遍历诸乡，大声疾呼，若援手而拯陷溺，一时感动乐助者多。有胡村诸生王吉士，家故寒俭，一闻斯举，辄倾囊以十金应"③。

真定人王定柱的《重修文庙碑记》记载了一次典型的前人栽树后人乘凉的故事。乾隆六十年（1795年），知府杨潏文、知县刘浩重修，实际上是前任知县张健"慨然图新

① [清] 赵文濂：光绪《正定县志》卷11。

② [清] 赵文濂：光绪《正定县志》卷11。

③ [清] 赵文濂：光绪《正定县志》卷11。

之"，不料调任离开了，临走前，"出五百金"放到私人钱庄，并约定将来用这些钱作为重修学宫的费用。过了三年，连本带息有六百四十多金了。学官与经管此事的几个人一合计费用足够了，这才报告知府杨瀘文和知县刘浩，二人合力促成重修，实现了前任知县张健的夙愿。

道光二十八年（1848年），知县梁宝书重修，由正定人王世耀为作《重修正定县文庙碑记》。此次重修"梁公宝书倡捐银一百两，州党衿庶各率缗钱……赀不弊帑"，可见是完全靠捐款完成的。①

光绪十二年（1886年），本县商民捐资重修。现存光绪十三年的《重修正定县文庙碑记》记有此事。

由以上资料可见，对于府县庙学的重大兴修事宜，地方官吏和绅士百姓的捐款起了相当大的作用。

需要说明的是，以上资料不能完全包括历史上府县学庙的所有兴修事宜。其中有的有记但散佚无处稽考，如县丞李典记县文庙洪武七年（1374年）创建事，大学士李贤记天顺六年（1462年）县文庙迁左庙右学事，府文庙如礼部郎中陆佃记府文庙迁金粟冈事，明代太常寺少卿赵南星记天启元年（1621年）知府朱本洽重修事，清顺治十五年（1658年）知府佟彭年亲自记重修事。其中县文庙两篇，府文庙三篇。甚至有的兴修事宜无人作记。如县文庙成化十六年（1480年）知府余瓒修葺事，嘉靖二十四年（1545年）知县邢尚简增修事，万历四十五至四十六年（1617—1618）知县苏继欧、王琨各增修事，府文庙宋蔡京知成德军时迁址并扩建事，正统年间（1436—1449）巡按御史郑邕、提学御史王琳修葺事，景泰年间（1450—1457）通判周彦宇修葺事，知府李善置备祭器事，正德二年（1507年）知府彭泽重修事，嘉靖六年

① ［清］赵文濂：光绪《正定县志》卷11。

（1527年）建敬一亭于庙前事，嘉靖七年（1528年）知府喻茂坚、嘉靖十二年（1533年）知府胡效才各修其颓敝者事，嘉靖二十六年（1547年）知府唐臣重修事，万历二十七年（1599年）知府秦临晋增建魁楼事。其中县文庙四次，府文庙十次。

另外，县文庙尚存有光绪十三年（1887年）的重修碑。其实光绪《正定县志》之后，府文庙也有兴修事宜，只是资料暂时无处查访，只余下府文庙戟门梁柱上"知府事江槐序重修"的铭文，时间应在1902年至1907年之间，至于资金出于何方更是一无所知了。

倒是明代的恒阳书院，据赵南星的《重修恒阳书院记》记载，万历四十一年（1613年）官府从公帑拿出七百多金从游击将军署赎回，且用公帑供养书院中的读书之士。因为在万历四十年（1612年）的"大比"之中，真定府"得人为盛"，所以官府在府学之外另开了恒阳书院，而官府在费用方面的付出完全不弱于府学。① 这也是本书认为其相当于府学扩编或延伸的根本原因。

---

① [清]赵文濂：光绪《正定县志》卷11。

正定文庙的
教化功能

多维的修身教化功能
有序的社会教化功能

"教化"一词出于《诗·周南·关雎序》。"美教化，移风俗"，指儒家所提倡的政以体化、教以效化、民以风化，也指环境影响。

　　所谓"教化"，就是上所施下所效。教行于上，化成于下。"教化"把政教风化、教育感化、环境影响等有形和无形的手段综合运用起来，既有皇帝的宣谕，又有各级官员的耳提面命和行为引导，还有立功德碑、树牌坊、传播通俗读物等多种形式；既向人们正面灌输道理，又注意结合日常活动使人们在不知不觉中达事明理，潜移默化，其效果要比单纯的教育深刻而又牢固得多。

　　正因为如此，自古以来凡有见识的政治家都十分重视教化的作用，把教化当作正风俗、治国家的重要国策。西汉董仲舒在《举贤良对策》中把教化比作阻止洪水的堤防："夫万民之从利也，如水之走下，不以教化堤防之，不能止也。是故教化立而奸邪皆止者，其堤防完也；教化废而奸邪并出，刑罚不能胜者，其堤防坏也。古之王者明于此，是故南面而治天下，莫不以教化为大务，立太学以教于国，设庠序以化于邑，渐民以仁，摩民以谊，节民以礼，故其刑罚甚轻而禁不犯者，教化行而习俗美也。"①

①《汉书·董仲舒传》。

教化功能
多维的修身

教化是人对人的行为进行教育引导。人类的全部行为，无论是在什么情况或以什么形式发生，其本身都对人产生各自的作用，这种作用表现在人的思想意识的改变。

儒学的教育作用巨大，缘于孔子的伟大。正如姚燧在《真定重建大成殿记》中所称述的："惟孔子道大德全，而不得君师之位，以行尧、舜、禹、汤、文、武、周公之政教于天下，于是著之《易》《诗》《书》《礼》《乐》之文，以明父子、君臣、夫妇、长幼、朋友之伦，修身、齐家、治国、平天下之术，使天下万世知尧、舜、禹、汤、文、武、周公之道，被其泽于无穷。"由此可见，孔子学说具有明伦纪、辨名分、正人心、端风俗的作用。

从汉代开始，孔子开创的儒学在社会生活中的影响日益普及，孔子宣导的伦理规范渐成治化之本。随着儒学教化社会的功能日渐突出，它渐渐成为治国的方略。

明宪宗成化四年（1468年）所立《重修孔子庙碑》就十分系统地进行了论述："朕惟孔子之道，天下一日不可无焉。何也？有孔子之道，则纲常正而伦理明，万物各得其所矣。不然，则异端横起，邪说纷作。纲常何自而正？伦理何自而明？天下万物又岂能各得其所哉？是以生民之休戚系焉，国家之治乱关焉。有天下者，诚不可一日无孔子之道也。……盖孔子之道，即尧、舜、禹、汤、文、武之道载于六经者是已，孔子则从而明之，以诏后世耳。故曰：天将以夫子为木铎，使天不生孔子，则尧、舜、禹、汤、文、武之道，后世何从而知之？将必昏昏冥冥无异于梦中，所谓万古如长夜也。由此观之，则天生孔子，实所以为天地立心，为生民立命，为往圣继绝学，为万世开太平者也。其功用之大，不但同乎天地而已。噫，盛矣哉！诚生民以来之所未有者！"①

可以说，文庙就是国家实施教化的重要载体。

彭华在《重建真定县学明伦堂记》中称："学校，王政之本，所以育人才正风化也。"②

欧阳晱在《真定增广泮桥记》中称："立国、建学、明伦、广义、考德、迪业、宣猷、宏礼、轨武、饰文，以顺成天道培植化基，不但以育士宾兴而已也。"③

元好问在《令旨重修真定庙学记》中对学庙的作用概括更加完备："忠国抚民，一出圣学。比年宾礼故老，延见儒生，谓六经不可不尚，邪说不可不绌，王教不得不立，而旧染不得不新。顺考古道，讲明政术，乐育人材，储蓄治具，修大乐之绝业，举太常之坠典。其见于恒府庙学者，特尊师重道之一耳。夫风俗，国家之元气；学校，王政之大本。不塞不流，理有必至。癃老扶杖，思见德化之成。"

① [明] 朱见深：《成化碑帖》，现代出版社2009年版。
② [清] 赵文濂：光绪《正定县志》卷11。
③ [清] 赵文濂：光绪《正定县志》卷11。

文庙建筑蕴含的教化元素

文庙的物质遗产，承载着厚重的精神文化。文庙的建筑格局体现了中国古老的传统文化，每一座门坊殿堂的名称，都是儒家思想的凝聚与标识，内涵深厚，意蕴饱满，博大精深。

文庙的建筑布局沿着中轴推进深入，左右对称，符合儒家的中庸之义。

"万世师表""德配天地""道冠古今"牌坊，棂星门上题写的"金声""玉振"，大成殿、崇圣祠（启圣祠）、名宦祠、乡贤祠、明伦堂、尊经阁、敬一亭、文昌祠、兴文阁、魁星楼等，是全国各地文庙的标配，体现了国家对文庙教化作用的期望。其余较小的房舍，虽由地方命名，而教化意义往往蕴含其中。

比如，明代商辂的《广建真定府学记》中称："讲道之堂者十楹，旁列四斋，曰明德，曰崇信，曰养性，曰存义。……尊经阁三间，以藏经籍子史。阁两直各翼以楼七间，匾曰步月，曰梯云，期多士之有所成也。……文昌庙三间，旧在学门之西，今改置戟门之东，为门三间。他若乡贤有祠，收受有库，观乐有亭，廪庾庖湢无不具备。"[①]其中，命名"梯云""步月"是"期多士之有所成也"，寄托着对学习者成为社会栋梁的期望；明德斋、崇信斋、养性斋、存义斋的命名体现了儒学对人的教化作用。

---

① [清]赵文濂：光绪《正定县志》卷11。

文庙讲堂承继的教化传统

在府县学文庙的讲堂上，不仅传授知识，还特别重视培德树人的教化。正如明朝商辂在《广建真定府学记》中所说："古帝王建国所恃以导迪彝教而系属人心者，惟学而已……国家列圣授受，正道是崇，国都、郡邑、党术、里闾无地非学。司教之官既盛，复设宪臣以惩其怠，作人之功惓惓如是。今贤太守灼知上心，承宣唯谨，自今已往，衿佩之士必当朝斯夕斯，优游于弦歌诵读之际，以讲夫仁义礼智之彝，明夫君臣、父子、兄弟、朋友之伦，则以之修身而身无不修，齐家而家无不齐。他日出而辅世长民，庶不负教养之深恩，而贤有司作兴之典，其为有补于治道岂浅鲜哉？"①

刘健的《真定重修文庙记》更强调了真定教官在培养学生的过程中格外注意用"圣贤之道"砥砺学生，使他们"穷为名士，达则为名公卿"："学校，王化之首务。国家需才以致治，未有不先于设学。……设学育才，固守郡者之所当先，然所以为教之方，尤不可不知所向。近时士子急于进取，率诵习前修之绪余剪裁文字，以便试捷；而先儒所谓正学者漫不加省。张君熊君以正学造士，士能除去陋习，由格致诚正上溯圣贤之道，穷为名士，达则为名公卿，故书以勖之。"②

明代晚期政治家赵南星则在《重修恒阳书院记》中以个人的亲身经历展现了学庙在个人成长中的作用："盖己巳之岁，余读书恒阳书院，当道聘请阜平广文艾纯卿。先生楚平江人也，博学能古文，平生慕李献吉之文章气节，数向余道之。……余不肖，生鄙小县，自见艾先生而后，知觉渐萌，

① [清] 赵文濂：光绪《正定县志》卷11。
② [清] 赵文濂：光绪《正定县志》卷11。

志意稍立……"①

赵南星后来成为明廷的清流，在与宦官魏忠贤的斗争中起到了中流砥柱的作用。真定城学庙的滋养孕育，为他后来的高尚节操奠定了坚实的基础。

文庙奉祀形成的教化制度

汉武帝罢黜百家、独尊儒术后，儒家思想逐渐成为封建国家的指导思想，孔子也逐渐成为中国传统思想文化的代表，享受国家的祭祀。

文庙是封建国家以儒家思想作为国家指导思想的外在标志。历代封建王朝不断为文庙制定祭祀制度，逐渐形成了一整套文庙奉祀制度并将其列入国家祀典。

历代对孔子的封谥一是侧重提升孔子的政治地位，封号大多为爵或王，而且等级日益隆升；二是侧重表彰孔子思想的教化作用，大多称其为"先师""大成至圣文宣先师"等，以孔子思想进行社会教化，孔子的地位实际上更加尊贵。孔子以后，历代儒生以孔子为宗师，传承弘扬孔子学说。唐朝以后，历代政府都将弘扬与践行孔子思想的杰出人物——先贤和先儒奉入文庙配享或从祀，文庙成了真正意义上的"中国的文庙"。与此同时，文庙的官方色彩日渐浓厚，其祀典由官府主办，文庙释奠逐渐成为国家行为。此后，历代文庙配享、从祀诸儒的遴选都要经过朝臣廷议，最终由皇帝钦定。国家举行文庙释奠，目的也在于借助孔子之道厉行教化，确立适应社会运转的秩序。

各府、州、县所设立的地方文庙，在漫漫的历史长河中逐步实现庙学结合、亦学亦庙，庙是学的信仰中心，学是庙

---

① [清] 赵文濂：光绪《正定县志》卷11。

的存在依据。这种"庙学合一"的建制有助于学子在对先圣先师顶礼膜拜的氛围中耳濡目染，潜心研读儒家典籍，从心灵深处感知、领悟儒家文化精髓。这是文庙奉祀的最基本的教化作用。

同时，不论是国家最高学府（如国子监）还是地方的府学、州学和县学，受教育的对象主要是获取初级功名的庠生。庠生经过乡试、会试、殿试考取更高一级的功名，成为举人或进士就可以进入国家官吏队伍，从此成为政府官员。文庙内奉祀孔子以及历代先贤先儒也就为后备官吏提供了学习的榜样，是对国家后备官吏进行成圣成贤的教育。

其实，文庙奉祀还具有极其重要的激励作用。文庙奉祀的圣贤除孔子及弟子外，还有历朝陆续增加的后世儒学家或行道之儒。宋代甚至以本朝理学家从祀，显示出成圣成贤能够流芳百世，这更激发了士子的热情。以行道之儒之父配享，显示出成圣成贤还能光宗耀祖，这就不仅仅是激发士子，更激发出士子父母教养儿子成才的激情。

明洪武二年（1369年），国家命建造先贤祠以奉祀在本地任官有善政的官员和有嘉德懿行的本地人士。不久分设为名宦祠和乡贤祠：名宦祠附祀在本地为官有善政的官员，乡贤祠附祀本地出身有嘉德懿行的士绅和在外地为官有善政的官员。

从此，文庙成为历代知识精英的精神家园，不少人梦寐以求去世后能够进入文庙从祀，从而促进儒者"希贤希圣"的精神追求。宋儒张载所说"为天地立心，为生民立命，为往圣继绝学，为万世开太平"，正是儒家优秀分子对于自身信仰和使命的终极追求。

在文庙奉祀的影响下，莘莘士子埋首读经，砥砺品德，或成为硕学通儒，或成为贤相良臣，或成为忠臣烈士，以期配享在文庙之内；或做官爱国惠民，勤政廉政，造福一方，附祀在任职地的名宦祠；或在乡为民遵纪守法，多行善举，附祀在家乡的乡贤祠。

文庙奉祀历代先圣先贤和附祀名宦乡贤以进行成圣成贤的成人教育，对于造就中华民族重视思想文化的传统，培养立志向上、奋发有为、向善行善、廉洁奉公的民族精神，都发挥了重要作用。

正如金代文学家周昂在《修真定府学记》中所说："人去古逾远，难于入道，虽有诗书礼乐之说，得其门者或寡。使登夫子之堂，瞻圣哲之像，巍乎如得亲炙，而又于春秋将事之际，观牲币豆笾之数，升降俯仰之容，厌然醉饱其心，然后示以诗书礼乐之说，则力少而功倍……自三代而降，言士之贤，莫如两汉。然西汉之士，辞章典雅，而志节未胜；东汉之士，风义高烈，而文采有惭，盖未敢知其优劣。然士之所信者，孔子也。孔子称其门人之所长，自颜渊、闵子骞至于子游、子夏，有次第。本朝自天辅以来，专用文章取士，士之致力于文也久矣，奚患其不至？独所谓志节风义，使学者皆知内此而外彼，高视远蹈，期无愧于古，而又推及于乡人，以至于列郡远邑、深山穷谷之民皆奋于德，然后知庙学之有功于人也。"[1]

宋代是推广学校教育的一个重要时期，正是由于儒学教育重视"志节风义"的涵育，士子的节操有了突出的提升。

《金史·隐逸传》记载，真定人褚承亮，北宋宣和六年（1124年）进士。"天会四年，斡离不既破真定，拘籍境内进士试安国寺，承亮名亦在籍中，匿而不出。军中知其才，严令押赴，与诸生对策。策问'上皇无道，少帝失信'。举

[1] [清] 赵文濂：光绪《正定县志》卷11。

人承风旨，极口诋毁。承亮诣主文刘侍中曰：'君父之罪，岂臣子所得言耶？长揖而出。"①志节风义高烈的真定进士褚承亮无疑是真定府学涵育的杰出人才，为真定府学赢得了荣耀。

正定府县文庙祭祀乡贤名宦人物繁多，实在不胜枚举。正定更有六忠祠，其奉祀人物事迹可歌可泣，感天动地，更激励正定士子养成为国家利益敢于和邪恶势力斗争甚至不惜牺牲生命的高洁情操。典型的如明朝宦官魏忠贤乱政之时，多少官员以阿附魏忠贤为能事，而在真定恒阳书院成长起来的赵南星，则是直接起草了弹劾魏忠贤的奏章。真定城内东门里的王钟庞是赵南星的外孙，并且是当时有名的书法家，在京师任职，帮助其誊写奏章。不料奏章被魏忠贤的党羽盗取，赵南星和王钟庞分别被流放到荒凉边地。二人虽遭厄运，但千古流芳。正定乡贤梁维枢，在赵南星被魏忠贤迫害的时候全力斡旋营救。另一反对魏忠贤的大臣杨涟，被魏忠贤陷害抓获押送进京路过真定，梁维枢不顾个人安危，公开迎候并犒劳杨涟，并大声称颂对方"公此行垂名竹帛，夫何憾哉"，丝毫不畏惧魏忠贤的爪牙可能报告魏忠贤并招致残忍报复，后果遭削籍。

这样的人才真正是中国的脊梁，而涵育这样的脊梁就是正定文庙的价值所在。

文庙内的礼节教化实践

文庙中的礼节教化活动是中国人文教化的重要形式，主要有行香、释菜礼、释奠礼、进学礼、乡饮酒礼、宾兴礼等。除此之外，地方上的一些重大事件也安排在文庙举行，

---

①《金史·列传第六十五》。

如每年上级官员巡察或"宣法"等。

行香、释菜礼、释奠礼前面章节已经介绍，兹不赘述。

进学礼：对通过童生试而迈入府学、州学、县学的新晋生员举办的入学礼。主要活动内容是由地方最高官员主持举办，设酒席于大堂，鼓乐吹奏引导，新进学生分批参见地方最高长官，在导引下到文庙大成殿行三跪九叩头礼叩拜孔子，其后到儒学明伦堂，行四拜礼参见学师。

乡饮酒礼：唐代学者孔颖达在《礼记正义》中归纳汉代郑玄对《礼记·乡饮酒义》的注解，提出周代存在四种乡饮酒礼："一则三年宾兴贤能，二则乡大夫饮国中贤者，三则州长习射饮酒也，四则党正蜡祭饮酒"，"乡则三年一饮，州则一年再饮，党则一年一饮"。也就是说，这四种乡饮酒礼中，"三年宾兴贤能"和"乡大夫饮国中贤者"是三年举行一次，"州长习射饮酒"是一年举行两次，"党正蜡祭饮酒"则每年举行一次。①

汉明帝永平二年（59年），朝廷命郡、县、道行乡饮酒礼于学校，祭祀周公、孔子；北魏孝文帝太和十一年（487年），令天下恢复举行乡饮酒礼；隋代确立了国子寺（隋之后称国子监）与地方官学每年举行一次乡饮酒礼的制度。

唐贞观六年（632年），朝廷下旨，颁示天下各州县《乡饮礼》。令州县长官每年举办乡饮酒礼，宣扬尊长尚贤的道德伦理观念。同时出现了贡生或武举考试结束后表示庆贺的科举典礼，也称为乡饮酒礼。考生在州县试毕，当地官员举办乡饮酒为他们送行。武则天长安二年（702年）又设武举，也以乡饮酒礼送武举考生前往兵部。

至宋代，科举典礼在殿试一级已经和乡饮酒礼相脱离，殿试结束后举行"闻喜宴"，不再归入乡饮酒礼一类。但在

① 《礼记正义》卷61。

府州县级别，科举典礼仍然称为乡饮酒礼。

明洪武三年（1370年）纂成《明集礼》，其中详定乡饮酒礼。洪武五年（1372年），依据《明集礼》奏定乡饮酒仪。洪武十六年（1383年），正式向全国颁布《乡饮酒礼图式》，对选择宾介、宾主拜揖、座位朝向、扬觯次序等都做了明确规定。洪武二十二年（1389年），进一步规定在举行乡饮酒礼的宴会上，"分别三等坐次，善恶不许混淆"，确立了乡饮酒礼重在礼法教化的功能。

乡饮酒礼由各地方长官率领僚属亲自主持，宴请当地身家清白、齿德俱尊的耆老乡绅。乡饮宾的选择由管理地方文教的儒学官员进行考选、推荐，经地方长官进行考核、批准后逐级上报，本省督核准方可邀请参加。其地点设在各府、州、县儒学明伦堂。从迎宾、升堂、入席、落座到读律、宴饮、礼毕送客，都有着十分详细的程序规定，严格遵照长幼、尊卑安排座次，司正、读律诰生等人员按照礼仪进程不断宣讲各种封建道德与伦理规范，礼仪隆重。

宾兴礼：发端于周代的乡饮酒礼。"宾兴"一词，始见于《周礼·地官·大司徒》"以乡三物教万民而宾兴之"，原本指周代乡举里选的由下而上的人才选拔制度。

隋唐科举制度产生后，地方官要设宴招待应举之士，但还是以乡饮酒礼的名义举行。宋代的乡饮酒礼在贡士之月举行。北宋时，国子监和地方州学的学生自上而下分为三等，即上舍生、内舍生、外舍生。各州须按规定每年或每三年向国子监选拔贡生一次，即推选一名上舍生、二名内舍生入太学。届时，由地方行政长官做东，宴请被推荐的舍生和当地群老。

至明洪武十六年（1383年），制定《乡饮酒礼图式》颁行全国,将宾兴礼与乡饮酒礼彻底区分开来。宾兴礼成为府州县地方官与儒学教官为生员、贡生、举人举行的送别及庆贺典礼。

宾兴礼对礼仪的过程、生员拜揖地方官与教官的礼节、宴会酒菜及行酒的次数,都有严格的规定。同时,又邀请伶人演剧(或拜魁星),还举行诸生登月宫桥、优人扮嫦娥为诸生簪花及赠桂枝的活动,祝福考生蟾宫折桂,并为赴试考生发放花红、卷资、盘费等。活动一般在儒学明伦堂举行,经费都由地方公费列支。

劝民重教兴学，推进地方治理

　　儒家思想作为治国平天下之术，历来受到统治者重视。明宪宗御制《重修孔子庙碑》（即通常所称的《成化碑》）有精辟的论述："有孔子之道则纲常正而伦理明，万物各得其所矣。不然，则异端横起，邪说纷作。纲常何自而正？伦理何自而明？天下万物又岂能各得其所哉？"[①]

　　在漫漫历史中，文庙祭奠礼仪历经跌宕波折，最终发展成为包括礼、乐、舞等在内的完备的礼仪制度，成为国之重典、国之大祭。其所代表的文化意蕴及其涵盖的政治、教育、礼仪等丰富多样，是中国推崇儒家思想、展现"尊师重教"传统的重要标志。不时举行祭祀活动，其目的就是进行成圣成贤成人的教育，培养德才兼备的人才。

　　文庙是引导人心、宣传教化的最佳场所。文庙祭祀孔子及历代圣、贤、哲、儒，在传承传统文化方面具有不可替代

---

① ［明］朱见深：《成化碑帖》，现代出版社2009年版。

的作用。在对孔子及儒家的祭祀中，孔子思想与儒家文化得到了很好的传播与弘扬。

文庙与文庙祭祀是中国文化史上非常独特的文化现象。其完备的祭祀系统和祭奠礼仪形式，尤其它承载的儒家思想学说体系，都与传统中国社会的进步与发展息息相关。

主祭孔子，张扬儒道，又以历代圣哲及"传经之儒""明道之儒""行道之儒"配享从祀，使文庙成为中国历代士人心向往之的精神家园。实际上，作为政统代表人物的封建帝王或者地方主政官员都要到文庙致祭，显示了政统与道统的内在统一。

文庙祀祭与经典的诠释和科举制度的推行，共同奠定了士人对于儒学和孔子的信仰，从而促进了地方百姓对于重教兴学的意识。尤其是附祀儒者之父，更是大大激发了民众重视教育的热情。所以，历史上府县文庙的多次兴修都是地方官民合力捐资出力才完成的。

官民合力重教兴学，直接推进了地方的社会安定。

真定府学打造了"百年以来公侯大夫之所表帅，父兄师友之所教养，衣冠人物相继而作"[①]的良好环境。由此，还带动了私人授课的学塾发展。据苏天爵《志学斋记》记载，"授徒于家者则有安氏祖孙、马氏父子，仕于中朝若翰林学士李公、参知政事王公、宣慰使周公、御史中丞于公，皆其人也"。学者安熙接受朱子之学后，"不屑仕进，家居教授垂数十年，四方之来学者，多所成就"[②]。

正是真定府学和私塾教育的兴盛，开有元一代儒学教育风气之先，出现了不少"忠义"与"孝友"的楷模，从而使真定世风日趋敦厚，成为一个"居于家庭则能爱亲而敬长，行于闾里则知尊老而慈幼"[③]的燕南名城。

① [元] 苏天爵：《滋溪文稿》卷4《志学斋记》。
②《元史·安熙传》。
③ [元] 苏天爵：《滋溪文稿》卷4《志学斋记》。

同时，府县文庙中有名宦祠和乡贤祠。其中名宦祠奉祀在本地任职有业绩的官员。凡有品学为地方所推重者，死后由大吏题请祀于其乡，入乡贤祠，春秋致祭。名宦祠和乡贤祠的设立，使入祀文庙不再高不可攀，使得官员和士子都有了学习的榜样，并激发出他们成贤成圣的进取心理。官员越以名宦为学习榜样，百姓的生活就会越好一些，官民的关系也就越敦睦；士子努力上进，砥砺品德，将来也会成为其他地方的官员，同时也成为本地绅士百姓的样板。如此循环往复，官吏与百姓的关系和社会各阶层的心理走上了良性循环的轨道，世界越来越和谐。可以说，府县庙学对于敦励风俗、教化乡里，起到了十分重要的作用。

延续儒学道统，增强文化自信

在先秦时期，百家争鸣，孔子所创儒学在弟子和后学的共同努力下渐渐成为"显学"。至汉武帝"罢黜百家，独尊儒术"，儒学道统与政统结合在一起。不论社会怎样艰难曲折地发展前进，儒学一直是中国统治思想的根本。宋明时期，儒学发展到新高度，也愈发受到统治者的推崇。

正如成化碑文中所说："迨我祖宗，益兴学校，益隆祀典，自京师以达于天下郡邑，无处无之，而在阙里者，尤加之意焉。故太祖高皇帝登极之初，即遣官致祭，为文以著其盛，而立碑焉。太宗文皇帝重修庙宇而一新之，亦为文以纪其实而立碑焉。……呜呼！孔子之道之在天下，如布帛菽粟，民生日用不可暂缺。其深仁厚泽，所以流被于天下后世者，信无穷也。为生民之主者，将何以报之哉？故新其庙貌而尊崇之。尊崇之者，岂徒然哉？冀其道之存焉尔。使孔子之道常存而不泯，则纲常无不正，伦理无不明，而万物亦无有不得其所者。行将措斯世于雍熙泰和之域，而无异于唐虞三代之盛也。久安长治之术，端在于斯。"[1] 成化碑文充分道出了历代封建王朝尊崇孔子的原因，即"久安长治之术，端在于斯"，说明了儒家思想与社会治理和国家政治之间的关系。

历史上，孔子及儒学的地位是有升降变化的。唐代贞观年间，以左丘明等22位"传经之儒"配享文庙。随着理学的兴起，"明道之儒"地位上升。至清代，增祀诸儒中又出现了"行道之儒"，他们的出现与当时的社会形势密切关联。在不同的历史阶段，对于孔子学说和儒家经典有所发明或维护、可以教化人心的人，所谓"扶纲常淑人心"者，就会被升入文庙从祀。当然，从祀诸儒的选择和晋升，都需要得到统治者的允准。

文庙两庑中供奉的历代先贤先儒有150多人。历史上，这些先贤先儒也有一定的增添和更换，他们之中有孔子弟子，更多的是历代的儒学大师。他们以孔子为师，以"六经"为典，以继承道统为己任，发展并传播儒家思想，被后世认为是儒学传承的正统。

这种信仰尽管没有发展成为一种制度化的宗教，但其对于古人"安身立命"的功能，激励士人成贤成圣的作用，可以与宗教相仿佛。宋儒张载所说"为天地立心，为生民立命，为往圣继绝学，为万世开太平"，正是儒家优秀分子对于自身信仰和使命的自觉表达，而这里面少不了文庙的激励作用。

春秋战国诸子百家，汉代雄风，盛唐气象，两宋文化高度发展，成为世界文化史的辉煌篇章。这些都是在儒学这棵

---

[1] [明]朱见深：《成化碑帖》，现代出版社2009年版。

根深叶茂的大树上开出的灿烂花朵。中国文化具有巨大的影响力，向周边国家辐射，在东亚地区形成了儒学文化圈。

就这样，中华民族在一路发展的过程中，尊重前人的智慧，珍视自身的传统，不断吸收着外来文化，不狭隘，不偏执，延续民族文化的生命，建立起了民族文化自信心。

05>

正定文庙的
教育功能

府县文庙的教育概况
府县文庙的教育制度
府县文庙的管理者和教育者
府县文庙的显著教育成效

历史是一条河，时光淘尽群英。历尽沧桑的元代戟门，淡忘了琅琅如琴韵的读书声；饱经时光打磨的五代大成殿，模糊了日夜诵读的学子身影。

　　夜静更深，万籁俱寂，久久地伫立在斯文故地，遥想当年木铎声声，还有那昨日的青青子衿……

府县文庙的
教育概况

府县学的发展

古时正定一带的教育事业起步早，发展快。早在东汉，常山太守伏恭就在此"敦修学校，教授不辍"。隋代，本地涌现了一位杰出的教育家——房晖远。《北史》《隋书》都记载，房晖远幼年就立志好学，年长，便以教学授徒为业，教授"三礼"、《春秋》《诗》《书》《周易》等学，四面八方负笈求学的人动辄上千人。

宋代教育事业又有发展，金代亦然。金廷重振教育，开科取士，仅真定一地就启用进士72人。全国设府学24处，其中真定府学学生达60人，为全国之最。金代，以真定府为中心，文化教育有了新的发展，出现了文学家蔡松年、蔡珪、王若虚，书画家李著，诗人周昂等一批名家。

历元至明，官府对学校的管理体制已经比较完备。

元代真定路学经历五次重修扩建，官府对学校的管理渐趋完备。元世祖"劝农立社"敕下，民间办学兴起。"文星煌煌照燕南，青青子衿满恒阳。教官连被凤尾诺，瑞物多生金粟冈。"① 这是元好问在诗中对蒙古汗国治下真定教育发达、人文荟萃的称道和赞誉。

蒙元时期的真定，是一个多民族人才辈出、名士荟萃的地区。这个时期城市文化和经济向前发展，各种学术、宗教、艺术、科学技术交相辉映。这些成果与真定路学在蒙元真定城的兴起和发展是分不开的。

史天泽主政真定后，特别尊重知识分子，注重教育开化民风。金亡后北渡投奔史天泽并任帐下经历官的张德辉，在忽必烈召见以政事问答时，特别提到了崇儒重道的重要性，得到了忽必烈的赞同，并诏令他回到真定路"提调真定学校"。

至明代，真定府学历经18次修葺、扩建，府学规模继续发展，县学规制具足完备。洪武二年（1369年），颁布条例规定：生员入学，守令亲视；入学生员要达到府40人、州30人、县20人。后来，增加不同等级学生，人数规模达到原定的3倍。还规定教育官员成绩显著，可破格晋升。如教育无方，致使生员有20名无长进，罚守令俸薪一月；20名以上无长进则笞守令40大板，教授、训导革职等。与此同时，民办与官办民助书院随之发展。真定卫、神武右卫也办卫所学校，使官兵识礼。此时，除府学、县学外，还增书院4处、社学5处。

入清，除府学、县学进一步扩大外，各种书院又增，义学发展至7处，家塾、族塾、村塾几乎大村皆有。随着规制进一步完备，教学水平明显提高。

---

① 《遗山先生文集》卷1。

府县学的补充：书院的发展

古代正定的书院很早就已出现，书香氤氲，久传不衰。著名的有封龙山上三书院、崇正书院（明恒阳书院）、清代的风动书院与尊闻书院（清恒阳书院）。

封龙山上三书院

封龙山是河北教育史上名山之一，早在汉代就是教育发达地区。东汉常山郡人李躬在此授业，汉明帝时以其"年耆学明，以两千石禄养终身"。学者伏恭"迁常山太守，敦修学校，教授不辍"，常至求躬在封龙山授业之处讲学，极大地促进了常山郡教育的发展。唐代，又有郭元振、姚敬等名士游学或讲学于此。汉唐时期，这里一直是河北的教育中心之一。

五代时期，书院作为一种新的教育机构在正定出现，开河北书院教育之先河。

北宋，见诸记载的河北书院有三处，全在封龙山中。一座是封龙书院，又称龙山书院，在封龙山之阳山脚下，即汉代李躬授业之所、宋初李昉开创的书院。院内原有讲堂、读书窑洞等。院内还有两眼清泉：一曰蒙泉，水清而甜，是书院引水之源；一曰墨池，又称洗笔池，池水墨黑，相传为古人洗笔之处。

另一座书院在龙首峰西，称西溪书院。宋代藏有"九经"，张著为山长，也曾在河北名著一时，后世渐废，其址大约在今石家庄市元氏县北龙池村。

最后一座书院中溪书院在龙首峰下，又称中峰书院。北宋时山长张蟠叟等人相继聚集，生徒常达百人。中溪书院是当时河北最大的书院。

蒙元时期封龙书院的发展进入鼎盛期。宪宗元年（1251年），河北栾城籍数学家李冶（1192—1279，又名李治）结束流亡生活后，从山西东归，"买田封龙山下，学徒益众"。他潜心治学，诲人不倦。在乡民及真定路都元帅史天泽、真定督学张德辉和学者元好问等人的支持下，李冶重修李昉讲堂，重振封龙书院。在这里，李冶进一步总结、研究中国古代天元术，对他在山西撰著的《测圆海镜》一书进行补充修订，并用通俗朴实的语言著成《益古演段》一书，讲授不辍。李冶主持书院期间，在数学、医学、天文学、音律学、道学等领域取得一系列研究成果，可谓桃李满园、成果卓著。

李冶所创立的天元术，不仅是中国古代独创的半符号代数的重大发展，而且比欧洲近代代数的产生早300年左右。他的两部天元术著作，奠定了他在13世纪世界数学史上的重要地位。

继李冶之后，藁城籍学者安熙主持封龙书院。政治家、史学家苏天爵即是安熙的得意门生。

在封龙书院传道授业或讲学的，除上述学者外，还有北魏学者魏质，宋代学者张蟠叟、张著，金代文学家元好问、学者张德辉等。元代戏曲大家白朴、李文蔚、王仲常等曾就读于封龙书院。史天泽之子史杠与史杞、集贤学士焦养直、官至廉访使的荆幼纪、廉访佥事张翼、翰林修撰承直郎王德渊等名流也都就学于此。

元至治元年（1321年），李冶的曾孙李慎言官至监察御史。为弘扬其祖教育事业，他出资重修封龙书院，但经元末明初的几十年动乱，书院再度废弃。

明嘉靖十八年（1539年），柏乡县进士魏谦吉、耆绅魏承谟等曾再次重修书院，教授生徒。

明代的崇正书院、恒阳书院

明嘉靖二年（1523年），知府王腾在真定城西北角（今正定中学处）改天王寺为崇正书院。此时书院已改变过去自由讲学的性质，教学内容由官府统一管理。

嘉靖三十年（1551年），御史杨选和知府孙续对书院加以修葺，并更名为恒阳书院。万历七年（1579年），内阁首辅张居正实行改革，试图取消天下书院，恒阳书院即停。万历十一年（1583年），书院旧址改为游击将军署。万历四十一年（1613年），御史傅振商、知府周光燮、推官魏运开协议捐镪别置游击署，赎回书院，重修葺之，赵南星为记。崇祯十一年（1638年），知府范志完重修书院，改建六谕楼。崇祯十三年（1640年），知府王追骏改为督学行署。

清代的风动书院、尊闻书院（恒阳书院）

清乾隆二十九年（1764年），知府郑大进在《风动碑》旁建风动书院。《风动碑》即《大唐清河郡王纪功载政之颂碑》，现在巨碑尚矗立在常山影剧院北侧。当年的风动书院即在今常山影剧院及其附近。

乾隆四十二年（1777年），知府方立经重修府学文庙时，规划东祠一块地方建尊闻书院。道光十年（1830年），知府关炳改其为恒阳书院。

这些书院作为当时的郡学、府学等官学的补充或延伸，其管理等方面都是由官府负责。

府县学在地方史志建设中的作用

纂修地方史志作为地方文化盛事，一般是由府县官员主导，由府县学官主持，有时本地一些经由科举入仕到其他地方任职的官员也会参与，府县生员也是参与纂修地方志的主力。

明代知县周应中修《真定县志》，是真定县儒学教谕杨芳一人之力。《修〈真定县志〉序》明确记载："真定为中州巨镇，雄壮畿服，其间山川、疆域、创置、城宇、官师、文献、风俗、政治异致，固不可无志以征之。第观往籍或稽求眩真，事迹费词，文输离粹，虽谓有志，与无志类矣。宁宇周翁治定之暇有忧之为，因新立贤宦二祠，并申明志事修之，属予缀集。予实寡陋弗称，然辱翁命不敢固辞，乃考之典故，询之贤达，于凡眩者定之，繁者删之，离者正之。虽云脱稿，而亦自病其疎略，固以应翁委重，而职司文庠，幸葓搜核一方胜事，庸冀垂映汗简云尔，若夫润色以就名郡大典，则文俟乎后贤焉。"①

清顺治三年（1646年），知县陈谦修《真定县志》，在知县、县丞、典史之后就是县儒学教谕李鹏程、训导陶贵、训导吕弘业。而经由科举任官的梁清标、梁清宽、梁维本、王钟庞、梁清远、梁维枢、王原肱、王兆吉等多人参与，另有举人、官监、科贡、贡监、生员等多人参与。

光绪《正定县志》，监修者候补道正定府知府刘秉琳，重修者特用府即补直隶州正定县知县新升蔚州知州庆之金、知州衔正定县知县贾孝彰，纂修者五品衔正定府学教授赵文濂，协修者提举衔正定县学训导沈云龙，参订者附贡生容丕

① 梁勇：《真定县志校注》，山西人民出版社1992年版，第1页。

华。其余核对、监刊、提调、采访中有拔贡、附贡生，其中有的拔贡、附贡生甚至廪生还拥有品衔。如负责提调的运同衔附贡生马廷翊，参与采访的有五品衔乙酉科拔贡刘廷棨，候选训导岁贡生李淑梅，六品衔附贡生黄怀德，六品衔廪生王官清，六品衔监生丁温良。还有廪生、附生、童生参与了采访工作。

府
县
文
庙
的

教
育
制
度

府县文庙教育管理的发展

　　府县学文庙在教育管理方面有一个发展的过程。据光绪
《正定县志》记载："郡县之学与太学相维，创立自唐始，
宋置诸路州学官，元颇因之，其法皆未具。"① 显然，在明朝
以前学校的管理还是相对比较粗放的。

　　洪武二年（1369年），明太祖朱元璋诏谕天下，令州县
皆立学校。"颁禁例十二条于天下，立卧碑置明伦堂之左，
其不遵者以违制论。"② 学校的组织大体是府设教授，州设
学正，县设教谕，又各设有训导。对学生的名额也有具体的
规定：起初府学四十人，州县依次减十，后来学生名额分别
有所增加。学习课程除了规定学生专治一经外，还分别教授
礼、乐、射、御、书、数六科。"于是大建学校，府设教
授，州设学正，县设教谕，各一。俱设训导，府四，州三，
县二。生员之数，府学四十人，州、县以次减十。师生月廪

① ［清］赵文濂：光绪《正定县
志》卷11。
② ［清］赵文濂：光绪《正定县
志》卷11。

食米，人六斗，有司给以鱼肉。学官月俸有差。生员专治一经，以礼、乐、射、御、书、数设科分教，务求实才，顽不率者黜之。"①

这一整套管理制度全面而严格，包括选育人才的标准与过程、选拔教育者的标准、师生人数与待遇、学习内容、地方官员对学生的考核、监察部门对地方官员及教育者的考核、学生的选拔出路、教官的品级与俸禄等。清代大部沿袭明代教育制度。

明洪武初年圣旨制定的教育制度

洪武初年，皇帝命有关官员拟定教育制度，然后以圣旨形式颁行各地，命各地学校镌刻石碑上。正定府县文庙将此镌刻于明伦堂前卧碑上。

洪武二年十月左丞相宣国公钦此奉圣旨："今后立学，春秋休要祭祀，设科分教礼、乐、射、御、书、数。每定拟来。钦此。"会集省台部官逐一议拟，于十月二十七日早朝奉天门，奏奉圣旨，节录"学校合行的勾当，教秀才每用心讲究行。钦此"。钦依会议定拟到各项事理。洪武二年十一月十八日，中书省杨右丞、陈参政、眭参政、右司郎都事、礼部崔尚书于奉天门东板房内奏奉圣旨："准。教定立罪名，同这格式，各处学校都镌在石碑上。钦此。"

学校格式

一生员入学定例：

凡各处府、州、县责任守令于民间俊秀及官员子弟

_____

① 《明史·选举志》。

选充，必须躬亲相视，人材俊秀、容貌整齐、年及十五之上、已读论孟四书者，方许入学。其年至二十之上愿入学者，听在内监察御史在外按察司巡历到日，逐一相视。生员有不成材者黜退，另行添补。

上项生员如果赴中书省、各行省相视，诚恐路远不便。

一选官分科教授：

礼、律、书共为一科，训导二员，掌教礼、教律、教写字，于儒士有学行，通晓律令，谙习古今礼典，能书字者。

乐、射、算共为一科，训导二员，掌教乐、教数、教射，于知音律、能躬弓、能算法者。

上项训导礼、乐、书、数、律，但是能一等或两等者，从各处守令考验，各取所长，相兼教训。

府教授、州学正、县教谕掌讲明经史务，使生员知孝、悌、忠、信、礼、义、廉、耻，通晓古今，识达时务，及提调各科训导教习，必期成效。

上项教官，各处守令于儒士有才德、有学问、通达时务者，选充官。为应付行粮脚力，悉赴中书省考验。

一生员教习次第：

侵晨讲明经史学律，后学书、学礼、学乐、学算。未时，习射弓弩，教使器棒，举演重石。学此数件之外，果有余暇，愿学诏、诰、表、笺、疏、议、碑、铭、传记者，听从其便。

一礼乐二事，见行集议，比候成书。

一生员额数：府设四十员，州设三十员，县设二十员。

一师生膳：每人日支二升，盐酱在内，于本处系官钱粮内放支。

一教官出身俸给定第：如果教有成效，异才出众，不拘资格，优加擢用，俸给就于本处系官钱粮内放支。

一生员入学姓名：申报合于上司，置立文簿，付写某州、某县、某乡、某户。

一守令每月考验生员：

观其进退揖拜之节，听其言语应对之宜，背读经史，讲通大义，问难律条，试其处决。讲礼务，通古今，写字不拘格式，审音详所习之乐，视射验其膂力又能中。稽明其除口手相应，守合置力文簿。授载诸生所进功程。如一月某生某科学不进，则记载于簿；至此科三月学不进者，罚此科训导月米半月，罚多不过一月。

一监察御史、按察司巡历去处，考各府、州、县教官、生员：

府生员十二员学不进者，罚守令俸钱半月，教授、某科训导各罚俸钱一月；二十员学不进者，守令罚俸钱一月，教授及某科训导黜退；二十员之上学不进者，守令笞四十。州生员八名学不进者，守令罚俸钱半月，学正及某科训导各俸钱一月；十二员学不进者，守令罚俸钱一月，学正及某科训导黜退；十二员之上学不进者，守令笞四十。县生员六员学不进者，罚守令俸钱半月，教谕及某科训导各俸钱一月；十二员学不进者，守令罚俸钱一月，教谕及某科训导黜退；十二员之上学不进者，守令笞四十。

一设学之后，子弟习学各科，限三年方成。隶中书省者，贡至中书省考试，中选者就便量才录用；隶各行省者，贡至各行省考试，中选者贡入朝廷选用。

一各处府、州、县于洪武三年正月为始，开学务要实效，责任所在，有司、守令、正官提调，在内监察御史，在外按察司。每岁考核学生功课，比上年有进者，有司官、教官便是称职；各学生比上年学不进，有司官治罪，教官黜退。

一学校生员，每府四十名，州三十名，县二十名。府、州、县各设教授、学正、教谕一员，训导四员。今拟府州生员四十名者，设训导四员。每县二十名，已有教谕，又设训导四员，似为员多，今拟州县学正、教谕外，每处正设训导二员。其读书生员如有增广，不拘定额。及北平、陕西、河南地面，人民稀少，每州县除学正、教谕外，正设训导一员相应。

一钦奉圣旨：今后教各府、州、县儒学，好生训诲生徒，每日讲读文书罢时，于学后设一射圃，教学生习射。但遇朔望的日子，要试演过。其有司官办事闲暇时，也与学一体习射。若是有司官与那学官不宜用心教学生习射的，定问他每要罪过。钦此。

一吏部拟到学官品级：先拟教授正九品，学正从九品，教谕授省。令拟教授给与都省札付，学正在内授吏部札付，在外授行省札付。训导授各府州付身，先令试职一年，俟有成效，然后照依已定品级，实授相应。

一户部拟到教授、学正等官，改拟试职，俱令训诲生员。所据俸给量，拟教授月支米一石五斗，学正月支米一石三斗，教谕训导各支米一石。钱米三七兼支相应。奉都堂准拟。

　　洪武七年十一月□日立石①

① ［清］赵文濂：光绪《正定县志》卷11。

此外，对于廪膳生员、增广生员、附学生员的管理也是极其严格的。廪膳生员享受政府提供的钱粮补助，名额固定，但是廪生名单会因为成绩的变化而变化。廪膳、增广生员"以岁科两试等第高者充补"①，而且没有一定时间的廪膳生员的经历没有资格充岁贡。有明一代，提学道官员三年中对诸生考试两次，称为"岁试"。按照成绩分为六等。名列一等前茅的，如廪膳生员有缺额就按照成绩递补为廪膳生员；其次增补为增广生员，并给予奖赏；三等成绩为一般；四等成绩受挞责；五等成绩，廪膳、增广生员降一等级，附学生员降为青衣；六等成绩给予黜退并革除学籍的处分。岁试之后，在每三年一次的"大比之年"，乡试举行前要进行"科考"，即乡试资格考试。科考成绩亦分六等，取得一、二等成绩的生员才有资格参加乡试。

---

① [清] 赵文濂：光绪《正定县志》卷11。

文庙讲堂，是宣传儒学的主阵地。国家选派教谕、训导等学官进行管理，选举"文行兼备"的教授开课授徒。正定府县的学官和教授往往是大德硕儒。

宋代之前的情况

真定为九省通衢之地，军事地位极其重要，是兵家必争之地，导致在真定各级学校中担任各种职务的人员资料相当匮乏，或姓名不可知，或仅知姓名而不知其事迹。这里仅举宋代之前常山郡兴学重教者中的代表性人物：

东汉李躬在封龙山结庐授徒。李躬为东汉明帝刘庄的启蒙老师，因学识渊博、德高望重而被尊为"中央三老"，养于辟雍。

东汉常山太守伏恭在常山郡封龙山李躬讲学处讲学。伏恭少时便继承家学，精修儒学，后被拜为常山郡（治所在今石家庄市元氏县）太守。居官期间，伏恭高度重视文化教育，广修学校，并且自身一直进行着以儒家经学为主要内容的办学及教学活动。"伏氏学"因此得以在北州（大致相当于今天的河北、山西、内蒙古、辽宁一带）地区广为传播。

唐代，隐士姚敬在封龙山西溪书院聚徒讲学。此后，郭震在此讲学。

宋代之后的情况

关于正定府县文庙的教授、教谕、训导及主讲的资料极少，能够在一些碑记中提及名字已经实属难得，更多的是或有姓名而无事迹，或连姓名亦不可考。

宋代曾有陆佃之弟陆傅为府学教授。①

北宋名相李昉和张幡叟在封龙山中溪书院和封龙书院收徒讲学。封龙山上的书院在李昉等人时期得到较大发展，云集众多学者及远近向学之士，师生数量剧增，成为闻名遐迩的学术研究及教育机构，在河北书院史上处于领先和优势地位。

金元时期，真定硕儒云集。据苏天爵《志学斋记》记载，"当是时为郡学官者，则有侍其先生乘之、吴先生盖臣、砚先生伯固、张先生世昌"② 等。金元时期的著名学者如王若虚、元好问、张德辉、砚弥坚、李冶、安熙、常仲明、李谦等，都曾在真定课徒授业。元代学者胡祇遹在《送梦弼高君之官序》中亦记载："濮州儒学教授高某，今转除真定大郡，学者如云。"

元好问在《令旨重修真定庙学记》中称颂学校能够"顺考古道，讲明政术，乐育人材，储蓄治具，修大乐之绝业，举太常之坠典"③。此文中学校的作用其实就是通过大德硕

① [宋] 苏颂：《苏魏公文集》卷59《国子博士陆君墓志铭》。
② [元] 苏天爵：《滋溪文稿》卷4。
③《元好问全集》卷32。

儒具体来实现的。在他们的引导下，"胄子渐礼让之训，人士修举选之业"①。元好问58岁时经过第二故乡真定时在写给张德辉的儿子张复（字从道）的《寿张复从道》中称颂说："镇州城中金粟冈，移来河东万卷堂。先生弦歌教胄子，子亦诗礼沾余芳。"②

有一首诗人方回作的诗提到了元朝时真定路教授李某，可惜连名字也未提及。诗作如下：

真定路教授鹿泉李君丁亥五月十二日巳时生，
紫阳虚叟方回丁亥五月十一日巳时生，
相遇旅邸同登酒楼各出新诗遂成老友③
[元] 方　回
邂逅相逢两秃翁，亥年巳月巳时同。
偶先一日敢争长，各及七旬俱固穷。
尘世谁能吟鬓白，少年莫笑醉颜红。
累朝南北兴亡事，合征公为太史公。

张著（1221—1292）为封龙山西溪书院山长。他是第一个为张择端的《清明上河图》题跋的人。张著15岁被选入府学，学成之后，终生执教。在西溪书院期间，亲自讲学育才，并且选聘声望卓著、德艺双馨的才识之士任教。

李冶字仁卿，自号敬斋，真定府栾城县人。金正大末年进士，辟知钧州。金亡北渡，在封龙书院讲学。曾被元世祖召为翰林学士。

明代恒阳书院聘请平江（今湖南平江县）人艾穆任主讲。

清代县学教谕陈鹤龄，直隶保定府安州人，康熙二十三年（1684年）举人。其子惪荣、惪华、惪正皆成进士。陈惪

①《元好问全集》卷32。
②《元遗山诗集笺注》卷5。
③ [元] 方回：《桐江续集》卷20。

华是在正定县学学习后，一举高中状元的。正定县学因此建状元楼。陈鹤龄不久迁顺天府学教授，从学者甚众，私谥懿长先生。

道光二十三年（1843年），时任正定府学训导左犹龙组织惜字社，倡导敬惜字纸，不得秽弃，无用的字纸要收集起来焚化，并为此专门刻立《惜字社碑》。此碑记录了成立惜字社的原因、经过及捐款人的职务、姓名及捐款数。此碑原立于崇因寺东墙外，后移入隆兴寺碑廊。

《惜字社碑》为青石质，高156厘米，宽68厘米，厚23厘米，方碑首，浮雕卷云纹，阳面残，正中额题楷体竖书"永垂不朽"，阴面额题楷体竖书"乐善不倦"。碑文楷书，正面共18行，满行33字，共455字，碑阴共909字。此碑记录了当时正定府学及所辖属县学诸多教谕、训导等人的名字，可作为重要的研究资料。

同治十年（1883年），知府刘秉琳修葺恒阳书院。当时的书院山长为陈露坪，主讲为杨铁帆。

府县文庙在人才培养中的作用

正定府县文庙及附属于府学的恒阳书院等为正定一带培养了大量优秀人才。

晚明政治家赵南星在《重修恒阳书院记》中以亲身经历展现了文庙在个人成长中的作用："盖当道者抡学校之秀而群肄焉，所为宏阐国家作人之意，甚盛美也。……盖己巳之岁，余读书恒阳书院，当道者聘阜平广文艾纯卿先生。先生楚平江人也，博学能古文，平生慕李献吉之文章气节，数向余道之。明年庚午，余随诸君子举于乡，是岁得人称盛，多出艾先生之门者。……故教人者不厌多方，好学者不厌多闻。"这篇文章说明真定城学庙在无数学子成长路上起到了巨大的滋养涵育作用。

恒阳书院最辉煌的时期，因培育出高邑赵南星、真定梁清标与梁清远、灵寿傅维鳞、柏乡魏裔介等名士而闻名遐迹。尤其梁清标、傅维鳞、魏裔介同时就学于恒阳书院，分别于崇祯、顺治年间中进士，先后入阁，成为清初要臣。梁清标和魏裔介先后拜为保和殿大学士；梁清标历任兵部、礼部、刑部、户部四部尚书；魏裔介加太子少保衔，有"乌头宰相"之称；傅维鳞做到户部尚书，加封"太子少保"。同一书院同一批学生中造就了两位保和殿大学士、两位太子少保，这在恒阳书院史上是值得夸耀的成就，也是正定府县文庙作育人材的突出典型。

府县文庙走出的杰出人才

状元

据现有资料记载，自宋至清，正定出过4名状元（金代李著、元代同同，明代曹鼐，清代陈熹华）与1名榜眼（明代白钺）。正定地方志中记录，正定县学中为陈熹华建状元楼，为曹鼐和白钺建状元坊、榜眼坊。另有武状元1名，为清康熙年间封荣九。

李著（1175？—1220），字彦明，金代河北西路真定县人。博学于诗文，善工书画。李著于承安二年（1197年）高中经义科进士第一名，成为金代最后一名经义科状元。后历任翰林供奉、定州同知、户部员外郎等职。期间攀附金章宗元妃李氏，为时人所讥。后迁彰德府（治所在今河南省安阳市）治中。其时蒙古军攻陷城池，招降李著。著不从，大骂避于塔上，蒙古兵毁塔，塔倒就义。

同同，字同初，蒙古人，属蒙古部族那歹氏，居真定。生于元大德六年（1302年），卒年不详。中元统元年（1333年）右榜状元。同同之祖为玉速歹儿，其父为玉速帖木儿。

籍贯在真定路录事司，出身在录事司之侍卫军。同同在大都应乡试，得中第四名。后参加会试得第二十三名。殿试终于夺得蒙古、色目人榜第一名，时年三十二岁。官封承务郎。

曹鼐（1402—1449），北直隶真定府宁晋县（今河北省邢台市宁晋县）人，明宣德八年（1433年）癸丑科状元。曹鼐本为江西泰和县典史（知县下属的掌监狱等事务的无品阶的"未入流"小官），宁晋县军籍身份，非府县学生员。因督工匠至京师，遂上疏乞求于顺天府参加乡试。准其参试，中顺天乡试第二名。其后以会试第二名的身份参加殿试，摘得一甲魁首，成为明朝科举史上唯一的典史身份状元。

白钺（1454—1510），字秉德，北直隶真定府南宫县南白塔村人，成化十六年（1480年）乡试第一。县人为之立"解元坊"。成化二十年（1484年）进士及第，中榜眼。

曹鼐的"状元坊"与白钺的"榜眼坊"刻立在真定城，这个做法耐人寻味。真定府辖域广大，顺治《真定县志》中记载的坊表除明确是为了纪念真定籍贯的人士之外，其余坊表，如"甲戌进士坊"等，皆是为曾在真定府学或书院学习过的士子而立。由此，曹鼐、白钺的坊表立在真定城，应当是他们在府学或其附属书院学习过的缘故。曹鼐家乡宁晋县也流传有这样的说法，但是没有找到第一手的材料作证据。实际上，正定府辖域内中进士及以上级别的学子绝大多数曾经在正定府的府学或者书院学习过。搜罗正定府辖属各地区的举人、进士名单然后逐个调研其上学经历，也不失为一种研究方法。但因各种原因，现已无法详细统计。

随父任在县学肄业的陈嵩华，雍正二年（1724年）中甲辰科状元。正定县在教谕宅东北隅建状元楼。

进士

正定府县文庙包括府文庙附属的恒阳书院等在历史长河中究竟造就了多少人才？这个数字目前怕是没有人能够说得清楚。根据现有的正定府县志记录，正定县共有96名文进士（含状元李著、陈惪华，明清时期还另有43名武进士）、222名举人、389名贡生。实际上这个数字远远不能说明正定府县文庙在培育人才方面的巨大作用。因为统计的数字只源自正定一个县，而府学及书院招纳的学生最多的时候达30多个州县，所以上述数据只能反映正定府县文庙极小一部分的成绩。

一门两进士的家族在正定大有人在，甚至还有多个家族出现"一门三进士"的盛况，或者"父子三进士"，或者"兄弟三进士"。最为突出的有：宋代王化基、王举正、王举元"父子三进士"；明代吕贤、吕陈、吕陶"父子三进士"；明代进士出身的梁梦龙之曾孙梁清标、梁清宽、梁清远都先后高中进士，并且梁清宽、梁清远亲兄弟同为顺治三年（1646年）进士，一个家族四代人为官，形成正定地方的名门望族；正定王氏家族更是文化底蕴深厚，明代即有王抚民、王藻、王蔚"父子三进士"，入清后又有王定柱、王世耀、王荫丰"祖孙三代三进士"，成为明清两代正定地方上的望族。

宋代"父子三进士"：

王化基（944—1010），字永图，北宋太平兴国二年（977年）举进士，为大理评事，通判常州。历官著作郎、右谏议大夫、代理御史中丞、工部侍郎、参知政事、工部尚书、扬州知州、河南府知府、礼部尚书，大中祥符三年

（1010年）去世，赠右仆射。其子王举正，生卒年均不详，约宋真宗、宋仁宗年间在世。王举正进士及第后，历任集贤校理、《真宗实录》院检讨、国史编修官，并三迁尚书度支员外郎，累擢知制诰。仁宗以其恬于进取，拜右谏议大夫、参知政事。后因故罢为资政殿学士，知许州。皇祐初（1049年）拜御史中丞，不久后迁观文殿学士、礼部尚书兼翰林侍读学士。后以太子少傅致仕，去世后追赠太子太保。举正文章雅厚，如其为人，每进读及前代治乱之际，必再三讽喻。著有《平山集》《中书制集》《内制集》五十卷，《宋史》有传。王举正的儿子王海，后为苏州知州。王举元（1009—1070），字懿臣，宋仁宗景祐二年（1035年）赐同进士出身。宋英宗治平（1064—1067）中知成都，进盐铁副使，知沧州，后先后改任河北都转运使与永兴军节度使。

明代父子三进士：

吕贤，成化十九年（1483年）癸卯科举人，弘治三年（1490年）庚戌科进士，历山西参政等职；吕阼，吕贤之子，正德二年（1507年）丁卯科举人，正德九年（1514年）甲戌科进士，历山西按察司副使等职；吕陶，吕贤之子，正德八年（1513年）癸酉科举人，正德九年（1514年）甲戌科进士，历山东布政使等职。

正定府县文庙培育出的优秀学子进而塑造出本土的名门望族，正定城内的梁氏家族和王氏家族是其中的杰出代表。

梁氏家族：真定梁氏家族受益于真定地方的学校教育，至今正定文化街梁氏宗祠和蕉林书屋还在默默诉说着往日的辉煌。

梁梦龙（？—1592），字乾吉，嘉靖三十二年（1553年）进士，历任兵科给事中、吏科都给事中、顺天府丞、河南副使、河南右布政使、右佥都御史、右副都御史、户部右侍郎等职。万历五年（1577年），以兵部左侍郎晋升右都御史，总督蓟、辽、保定军务，后因军功加兵部尚书，因修筑黄花镇、古北口边墙加太子少保，召入朝掌部务，又加太子太保。《明史》有传。

其孙梁维基曾任广东南雄府（今广东省南雄市）知府。《明史》有传。其孙梁维枢万历年间中举，曾任户部主事。梁维枢全力周旋营救被魏忠贤迫害的赵南星，并迎接被魏忠贤集团抓捕押赴京城途经真定的东林党人杨涟，因此被削籍。崇祯十五年（1642年）起为工部郎，擢武德兵备，政绩斐然。后乞归养，卒祀乡贤。梁维枢的著作有《玉剑尊闻》《姓谱日笺》《内阁小识》《见君子日笺》诸书。其孙梁维本天启元年（1621年）中辛酉科举人，官至刑部给事中。

其曾孙梁清标、梁清宽、梁清远兄弟三人皆于科甲折桂，人称"一门三进士"。

梁清标，梁维本第五子，出继梁维基为嗣，字玉立，一字苍岩，号棠村，明崇祯十六年（1643年）进士。梁清标机敏好学，聪慧过人，有谋有胆，深得清王室的赏识和重用。在清顺治和康熙年间，历任兵部、礼部、刑部、户部尚书等要职，康熙二十七年（1688年）升为保和殿大学士。梁清标是清代最杰出的文物收藏家和鉴赏家之一，其收藏与继承的书籍、古玩、名人字画约有数千件（册），其中不乏极品。著有《蕉林诗文集》《棠村词》《棠村随笔》等作品。

梁清宽，梁维本之子，字敷五，为顺治三年（1646年）丙戌科二甲第一名进士（传胪），选庶吉士，授翰林院编修，官至吏部左侍郎、保和殿大学士。梁清宽经纶宏博，品谊端方，尤以气节文章著称。

梁清远，梁维枢之子，字迩之，号葵石，顺治三年（1646年）丙戌科进士，官至吏部侍郎。坐事左迁光禄寺少卿，丁忧归。服终，迁通政使司参议。梁清远学识渊博，工于书法，生平重节义，持大体。著有《祓园集》九卷，凡诗文各四卷，词一卷；另有《雕丘杂录》十八卷（每卷立一名，为眠云闲录、藤亭漫钞、情话记、巡檐笔乘、卧病随笔、今是斋日钞、闲影杂识、采荣录、饱卿谈丛、过庭暇录、东斋掌钞、予宁漫笔、晏如笔记、西庐漫笔、晏如斋檠史、耳顺记、嗇翁檠史、休园语林），皆随时笔记之文，多录明季杂事及真定轶闻，间涉佛学。

王氏家族：王氏家族更是正定明清两代著名的世家望族。

据清代王耕心撰《正定王氏家传》[①]记载，正定王氏先祖王大贤本为山西清源县人，洪武三年被选充真定卫右所小旗，携妻迁居真定城北权城村，第五代迁居真定城东三里屯村，第七代王抚民从三里屯村迁居真定城东门里居住。此后王氏家族繁衍发展到临近各县，随着有人到外地做官，后裔分布更加广泛。

正定王氏家族杰出人物有：第八代王抚民，嘉靖二十年（1541年）进士，曾任开封府知府、山东按察使司副使兼整饬临清兵备道兵备官。第九代王藻为隆庆二年（1568年）进士，曾任广东道监察御史、按察使司副使、山东布政使司参政、山东布政使、陕西参政等职；王蔚为隆庆五年（1571年）进士，曾任南京户科给事中、尚宝司少卿、北京光禄寺少卿；王荐任山东胶州（今山东省胶州市）州判。第十代王兆吉为贡生，任山西霍州（今山西省霍州市）学正。第十一代王太初任江南省石埭县（今安徽省石台县）知县，王钟庞

① [清] 王耕心：《正定王氏家传》，光绪十九年刻本。

任太常寺卿，王镠任广东肇庆府（今广东省肇庆市）同知。第十二代王原胅任广西右布政使，王原直任福州府知府。第十三代王荣登任浙江翰林院孔目，王荣赐任山东莱州府（今山东省莱州市）知府，王荣勋任处州府（今浙江省丽水市）知府，王荣遴任台湾镇左营参将。第十四代王发枝任广东乐昌县（今广东省乐昌市）知县，王发桂任江苏海州（今江苏省连云港市）州判。第十六代王定柱，乾隆五十五年（1790年）进士，官至浙江按察使；王定珽为嘉庆二十一年（1816年）丙子科解元，道光十五年（1835年）大挑一等。第十七代王世耀为道光二年（1822年）壬午恩科进士，为加知州衔的山西汾阳县（今山西省汾阳市）知县。第十八代王荫祜任两淮候补盐运使司经历；王荫昌为山东武定府（治所在今山东省惠民县）同知；王荫丰为咸丰九年（1859年）进士，任翰林院检讨。

除了这些任官的人物，因父祖庇荫而受朝廷封赠官职的就更多了。在正定历史上的世家大族中，王氏家族可算得上人才济济，更是兴旺时间最长的。

正定古代有"二十四座金牌坊"之称，其中五座牌坊是为正定王氏家族的杰出人才而立。其中，三辅耆英坊、一门甲第坊、三世承恩坊、二难接武坊是为王佑、王抚民、王蔚、王藻而立的。父子兄弟进士坊是为王抚民、王蔚、王藻而立的。另外还有戊辰进士坊，为王藻等立。

伫立于正定城象征荣耀与辉煌的数十座牌坊

对于中进士或者做官的人，皇家赏赐建立牌坊。对其父祖，也可封赠立坊。万历《真定县志》记载有牌坊二十四座，其中二十三座均为科举及第或荣登高官者而建。

进士坊三座：为张春、李时、刘芬各立一坊。

乡贡进士坊两座：为王云、刘文庄①各立一坊。

踵蹰坊：为张桓立。

方伯坊、都宪坊、光启坊、接武坊：俱为刘文庄立。

甲第联芳坊、金绯接武坊、世芳坊：俱为吕贤、吕阼、吕陶立。

经魁坊：为李希贤立。

大司徒坊：为贾应春立。

翰林坊：为梁梦龙立。

京闱进士坊：为吴守节立。

恩荣坊四座：一座为郭洁立，一座为许金立，两座为梁钊、梁泽、梁相立。

中丞坊、亚卿坊：俱为杨宜立。

顺治《真定县志》除记载有以上牌坊外，另外还有如下牌坊与科举及第或荣登高官相关：

恩褒三世坊：为梁钊、梁泽、梁相立。

光启坊：为刘庠立。

青宫太保坊：为梁梦龙立。

一品坊：为梁梦龙立。

大司马坊、少司马坊、总督四镇坊：俱为梁梦龙立。

三世一品坊：为梁钊、梁泽、梁相立。

大司寇坊、都宪坊：俱为贾应春立。

大中丞坊：为杨彩立。

三世中丞坊：为许瓒、许金、许守谦立。

三辅耆英坊、一门甲第坊、三世承恩坊、二难接武坊：俱为王佑、王抚民、王蔚、王藻立。

父子兄弟进士坊：为王抚民、王蔚、王藻立。

---

① 顺治《真定县志》为吕贤。

世职北台坊：为赵英、赵世奎立。

状元坊：为曹鼐立。

榜眼坊：为白钺立。

黄甲群英坊：为张敏等立。

青云聚彦坊：为李宣等立。

辛丑进士坊：为王抚民等立。

庚戌进士坊：为吕贤等立。

癸丑进士坊两座：为梁梦龙等立。

乙丑进士坊：为许守谦等立。

戊辰进士坊：为王藻等立。

甲戌进士坊：为赵南星等立。

丁丑进士坊：为霍鹏等立。

登科坊：为梁梦龙等立。

庚午登科坊：为吴克勤等立。

戊子登科坊：为崔鹤等立。

辛卯登科坊：为张体嵩立。

己酉登科坊：为刘芳等立。

己卯登科坊：为冯嘉遇等立。

正定城历史上众多的牌坊现仅存为许瓒、许金、许守谦立的"三世中丞坊"。许守谦本籍真定府藁城县，入籍真定县。嘉靖四十四年（1565年）中进士，历官至兵部侍郎。朝廷封赠其父祖，立"三世中丞坊"。明朝魏忠贤乱政之时，许守谦之子许其孝阿附魏忠贤。真定名门望族王氏家族王钟庞之母为赵南星之女，可惜早亡。其父又续娶许守谦之女。赵南星起草了弹劾魏忠贤的奏章，交给王钟庞誊写。王钟庞因事外出，许其孝碰巧到王钟庞家，在书房搜寻，找到了赵南星的奏章文稿，便偷出去献给魏忠贤。赵南星和王钟庞因

现存于隆兴寺中的许家三世中丞牌坊

此被流放到荒凉边地。王钟庞的继母许氏则在真定耐心抚养王钟庞的儿子王原胤和王原直。崇祯皇帝即位后打击惩治魏忠贤集团，治魏忠贤十大罪，并肃清其余党，许其孝在其党羽之列，真定大街上的"三世中丞坊"因此被推倒，丢弃到护城河中。至20世纪70年代清理护城河，该牌坊才重见天日，并移入隆兴寺龙腾苑中。

为梁梦龙立的青宫太保坊已经损毁，仅留下残段和模糊的照片，令人想见昔日的风采。

因为府学招收的学生来自当时真定府管辖的广大地域，真定县之外的学子资料难以查考，因此附录名表除个别人外只收录了真定县在府县文庙学习后成才的人员。且因宋以前教育资料已经不可考，因此只截取宋之后人员的资料。以下《宋至清正定进士名表》《明清正定武进士名表》，将《正

正定大街上的青宫太保坊（刘友恒提供）

定教育志》、光绪《正定县志》及1992年版《正定县志》等相关资料相互参详订正，又援引其他史料以作增补，共收录进士（含状元李著、同同、陈惪华）96名。状元曹鼐、榜眼白钺非真定县人，未列入。

宋至清正定进士名表

姓名	年代	甲次	名次	备注
赵咸熙	宋天圣八年第			乾隆《正定府志》、光绪《正定县志》，误为"赵咸一，虞部员外郎"；1992年版《正定县志》误为"赵咸"。虞部员外郎赵咸一实为赵咸熙之兄
李至	宋			参知政事

姓名	年代	甲次	名次	备注
王化基	宋太平兴国二年第			参知政事
王举正	宋大中祥府八年第			翰林学士、参知政事，王化基之子
王举元	宋景祐二年特赐第			河北转运使，王化基之子
褚承亮	宋宣和六年第			户曹
杨埙	北宋			都官郎中
杨坦	北宋			盐铁判官
蔡珪	金天德三年第			礼部郎中
褚席珍	金正隆二年第			诸承亮之子
周伯禄	金大定三年第			同知沁南军节度使
周昂	金大定二十二年第			周伯禄之子，监察御史、授翰林
纥石烈德	金明昌二年第			工部尚书
女奚烈守愚	金明昌二年第			临沂令，翰林学士
周嗣明	金大安元年第			周昂之从子，涞水簿
李著	金承安二年第	1	1	状元，彰德府治中
冯璧	金承安二年第			同知保静军、集庆军节度使
杨俊民	元至顺元年第			国子祭酒
张周干	元元统元年第			籍贯真定路录事司，安平县尹
王沂	元延祐二年第			礼部尚书，祖籍云中，徒于真定

续表

姓名	年代	甲次	名次	备注
同同	元元统元年第	1	1	右榜状元，籍贯真定路录事司，集贤修撰，翰林待制
李庸	明洪武三十年第	3	15	侍郎
李时	明正统四年第	3	37	平凉府知府
张春	明正统十年第	2	26	应天府治中
霍贵	明天顺元年第	3	82	籍贯真定卫，太仆寺少卿
张铎	明天顺八年第	3	76	给事中，汉阳府通判
赵瑛	明成化十四年第	3	70	籍贯神武右卫，南直隶扬州府江都县人，御史
吕贤	明弘治三年第	3	200	国子生，户部主事
王宸	明弘治三年第	2	85	籍贯神武右卫，河南郏县人，顺天府尹
李元	明弘治六年第	3	9	国子生，行人司行人
刘文庄	明弘治十二年第	3	18	籍贯武功右卫，陕西华阳县人，国子生，左都御史
燕澄	明正德三年第	3	166	东昌府同知
张宏	明正德三年第	3	184	右金都御史，延绥巡抚
王铧	明正德三年第	3	136	籍贯神武右卫，河南郏县人，常州府江阴知县
张介	明正德九年第	3	117	知县
曹春	明正德九年第	2	56	
吕陶	明正德九年第	2	37	山东布政使，吕贤之子
吕阼	明正德九年第	3	187	山西按察司副使，吕贤之子

姓名	年代	甲次	名次	备注
郭希愈	明正德十二年第	3	216	籍贯真定卫，山西壶关县人，贵州、广东道监察御史
贾应春	明嘉靖二年第	3	76	户部尚书，赠太子太保
杨时泰	明嘉靖八年第	3	93	籍贯真定卫，太仆寺卿
燕楫	明嘉靖十七年第	2	23	刑部员外郎，燕澄之子
王抚民	明嘉靖二十年第	2	85	籍贯真定卫，山西清源县人，山东按察司副使
赵世奎	明嘉靖二十三年第	3	10	籍贯神武右卫右所，南直隶扬州府江都县人，都御史
胡麟	明嘉靖三十二年第	2	19	藁城人入籍真定，按察司金事
梁梦龙	明嘉靖三十二年第	2	25	吏部尚书，加太子太保，赠少保，谥贞敏
杨彩	明嘉靖三十二年第	2	45	江西泰和县人，入籍虎贲右卫，山西巡抚
刘芬	明嘉靖三十八年第	3	127	中书
张体乾	明嘉靖四十四年第	3	234	籍贯真定卫右所，户部郎中
许守谦	明嘉靖四十四年第	3	16	藁城人入籍真定，兵部侍郎
李镐	明隆庆二年第	3	74	国子生，知县
王藻	明隆庆二年第	3	216	籍贯真定卫，山西清源县人，山东布政使，王抚民之子
王蔚	明隆庆五年第	3	138	籍贯真定卫，山西清源县人，光禄寺少卿，王抚民之子

续表

姓名	年代	甲次	名次	备注
贾名儒	明万历十一年第	3	190	河南道监察御史，光禄寺少卿
张主敬	明万历十一年第	3	135	一说为真定府柏乡县人，国子生，兵部主事
刘有余	明万历十七年第	3	80	大兴人入籍真定，松江府同知
许其孝	明万历四十一年第	3	27	太仆寺少卿，许守谦之子
吴国祯	明万历四十七年第	3	275	临清州知州，河南府知府
白联芳	明天启二年第			籍贯真定卫，山西参议
梁士纯	明崇祯四年第	3	54	滕县知县
严起恒	明崇祯四年第	2	67	浙江山阴人，寓籍真定，衡永兵备副使，南明内阁首辅
吴嵩胤	明崇祯十年第	2	41	籍贯真定卫，河南布政使
陈显际	明崇祯十三年第	3	198	莱阳知县，殉难
梁清标	明崇祯十六年第	2	54	籍贯北直隶锦衣卫，保和殿大学士，梁梦龙曾孙
张之俊	明崇祯十六年第	3	135	
梁清宽	清顺治三年第	2	1	传胪，吏部左侍郎，梁梦龙曾孙
梁清远	清顺治三年第	2	14	吏部左侍郎，梁梦龙曾孙
张纯熙	清顺治三年第	3	43	贵州提学道
武士豪	清顺治三年第	3	105	莱芜、永和知县
娄维嵩	清顺治四年第	3	118	浮梁、青浦知县
赵志忕	清顺治四年第	3	155	赵城知县

姓名	年代	甲次	名次	备注
施肇元	清顺治六年第	2	28	浙江绍兴府知府
刘宏誉	清顺治六年第	3	53	户部主事
王宠受	清顺治六年第	3	263	德化知县
王鼎臣	清顺治六年第	3	115	壶关知县
何澄	清顺治九年第	3	46	四川川西道
阎玫	清顺治九年第	3	83	刑部陕西清吏司郎中，1992年版《正定县志》误作"阎玖"
贾廷兰	清顺治十二年第	3	204	户部四川员外郎
许田	清顺治十六年第	3	267	镇安知县
刘元慧	清顺治十八年第	2	32	都察院左副都御史
曹官淳	清顺治十八年第	3	55	知县
张莲	清康熙二十一年第	3	34	江南道御史
许岳生	清康熙三十年第	3	94	阳城知县
何瑞	清康熙四十二年第	3	112	华亭知县
郝濬	清康熙四十五年第	3	237	
张淑郿	清康熙四十八年第	3	55	张莲之子，湖北武昌府知府
王璋	清康熙五十四年第	3	57	益阳知县

续表

姓名	年代	甲次	名次	备注
陈惠华	清雍正二年第	1	1	状元，直隶保定府安州人，随父正定县教谕陈鹤龄在正定县文庙上学
王定柱	清乾隆五十五年第	3	48	浙江按察使
何贻霡	清嘉庆十年	3	29	河间教授，联捷会魁
王世耀	清道光二年第	3	97	汾阳知县，王定柱之子
王荫丰	清咸丰九年第	3	16	检讨，王世耀之子
胡元照	清同治二年第	2	53	咸宁知县
何粹然	清同治十年第	3	94	知县，分发山东
何锡禔	清光绪十六年第	3	2	
许宗杰	清光绪二十九年第	3	18	

明清正定武进士名表

姓名	年代	备注
吴斌	明正德十二年第	
朱卿	明正德十二年第	
崔高	明正德十二年第	
曹勋	明正德十五年第	
夏时	明正德十五年第	
王尚文	明嘉靖十一年（一说四十一年）第	浙江观海卫右所百户，真定人（一说绍兴人），福建总兵
张国卿	明嘉靖二十六年第	
张朝纲	明嘉靖二十六年第	

姓名	年代	备注
吴守直	明嘉靖二十九年第	真定卫左所正千户,京营副将
董平	明万历三十五年第	
李继业	明万历三十八年第	
许守诚	明万历三十八年第	
杨如桂	明万历四十四年第	
韩士英	明万历四十七年第	山西人,入籍真定
严尔桢	明崇祯十六年第	江西袁州副将
朱国安	清顺治三年第	
杜国才	清顺治六年第	池州守备
王兆璐	清顺治九年第	临洮守备
杜国弼	清顺治十二年第	
梁清传	清顺治十二年第	候补云麾使
朱佩珅	清顺治十五年第	偏沅游击升总兵
史信	清康熙六年第	神木都司
杨潽	清康熙六年第	岢岚守备
任继光	清康熙九年第	石楼都司
刘元贞	清康熙十五年第	山丹守备
韩继起	清康熙十五年第	昌平守备
王聿宠	清康熙二十一年第	整仪卫
王用玺	清康熙二十四年第	大同守备
朱铨	清康熙三十年第	岷州守备
杨嗣昌	清康熙四十五年第	安庆守备
王镇雄	清康熙五十一年第	彝陵游击

续表

姓名	年代	备注
崔起潜	清康熙五十一年第	衡州副将署永州总兵
王原愭	清康熙五十二年第	高州游击
朱钿	清康熙五十四年第	惠州参将
封荣九	清康熙五十七年状元	大同守备
张维烈	清康熙五十七年	
倪昂	清雍正年间	安庆府守备，金锁关都司，宁夏游击，京口副将，安笼镇总兵
孙清元	清乾隆四十五年会元	四川提督
赵德府	清道光二年	兵部差官，代州守备，石楼都司，郧阳游击
王朝翰	清道光十六年第	
程殿元	清道光二十四年第	
赵年泰	清道光二十七年第	
张云麟	清道光二十七年第	肇庆游击加参将衔

正定文庙的
建筑及其特点

府文庙的建筑及其特点

县文庙的建筑及其特点

历史上规模浩大的正定府县文庙在遭受历史的风雨涤荡之后，遗存只有府文庙戟门，县文庙大成殿、两庑以及戟门。

府文庙的建筑
及其特点

正定的古建筑呈现出一条清晰的发展脉络，从隋、唐、五代、宋、金、元、明、清一直到民国，各个时期的建筑都有遗存，提供了非常珍贵的历史标本，堪称中国古建筑博物馆。现存最早的木结构建筑建于唐朝，正定府文庙戟门是正定唯一一座元代建筑。这不仅使正定古建筑在延续年代上实现了不断代，而且对研究我国木构建筑的发展演变有着非常重要的作用。

历史上府文庙建筑群全貌

据记载，正定府文庙曾是一个非常庞大的建筑群，规格很高。清同治九年（1870年）王荫昌（正定人，任武定府同知）在所撰《重修正定府府学文庙碑》中说："正定府为历代省会之区，故府学、文庙规模广阔，气象崇宏，甲于通省。"雍正十一年（1733年），正定知府郑为龙在《重修府学文庙记》中记道："正定郡……文庙……局势恢阔，规模宏远，瑞气所钟，人文辈出。"但是，由于年代久远，正定府文庙大部分被淹没在历史的长河之中。今天的正定府文庙只剩下一座建于元代的戟门。一个不大的院落，其他建筑，包括府学在内，都已不复存在，就连原来的院子也被县中医院、解放街小学等单位占用。

这一庞大建筑群位于正定城的横轴线以北、东西两条纵轴之间的黄金地段。其原有格局：大门朝南，正门在正定城的东西大街路北（即现在中山路，解放街小学的大门）。正门建有四柱三跨式木牌坊一座，名曰"钟灵坊"，牌坊面南题"万代宗师"，内题"圣德同天"。向北坡下是一个大广场，在今解放街小学操场北部中间位置，有一个大照壁，其形制与今隆兴寺门外照壁相仿。照壁的东南建魁星楼，基高三米多，上有一座六角型三层楼阁，下面两层是砖墙，墙外有廊，第三层是亭式六面明柱，六角庑殿顶（"文革"期间拆毁）。照壁北面是一条东西道路，至东西二门。东门在今镇州街路西，东门口三间牌坊，名曰"兴贤坊"，外题"德配天地"，内题"删述六经"；西门在今燕赵大街路东，西门口三间牌坊，名曰"育才坊"，外题"木铎万世"，内题"道冠古今"。东西道路以南为府文庙棂星门前的布局。道路以北是正式的建筑群，分为三路：中路是文庙，东路是祭祠，西路是府学。钟灵坊南面的路上东西各有一块"下马石碑"，上书"文武官员军民人等至此下马"，显示了文庙在社会上的尊崇地位。

前文有记述，府文庙主要建筑在新中国成立初期保存尚好，中路为牌坊、棂星门、泮池、泮桥、名宦祠、乡贤祠、戟门、东庑、西庑、大成殿、崇圣祠、六忠祠；东路为学宫，前为魁星楼，后为学堂及教学楼；西路为明伦堂。20世纪70年代大都拆毁，现仅存戟门及其东西耳房。

樊志勇《两百年前正定府文庙牌坊写的到底是个啥？》一文考证说：

题额的牌坊矗立在高坡之上。四柱下均有两米高的抱石裹护着木柱，牌坊的整体风貌及牌坊西侧平屋顶的民居亦十分清晰。牌坊下涌动着川流的人群，身着对门襟夹袄的青年男子与下身穿直宽筒裤的老者擦肩而过，三位学生模样、身着新款服装的女孩欢快地从坡上奔下。坡下应是一处集贸市场的入口。左侧可见由两个汽油桶支起的摊位，其上罩着一白色的大遮凉伞；右侧摊

府文庙棂星门上有"圣德同天"四个大字（图片来源：施国强、樊志勇提供）

位的两篓似是梨的水果十分醒目；另一摊位上，有一老者在装满水果的鸡公车前，静静地端坐于方凳之上。这似乎也是一张拍摄于上个世纪五十年代的珍贵照片。经笔者研究辨认，此照片上的牌坊即府文庙南口的牌坊，是拍摄者在坡下拍摄到的该牌坊的北部风貌。

············

参考牌坊照片并通过查阅上述资料，今考证证实：府文庙南端牌坊，其南面题额为"万代宗师"，其北面题额为"圣德同天"，而非"圣德通天"。另在府文庙东口临原观前街（今解放街小学东出口镇州街处）有木牌坊三间，外题"德配天地"，内题"删述六经"；在府文庙西口临原府学西街（今解放街小学西出口燕赵大街处）有木牌坊三间，外题"木铎万世"，内题"道冠古今"。

从相关照片可以看出，正定府文庙的大成殿，瓦顶舒缓平展，斗拱宏大简洁，显得十分古朴。

1933年，梁思成先生考察正定古建筑时，府文庙大成殿尚存。其建筑特点记在《正定古建筑调查纪略》中："正定府文庙大成殿的庑殿琉璃顶，的确有点宋元风味，但是梁架斗，则系明末作法。"[1]

正定府文庙前殿，即现存的戟门，为单檐悬山布瓦顶、六架橡屋分心用三柱的构造形式。平梁上蜀柱叉手并用。平梁下立中柱，柱两侧施三橡栿，栿下以通替木承托，梁头做雕饰。普柏枋与阑额断面呈"T"形，至两山出头，木构架保存完整无损。这座戟门是府文庙大成殿前的一道重要的大门，是一座面阔五间、进深两间的殿堂式建筑。据说过去仅

① 梁思成：《正定古建筑调查纪略》，载《中国营造学社汇刊》1933年第4卷第2期。

仅门板的厚度就有15厘米。这座古色古香的殿堂不仅为正定城内唯一一座元代建筑，而且是正定现存的唯一一座悬山顶建筑，十分珍贵。

古代，帝王如果外出，就会在住宿的地方竖戟为门，戟门代表了保卫安全的第一道大门。汉代，戟开始成为权威的象征。贵族门口置戟，出行时也用戟作仪饰。至唐，朝廷专门制定戟使用的礼仪："凡太庙、太社及诸宫殿门，各二十四戟；东宫诸门，施十八戟；正一品门，十六戟……"

梁思成在《正定古建筑调查纪略》中记载："前殿——现在的省立七中图书馆——却是真正元代原构……"[①] 文中前殿就是指现存的戟门。府文庙内有立于1357年的元代碑刻，梁思成推测，戟门或与此碑是同时代产物，距今已经有600多年的历史。1935年，刘敦桢《河北古建筑调查笔记》中记载前殿即戟门："就外檐拱、昂式样观之，似元代建筑。"[②]

此外，还有东西便门，又称东西耳房，为三开间、硬山顶、小式建筑。

现存府文庙建筑的屋身特点

据《中国文化遗产词典》记载：正定府文庙建筑面积560平方米，面阔五间，进深三间。单檐歇山顶，顶部坡缓。柱有明显卷刹，柱头只用阑额，不施普柏枋。梁架以简单驼峰及斜柱构成，斗拱用材硕大。[③]

1933年，梁思成《正定古建筑调查纪略》中写道："前殿……小小的五间，深两间，悬山顶，真的单下昂，和别致的梁头，都足令人注意。可惜内部白灰顶棚，遮蔽了原来的构架，令人闷损。"1935年，刘敦桢《河北古建筑调查笔

① 梁思成：《正定古建筑调查纪略》，载《中国营造学社汇刊》1933年第4卷第2期。
②《刘敦桢全集》（第三卷），中国建筑工业出版社2007年版。
③ 丘富科主编：《中国文化遗产词典》，文物出版社2009年版。

记》记载："次至府文庙，已改河北省立第七中学校，承校长于君导观泮水桥及戟门（思成兄称前殿）。此门现充图书馆，增设顶棚，致梁架与斗拱不明，就外檐拱、昂式样观之，似元代建筑。"①

2006年第4期《文物春秋》刊登正定县文物保管所梁小丽、聂松鹿的文章《正定府文庙戟门》，其中专门介绍了府文庙戟门的形制及结构特点：

> 戟门坐北面南，为一座面阔五间、进深二间、单檐悬山青瓦盖顶式建筑，通面阔19.05米，通进深8.72米（柱中至中），自台明上皮至脊槫上皮举高9.13米，面积171平方米（柱中梭柱，弧度一致，制作精细，其东北角柱头稍高于相邻的各间。前檐为圆直柱，无明显卷刹、至中），是文庙内的主要建筑之一。梁架结构为六架椽屋分心用三柱的构造形式。后檐柱部分为侧脚和升起。檐柱高437厘米，根径46厘米，径与高之比为1∶9.5，是早期建筑惯用的制作手法。柱上搭头木与普柏枋并用，断面呈"T"字形。普柏枋广18厘米，厚28厘米，搭头木广56厘米，厚18厘米，这种用材比例关系在明清建筑中基本不用。其东西两山均超越柱头，并作曲线形装饰，其中普柏枋头刻元代建筑中屡见不鲜的海棠瓣，搭头木头雕不太规矩的霸王拳。

① 《刘敦桢全集》（第三卷），中国建筑工业出版社2007年版。

正定府文庙前殿（戟门）（外部房脊侧面结构）

现存府文庙建筑的屋顶特点

中国古代建筑屋顶样式多，组成部分复杂，主要由屋面、屋脊等部分组成，而且有严格的等级制度。

据查，中国古建筑的屋顶大致分为庑殿顶、歇山顶、悬山顶、硬山顶、攒尖顶、卷棚顶几种，屋檐有单层、双层和多层形式。这样两项组合起来，屋顶样式便有了更多的变化。正定的古建筑几乎涵盖了所有的建筑类型。而府文庙，仅可考的大成殿、戟门和耳房部分，就包含了三种屋顶建筑类型。

庑殿顶

庑殿顶也叫四阿顶，有一条正脊和四条垂脊组成，是古

府文庙大成殿（民国时期改为中山堂）（梁思成摄）

建筑屋顶的最高等级。在古代宫殿庙宇中，只有最尊贵的建筑物才能使用庑殿顶，多用于皇宫或寺观的主殿，比如故宫的太和殿使用的就是重檐的庑殿顶。屋顶样式出现的顺序据考证推断为庑殿、悬山、歇山，最后为硬山。学者们基本认定歇山是在汉代以后南方地区形成的屋顶样式，并在南北朝时传至北方地区。隋唐统一是以北方兼并南方，庑殿作为北方地区的传统屋顶形式也取得了相应的正统地位，庑殿高于歇山的规定应该是在这一时期形成的。唐代规定"宫殿皆四阿"，这个四阿就是庑殿式。正定府文庙的大成殿就是庑殿顶。

正定城历代是郡、国、路、府的治所所在地，中国古代等级制度严格，所以正定府文庙的规格很高，曾经是一个非常庞大的建筑群。府文庙大成殿的屋顶形式足见其尊贵和显赫程度。

悬山顶

悬山顶，即悬山式屋顶，宋朝时称"不厦两头造"，清朝称"悬山""挑山"，又名"出山"。在古代，悬山顶等级上低于庑殿顶和歇山顶，是中国一般建筑中最常见的形式。其特点是屋檐悬伸在山墙以外，因此称为悬山顶。一般有一正脊和四垂脊，山墙的山尖部分可做出不同的装饰。悬山顶的殿顶是两坡出水，五脊二坡。

作为古代象征着保卫安全的第一道大门，现存正定府文庙戟门即为悬山顶建筑。灰瓦布顶，绿琉璃瓦剪边，檐下斗拱为三踩单下昂。

府文庙前殿（戟门和两边耳房）

府文庙戟门屋顶侧面砖木结构

　　从以上图片特别是屋顶侧面部分可以观察到，戟门为典型的悬山顶建筑。其最大的优点是可以保护墙体少受风雨的冲刷，因此在我国南方多见，在北方比较少见。随着佛教文化的传播，悬山顶建筑先后传播到日本、朝鲜半岛和越南地区。正定现存的悬山顶建筑只有府文庙戟门这一座，极为珍贵。作为府文庙大成殿前的一道重要的大门，人们站在门口，足可以感受这座府文庙所特有的宏大气势。

硬山顶

　　硬山顶建筑与悬山顶建筑很相似，它们都由一条正脊和四条垂脊组成。但不同的是，硬山顶建筑的侧面屋顶部分不像悬山顶的建筑那样是悬在山墙外面的，而是与山墙齐平。

正定府文庙耳房侧面

据说，硬山顶出现较晚，在宋朝的《营造法式》中未见记载。可能随着明清时期广泛使用砖石构建房屋，硬山顶结构才得以大量采用。

硬山顶建筑等级低于庑殿顶、歇山顶、悬山顶。根据清朝规定，六品以下官吏及平民住宅的正堂只能用悬山顶或硬山顶。另外，宫殿佛寺中的配殿或厢房也经常用硬山顶。因此，正定文庙的配房都是此类建筑。

县
文
庙
的
建
筑

及
其
特
点

正定县文庙规格虽然不如府文庙宏大，但是同样布局严谨，规模可观。县文庙大成殿为我国现存最早的文庙大成殿，其建筑年代之久、价值之高堪称国内文庙之最。

历史上县文庙建筑群全貌

正定县学文庙的整体布局模式初为前庙后学，后改为左庙右学。

据光绪《正定县志》卷十一《学校》记载，正定县文庙建于明洪武七年（1374年）。文庙坐北向南，中轴线南端为照壁，向北依次为棂星门、泮池、大门、戟门、大成殿、崇圣祠、敬一亭、文昌阁。文昌阁为正定县文庙最后一栋兴建的建筑，由明万历三十四年（1606年）知县李若星修建。兴文阁在泮池东侧。照壁北面的道路上东通大街的大门称"义路"，西通县学的大门称"礼门"。戟门两侧，大成殿前有屋各十三楹。古代沿戟门有墙隔断，北为东西庑，南为名宦祠与乡贤祠，东庑北有魁星楼。

县学从南至北依次为：照壁一座，大门五间，仪门五间，仪门前碑石林立。进仪门后，面南正屋是儒学明伦堂。明伦堂前左右为东号房和西号房。明伦堂后是尊经阁，尊经阁前有东斋和西斋。后来尊经阁坍塌，重修以后改为教谕宅，建有二门一间、正房五间、书房二间、东西厢房数间。明伦堂的西边还有二门一间，门内是一座训导宅，有书房二间、正房五间。在训导宅的东北，清朝雍正年间还有过一座"状元楼"。

县文庙现存主要建筑仅为照壁、泮桥（被埋地下）、戟门、大成殿和东西庑（与名宦、乡贤祠连在一起），其他建筑均在民国时期坍塌无存。现存建筑占地面积5000平方米，其中，大成殿面阔5间，进深3间，面积650平方米。

重修后的县文庙棂星门

县文庙正门及门前泮桥

县文庙院内（正面建筑为戟门）

县文庙东庑

　　东庑，即东厢房，实际为原东庑（祭祀先贤先儒之处）加名宦祠，一排共13间房屋，硬山顶建筑，北侧原有魁星楼一座。现东庑翻修为15间房屋。

县文庙西庑

　　西庑，即西厢房，实际为原西庑（祭祀先贤先儒之处）加乡贤祠，也是13间房屋，硬山顶建筑。

县文庙大成殿

　　正定县文庙院子很大，主要建筑都集中在院子北半边，沿中间甬道向北看，正面的第一座建筑即戟门。戟门五开间，中线前后开门，可直通后边的大成殿。戟门前东西两侧偏南各有角门。东角门可通大街，西角门通原来的县学。戟门前边立有孔子铜像，像的两侧各有两通古碑。左侧为明万历十八年（1590年）的《重修真定县学碑记》和清道光二十八年（1848年）的《重修正定县文庙记》。右侧的两通碑是清顺治九年（1652年）的《重修文庙记》和光绪十三年（1887年）的《重修正定县文庙碑记》。穿过戟门，便可看到一座风格独特的建筑，即正定县文庙的国宝级文物——始建于五代的国内现存最早的大成殿。

县文庙的戟门

县文庙戟门房顶的瓦当兽吻

县文庙戟门房顶的木架结构

县文庙大成殿的建筑特点

整体外观

正定县文庙大成殿是单檐歇山顶建筑，大殿建在58厘米高的台基上，面阔五间，通阔23.53米，进深三间，通深10.80米，面积650平方米，前出月台东西宽18.61米，南北深12.95米。古朴简洁，飞檐宽大，斗拱奇大，墙体内敛，厚重恢宏。

关于县文庙大成殿建筑整体外观的描述，最早的记载当属梁思成的《正定古建筑调查纪略》：

县文庙大成殿

果然！好一座大成殿；雄壮古劲的五间，赫然现在眼前⋯⋯

在正定的最后一天，临行时无意中发现了县文庙的大成殿，由外表看来，一望即令人惊喜。五间大殿都那样翼翼的出檐，雄伟的斗拱，别处还未曾见过。

殿平面五楹，深三间，但内柱前后各向外移一步，使内槽加大，前后成围廊一样的宽度。内柱之上用四椽伏（五架梁），梁架用简单的驼峰及斜柱构成。四椽伏之下还有内额一道。内柱与檐柱之间，则用双重枋联络，自斗拱上搭过。

斗拱五铺作，单拱，偷心造。在柱头上只有两跳庞大的华拱，向外支出，第二跳上有令拱与耍头相交。补间铺作并无华拱；只有柱头枋上浮雕刻拱，其下安侏儒柱；角拱及角梁后尾，则搭在单根的抹角梁上；建筑构架如此的简洁妥当，如此的合理化，真是少见。

《县志》称县文庙为明洪武间建，但是这大成殿则绝非洪武间物，难道是将就原有古寺改建，而将佛殿改为大成殿的。庙后的元大德二年（1298）残碑，文虽不可读，岁月尚可考。详细考据工作，将来当更有材料和机会。以此殿外表与敦煌壁画中建筑物相比较，我很疑心它是唐末五代遗物。如果幸而得到确实佐证，则在正定所有古代建筑中，除亦甚可疑的开元寺钟楼外，当推此殿为最古。[1]

《中国文化遗产词典》记载："庙殿始建于五代，历代多有修葺。大成殿面阔五间，24.87米，进深三间，13.31米，高11.3米，前出宽大月台，总建筑面积572平方米，单檐歇山顶，顶部坡度平缓，补间铺作无华拱，梁架由驼峰及斜柱构成，现殿宇梁架、斗拱等仍保持五代时期风格。它是国内现存最早的文庙大成殿。"[2]

梁思成《中国建筑史》记载："河北正定县文庙大成殿平面广五间，深三间，由柱四列构成。单檐九脊顶，斗拱雄伟，檐出如翼。斗拱双杪偷心，第二跳跳头施令拱，与耍头相交。斗拱但施于柱头，无补间铺作；其转角铺作后尾出华栱四跳，全部偷心，其第四跳与抹角枋一足材相交，至为简洁。内柱之上，以大斗承四椽栿，栿上更施驼峰以接受平梁。平梁之上侏儒柱瘦小，而挟以粗壮之叉手，以承脊槫。殿建造年代，文献无可征；文庙则明洪武间建，而殿则绝非明构，殆就原有寺观改建者，而大成殿乃原有之大殿也，以殿结构之简洁，斗拱权

① 梁思成：《正定古建筑调查纪略》，载《中国营造学社汇刊》1933年第4卷第2期。
② 丘富科主编：《中国文化遗产词典》，文物出版社2009年版。

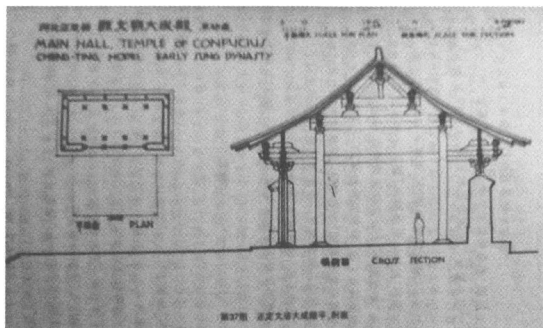

正定县文庙大成殿平剖图（梁思成绘）

衡之硕大，可能为五代或宋初所建。"①

正定县文庙大成殿堪称国内现存最早的文庙大成殿。

我国五代木构建筑留存至今仅有六处，较早发现四处，分别是山西实会大云院大佛殿（弥陀殿）、山西平遥镇国寺万佛殿、山西平顺龙门寺西配殿、河北正定文庙大成殿。近年在山西长治又发现两处五代木构建筑，分别是长治市长子县布村玉皇庙前殿、小张村碧云寺正殿。而正定文庙大成殿在建筑规模等方面是其中的佼佼者。

屋顶特点

歇山顶的等级仅次于庑殿顶。它由一条正脊、四条垂脊和四条戗脊组成，故称九脊殿。其特点是把庑殿式屋顶两侧侧面的上半部突然直立起来，形成一个悬山式的墙面。歇山顶常用于宫殿中的次要建筑和园林建筑中，也有单檐、重檐的形式。如北京故宫的保和殿就是重檐歇山顶。正定县文庙大成殿为单檐歇山顶。

① 梁思成：《中国建筑史》，百花文艺出版社1998年版，第171页。

县文庙大成殿东侧

县文庙大成殿庑顶正脊上的螭吻、兽吻

梁架特点

正定县文庙大成殿的宝贵之处就是它的梁架结构。"整座建筑构架设置合理，简洁实用，极为少见。"[1] 河北省古代建筑保护研究所张剑玺分析认为，正定县文庙大成殿地上柱网分布与木构架形式具有明显的早期建筑特征，如"大成殿

[1] 正定县政协文史资料委员会编：《正定文史资料》（第5辑），2003年版，第275页。

县文庙大成殿内部梁架结构

铺作的用材较为特别，材高基本为三等材，材宽却达到了法式中一等材的规格，宋代颁行《营造法式》对建筑用材有了明确的规定，此种作法可从侧面印证此殿建于宋代之前"①。县文庙建筑构件时代特征明显。"唐宋建筑的柱径、柱高比多在1：7至1：10，大成殿柱径高比为1：9.34，在此范围之内；另外一些多见于早期建筑的作法，如：柱子有侧脚，所施柱础为覆盆式雕装莲瓣，柱头部位只施阑额，不施普柏枋，至角柱不出头，梁架之上施用驼峰、叉手宽大等在此殿均有体现。"②

① 张剑玺：《古建筑特点及旅游价值开发研究——以正定县文庙大成殿为例》，载《中国商论》2016年第24期。
② 张剑玺：《古建筑特点及旅游价值开发研究——以正定县文庙大成殿为例》，载《中国商论》2016年第24期。

07>

正定文庙的
文化传承

文庙的藏书与刻书

文庙的匾额与石刻等

文庙的诗联、诗词碑与碑记

文庙作为儒家文化的重要物质载体，其对儒家文化的传承，除整体布局、院落及主要建筑物外，还有藏书、碑刻、雕艺、诗联和匾额等。这种物化的方式，在文化传承中所发挥的作用是不可小觑的。

　　可惜历经历史的风云变幻，除了几通石碑，这些物质的东西基本已经荡然无存，甚至连相关资料也不多见。即使用尽苦心搜索，所得也很有限。

文庙的藏书
与刻书

文庙的藏书

　　府县文庙的藏书，一是来自朝廷的"颁降"派发，一是地方上甚至从教者的搜求购买或者接受赠与，一是社会贤达、文人墨客对学院的赠书。中国古代，图书极其珍贵。如元代学者苏天爵能够自幼博览群书，便得益于其父祖在全国各地的搜求。万历《林县志》中《重修高文忠公祠堂记》记载：

　　　　杜秉彝，元人，中书左丞。至元间，陵川郝公采麟知林州，乃筑祠，象其师河东先生高文忠公于天平山下桃源店以祠之。……初，先生壬辰北度居镇阳，讲学于金粟冈。方是时，雪斋姚文献公枢，得江汉赵氏复所撰程朱性理之书，以寄先生曰："此书世未多见，吾友发明益光重而为推广之。"先生读之，笃志力行，谓学者曰："兹非章句之习，要知进学有序不容躐等，必自小学、'四书'而为入道之门。"学者翕然宗之，而始知有经学焉。赵江汉少所许可，作原学云。复行燕赵，得太原高雄飞，器识高爽，才猷通敏，学无不窥。时无文王孔子肯艺，第取一智、效一官而已。比食息语默，无非伊周之事业也，其于先生推重如此。①

由此文记载可知，元代"雪斋姚文献公枢"得到"江汉赵氏复所撰程朱性理之书"后，将它们千里辗转送给在真定路学讲学的"河东先生高文忠公"。按民国《林县志》等史料记载，高文忠公即高鸣，字雄飞，曾任翰林学士等职，以文学才华著称其时，著有文集五十卷。

彭时的《真定尊经阁记》记载，天顺"岁癸未巡按监察御史卢公祗谒庙毕，劝励师生，已而周视后堂，有柜列于北牖，朝廷颁降御制诸书并'五经四书'、《性理大全》诸典籍之所在也，乃慨然兴谋所以庋藏之"②。地方儒学为了收藏这些图书特地建造了尊经阁。可惜现在莫说这些图书毫发无存，就是尊经阁，连一段影像也不曾留下。

文庙的刻书

文庙图书还有一个来源就是文庙刻书。

古代的刻书主要有三种：官刻、私刻、坊刻。官刻包括中央与地方官府刻书，私刻一般指官员、士人、乡绅等个人刻书以及寺院、道观、家族祠堂等刻书（也有将寺院刻书另分一类的），坊刻指书铺商人刻书。官刻，是由国家机构出资或主持的图书刻印活动，始于五代冯道刻印"九经"。冯

---

① 成一农编：《〈古今图书集成〉庙学资料汇编》，中国社会科学出版社2016年版。
②［清］赵文濂：光绪《正定县志》卷11。

道刻印"九经"开启了儒家经典大规模刊刻的先河，也标志着印刷术从民间走入官府。

历代朝廷刻书的专门机构，除国子监外，元代有兴文署，明代有司礼监，清代有武英殿等。此外朝廷各部门也都可以刻印与自己业务有关的书，如刑部刻律法，太医局刻医书。地方政府刻书，主要是在学子集中的学庙。在内容取向上，官刻之书多为经史，强调教化功能。

作为县学，图书用量较少，刊刻图书估计不现实。正定府文庙以及相当于其扩编的书院，却有可能刊刻图书，或者供府学辖属各县学子使用，或者代表政府刊刻发放到辖属各地以作教化百姓之用。官刻经史有更重要的功能，可惜没有实物资料留存下来。

在"国学迷"网站，可以检索到宋秦观所作《劝善录》，版本为明万历六年恒阳书院刻本。

书名	《劝善录》
作者	［宋］秦观①
卷数	一卷
分类	子部>杂家类
版本	明万历六年恒阳书院刻本
内容	

但此书未能查寻到原文，故无法考证该网站所列信息是否属实。若恒阳书院果真刻有此书，那么就肯定有刊刻的设备，恒阳书院刊刻书籍绝对非此一部。按照惯例，下辖县学所用的书籍一般都是由府学刊刻。

---

① 一般认为，此书系托伪秦观的后世著作。

文庙的匾额
与石刻等

文庙的匾额

府文庙正南门名"钟灵坊"，牌坊面南题"万代宗师"，内题"圣德同天"。向北可至大照壁，照壁北面道路可通向东西二门。东门口三间牌坊名曰"兴贤坊"，外题"德配天地"，内题"删述六经"；西门口三间牌坊，名曰"育才坊"，外题"木铎万世"，内题"道冠古今"。

古代历朝帝王书写匾额颁赐全国各地府州县。县文庙大成殿悬挂的匾额，据光绪《正定县志》记载，名单如下：

康熙二十三年钦颁万世师表匾额

雍正五年钦颁生民未有匾额

乾隆元年钦颁与天地参匾额

嘉庆元年钦颁圣集大成匾额

道光元年钦颁圣协时中匾额

咸丰元年钦颁德齐帱载匾额

同治元年钦颁圣神天纵匾额^①

此外，还有光绪元年钦颁斯文在兹匾额。我们从梁思成拍摄的正定县文庙的老照片上，还能看到此匾额犹悬于大成殿门口。

"斯文在兹"，语出《论语·子罕》："子畏于匡，曰：'文王既没，文不在兹乎！'天之将丧斯文也，后死者不得与于斯文也；天之未丧斯文也，匡人其如予何？"朱熹注曰："道之显者谓之文，盖礼乐制度之谓。""后死者"为孔子自称之词。因此，"斯文在兹"意指世间所有文化盖源于儒学创始人孔子。

以上匾额无一不是对孔子的高度赞颂。或直接概括他一生的主要事迹和成就，如"删述六经""圣集大成"；或者高度概括其对教育事业的垂范作用，如"木铎万世""万代宗师"；或者高度评价他苦心孤诣到达的道与德的高度，如"圣神天纵""圣协时中"；或者高度赞颂其对教育、对社会的巨大作用，如"圣德同天""德配天地""道冠古今""德齐帱载""生民未有""与天地参"。

文庙的石刻等

刘法《墨史图》石刻、金代秘书监杨邦基画

据元代诗人纳新《河朔访古记》记载："真定路府学尊经阁下，有刘法《墨史图》石刻，及杨秘监邦基画，及金诸贤诗也。旧在墨史堂，今龛阁壁云。"即在府文庙尊经阁的墙壁上，镶嵌有刘法《墨史图》石刻、金代秘书监杨邦基的画，还有诸多金代贤人的诗作。《金史》记载："邦基能属文，善画山水人物，尤以画名当世云。"可惜这些诗画都被

① [清] 赵文濂：光绪《正定县志》卷22。

历史尘封。2015年7月，正定南城门修缮施工中于瓮城外墙墙基处挖掘出一方石刻，竟是刘法《墨史图》石刻的残片。正定文史专家刘友恒对此进行了详细介绍：

此石刻残片长97厘米、宽36.5厘米、厚15厘米，正面阴刻行书31行。前22行字体较大，后面9行字体明显缩小。所刻内容只余中间一部分，首尾均缺，与之相衔接的内容应在其他石刻上，但尚未发现。现移录如下："……宗。玄圭月魄出灰炧，龙角断裂犀文重。真香有异陋入麝，天质自贵羞淦龙。世人贵耳贱所见，无乃尚白玄嘲雄。"……其后9行小字为跋语。①

明保定巡抚徐标亲书的"忠孝廉节"大字

府文庙有明保定巡抚徐标在衙门亲书的"忠孝廉节"大字，崇祯十六年（1643年）立嵌六忠祠壁上。

张元善石刻大字"敬恕""进士第"

明张元善石刻大字"敬恕""进士第"，刻在一通石碑的两面。万历元年（1573年）立在府文庙崇圣祠。刻石今在隆兴寺后龙腾苑中碑廊，保护在玻璃罩中。

正定历史文化研究者马国莉、房树辉撰有《明张元善书"敬恕""进士第"刻石》，节录于下：

正定县文物保管所非常重视对正定辖区内石刻文物的保护，并将一些散存的碑碣石刻集中到隆兴寺内保管。2005年，隆兴寺龙腾苑修建碑廊后，又将这些石刻文物集中于此展示，其中包括原立于正定府文庙的"敬

① 刘友恒：《真定路墨史堂石刻》，载《当代人》2017年第8期。

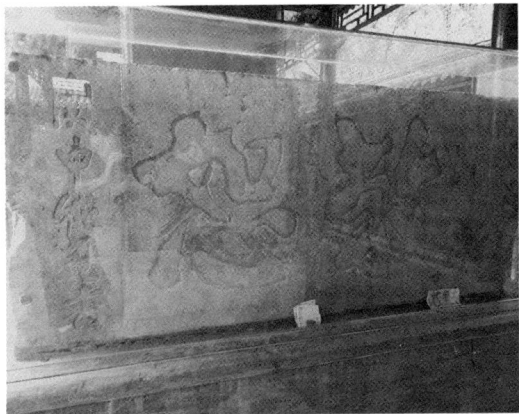

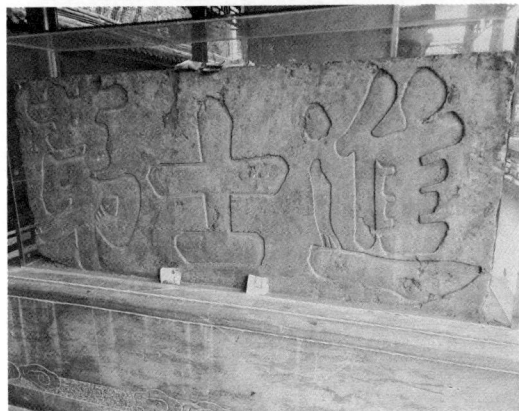

明张元善石刻"敬恕""进士第"

恕""进士第"刻石。

此刻石系青石质，高68厘米，宽157厘米，厚22.5厘米。双面横向阴刻。正面刻"敬恕"二字，楷书，"敬"字高50.5厘米，宽53厘米，"恕"字高47厘米，宽44厘米；上款为"恒阳府学刻"，落款"关中纯庵书"，均为行书。背面刻"进士第"三个大字，亦为楷书，字体劲健，气度饱满，富有韵致；上款草书"纯庵"。

清光绪元年《正定县志·金石篇》记："明张元善石刻大字。元善，字纯庵，陕西韩城人，官通判。字曰'高大光明''郡德堂''进士第''敬恕'，并正书。"张元善，明史无载，陕西韩城人，官居真定府通判。通判，官名，宋朝置，在知府下掌管粮运、家田、水利和诉讼等事项。明朝于地方各府置，为府之副职，位于知府、同知之下，正六品，与同知分掌巡捕、管粮、治农、水利、屯田、牧马等事。河北阜平内长城茨字14号台楼内有一块明万历二年（1574年）兵部右侍郎汪道昆等人阅视蓟、辽、保定边务时所立的石碑，碑文中有真定府管倒马、龙固关通判韩城张元善题名，应为同一人。另张元善系隆庆二年（1568年）戊辰科殿试金榜第三甲，曾为其故乡韩城城隍庙的牌坊题字"监察幽明""保安黎庶"，行楷字体雄浑流畅。

…………

中路为文庙的主要建筑，自南而北依次为牌坊、照壁、棂星门、戟门、大成殿、崇圣祠等。张元善所书"敬恕""进士第"刻石在明万历年间即立于崇圣祠内。

崇圣祠是祭祀孔子的五代祖先的祠堂。唐贞观四年（630年），唐太宗"诏州县学皆作孔庙"，为地方大规模兴建文庙之始，学、庙合而为一，不但是祭祀孔子的专庙，也是古代教育的场所。

"敬恕""进士第"的文化内涵与文庙尊孔尚儒的氛围非常契合。"敬恕"二字，《说文解字》释：敬，肃也。肃，即恭敬、慎重。恕，仁也。仁，即仁爱之心，宽恕之心。2000多年前孔子教弟子仲弓（冉雍）行仁则必心怀敬、恕二字。敬以持己，恕以及人。惟有敬以持己则德立，恕以待人则德弘。此敬恕仁德在中国历史上一直被人们认知和尊崇。张元善书"敬恕"，亦可见其对此二字内涵的深刻理解和敬崇，同时具训示后人的作用。

正定府文庙规格很高，且人才辈出。……张元善书"进士第"三字，在对之前正定府学文庙人才培养肯定的同时，也希冀后世出现更多的优秀人才。

"敬恕""进士第"均体现着浓厚的儒家思想，尤其是训示人们谦谨恭敬处世、宽厚仁爱待人的"敬恕"二字，其文化内涵在现今社会依然有进步意义。①

现存石质文物

县文庙现存石质文物仅为一座残损雕像和极少的建筑构件。残损的雕像放置于县文庙大院西侧，头部严重损毁，推测有可能是放置于县文庙门口的石狮子。推测依据为以下县文庙相关历史图片。这些图片中石狮子的姿势与今残损雕像的形状基本相符。

府文庙残存的石质文物主要是建筑构件，包括栏板、立柱、柱础等。这些残存物不仅有实际的功用，其上面的图案还富有审美意蕴。其上多刻有对称性图案，如阳刻菱形相套图案、阴刻波点套长方磨圆角图案、覆盆镜像套内磨双圆角图案、阳刻长方双回字镜像图案、波浪纹图案、硬直线波浪纹图案、荷叶边图案等。立柱顶部有寿桃形装饰。

县文庙的残存石质文物比府文庙多一些，形状也更复杂多样，有柱础、石榫、石栏板、柱顶寿桃石、扁而高的栏板、高而厚的石柱、带方形或圆形凹槽的方形或长方形的扁石、半边高半边低形成两级台阶状的L状石、略带弧形的中

① 马国莉、房国辉：《明张元善书"敬恕""进士第"刻石》，载《文物春秋》2012年第3期。

县文庙门及门前石狮（刘敦桢摄）

林徽因在正定县文庙前（梁思成摄）

县文庙中残损的石狮

间一带凹槽的扁石等。这些残存文物的图案同样复杂多样，有的是阴刻长方磨角两端套半圆或套一瓣梅花图案，图案有横向的也有竖向的。这些图案讲究对称、端方、圆融，正符合儒家之道。县文庙中现存四座石碑碑座图案的象征意义更是典型：这些图案以龙为核心，或是双龙戏珠，或是一条龙；背景图案大体相似，下面有波浪纹，上面有云纹，龙爪若隐若现。这样的图案置于文庙中，对学子的激励意义不言自明。

府文庙残存石刻

县文庙碑座上的雕刻

文庙的诗联、
诗词碑与碑记

文庙的诗联

文庙楹联，现存只有县文庙大成殿的楹联：万世尊崇称
至圣，千秋景仰奉先师。此联语充分地表达了后世对孔子的
崇高敬意。

文庙的诗词碑

诗词碑则有夏言的《古调词》和《念奴娇》。据顺治
《真定县志》记载，明夏言诗词碑，夏言作并大字行书，立
在县文庙。兹录于后：

古调词

[贵希　夏言]

岸悠悠，水悠悠，枫叶芦花瑟瑟秋，孤帆天际头。

白鹭洲，鹦鹉洲，一带澄江消客愁。醉登黄鹤楼。
黄鹂啼，晓梦疑，迢递江南人未归，春愁双鬓知。
雁南飞，乡思迟，长忆江村细雨时，闲看鸥鹭矶。
晓盈盈，玉池萍，老鹤松梢惊露鸣，石坛花气清。
泉泠泠，绕涧声，山鸟相呼如引朋，道人幽兴生。
梦悠悠，思悠悠，多梦多思并入秋，相看人白头。
萍花洲，蓼花洲，红蓼白萍生还愁，凭高独上楼。[①]

次东坡韵赤壁大江东去词一首，于渡河日进呈御
览，已书留江河上，用记岁月云

麒麟风流铃和人谈笑镵枪三箭扫平蛮事业从容了草
檄文武陵山水依旧生芳草君王邦下彩纶诏文章好泛芙蓉
沼姓名且卦缙云司燕□好筑沙提道一点台星照金鱼玉带
趋朝早玄扈按凤凰来也并坐容光老[②]

夏言作有《长相思》六首[③]，县文庙中所立《古调词》实
为其中四首的合集。《大江东去》一词，虽作者自称"次东坡
韵赤壁"，但是从"调有定格，句有定数，字有定声"的要求
来看，其字数和东坡《念奴娇·赤壁怀古》并不同。可能中间
有些字已经不可辨，更导致无法准确断句。在《夏桂洲先生文
集》和康熙《河南通志》等典籍中，另有《大江东去》一首：
"九曲黄河，毕竟是，天上人间何物。西出昆仑东到海，直走
更无坚壁。喷薄三门，奔腾积石，浪卷巴山雪。长江万里，乾
坤两派雄杰。亲随大驾南巡，龙舟凤舸，白日中流发。夹岸旌
旗围铁骑，照水甲光明灭。俯视中原，遥瞻岱岳，一缕青如
发。壮观盛事，嘉靖己亥三月。"此词凡一百字，与苏轼《念
奴娇·赤壁怀古》相同，格律也基本一致。在本词正文前，亦

① ［清］陈谦：顺治《真定县
志》卷14。
② ［清］陈谦：顺治《真定县
志》卷14。
③ 饶宗颐、张璋：《全明词》，
中华书局2004年版，第713页。

有"随驾渡河日进呈词"一类的文句。或许，顺治《真定县志》中所录的"进呈御览"之词出现了错误，其本是《夏桂洲先生文集》中的这首《大江东去》。

夏言（1482—1548），江西贵溪县（今江西省贵溪市）人。明正德十二年（1517年）中进士，豪迈强直，纵横辨博，曾任礼部尚书兼武英殿大学士，嘉靖十八年（1539年）晋升内阁首辅。夏言诗文宏整，又以词曲擅名，著有《桂洲集》。嘉靖七年（1528年）十一月十一日，夏言因处理山西陈卿起义平叛善后事务路过真定，是否此时留下诗歌尚待商榷。至今山西平顺县留存夏言书《虹梯关铭》《玉峡关铭》二巨碑，据推测为夏言入阁后所制。碑文落款只写籍贯不写官衔，不符当时惯例。石碑巨大，似乎和位高权重之后的身份相符。正定县文庙的夏言诗词碑，也是只写籍贯不写官衔，推测和山西平顺夏言碑的情形有相似之处。

文庙的碑记

碑记概况

结合万历《真定县志》、顺治《真定县志》、光绪《正定县志》、乾隆《正定府志》《畿辅通志》《常山贞石志》等资料，并实地勘察，发现关于正定府县两处文庙包括书院、贡院在内，共有重要碑记53篇，兹列举如下：

《宋真宗孔子赞并加号诏》（王嗣宗行书）（留存题目，文字与石碑俱无存）。

《元武宗加封大成至圣文宣王敕碑》（王思廉识，许维则正书，史熠篆额，大德十一年［1307年］立在府文庙）。

《修真定府学记》（周昂）（留存文字）。

《令旨重修真定庙学记》（元好问）（留存文字）。

《增修真定府学记》（王思廉）（留存文字）。

《重修真定府学记》（孛术鲁翀）（即《元加葺宣圣庙记》，又称《真定路加葺宣圣庙碑》，《畿辅通志》作《真定路宣圣庙碑》，孛术鲁翀撰，虞集隶书，至顺三年［1332年］立在府文庙）（留存文字和残碑）。

《真定路乐户记》（又作《真定路学乐户记》，欧阳玄撰，李黼正书，徐奭篆额，至元四年［1267年］闰八月立在府文庙）（留存石碑与文字）。

《宣圣庙塑像记》（杨俊民撰，王恪正书，野速塔迩题额，至正十七年［1357年］八月立在府文庙）（留存文字）。

洪武年间《学校格式》卧碑（留存文字）。

《增修真定府学记》（曹京）（留存文字）。

《真定尊经阁记》（彭时）（留存文字）。

《真定重建大成殿记》（姚夔）（留存文字）。

《真定重修文庙记》（刘健）（留存文字）。

《真定府重修儒学碑》（商辂）（此为光绪《正定县志》中名，乾隆《正定府志》中名为《广建正定府学记》，文字虽有异同，记事为同一件，所以计为一篇）（留存文字）。

《重修真定府庙学记》（徐溥）（留存文字）。

《重修真定府学记》（欧阳�）（留存文字）。

《重修真定府学碑记》（袁炜）（留存文字）。

《重修儒学文庙碑记》（辛自修）（留存文字）。

《学宫碑记》（范志完）（留存文字）。

《重修郡学碑记》（梁清远）（留存文字）。

《重修郡学碑记》（梁清宽）（留存文字）。

《重修文庙记》（梁清标）（留存文字）。

《重修正定府学宫记》（吴应棻）（留存文字）。

《重修府学文庙记》（郑为龙）（留存文字）。

《重修正定府庙学记》（郑大进）（留存文字）。

《倡捐小引》（方立经）（留存石碑与文字）。

《正定府重修文庙碑记》（罗源汉）（留存石碑与文字）。

《重修正定府府学文庙碑》（王荫昌）（留存文字）。

《重修正定府文昌殿暨三忠祠碑记》（蔡封）（留存文字）。

《正定府六忠祠碑记》（屠之申）（留存文字）。

《重修六忠祠碑》（徐瑭）（留存文字）。

《重修恒阳书院记》（赵南星）（留存文字）。

《重修恒阳书院》（傅振商）（顺治《真定县志》为《重修恒阳书院歌（有叙）》）（留存文字）。

《重修恒阳书院碑记》（赵文濂）（留存文字）。

《新建正定府尊闻书院碑记》（方立经）（留存碑额）

《真定增广泮桥记》（欧阳映）（留存文字）。

以上为府文庙，共计36篇。

《重建正定县学明伦堂记》（彭华）（此为光绪《正定县志》中名，乾隆《正定府志》中名为《重修县学文庙记》，两文记事为同一件事情，但是文字一篇详细，一篇则简略。计为一篇）。

《重修真定县学碑记》（宋仕）（留存石碑与文字）。

《真定邑侯郑公修明文庙祀典增建学宫庚碑记》（许守谦）（留存石碑与文字）。

《重修文庙记》（梁清宽）（留存石碑与文字）。

《重修正定县文庙碑记》（陈恵华）（留存文字）。

《重修文庙碑记》（王定柱）（留存文字）。

《重修正定县文庙碑记》（王世耀）（留存石碑与文字）。

《明代夏言诗词碑》（夏言）（留存石碑）。

以上碑记为县文庙，共计8篇。

另外，现场考察发现古代县志资料未有记载的县文庙光绪十三年（1887年）《重修正定县文庙碑记》一篇（留存石碑）。

根据元代乐户碑的记载，设置乐户之后又设置礼生，如此大的动作，还可能立有礼户碑。在《真定路乐户记》中也有立礼户碑的记载，但是史料中不见碑文记录，仅存碑名。

《始建风动书院碑记》（郑大进）。虽然风动书院与府文庙未在一处，却是知府所建，相当于府学的扩编，也应计算在内。

在一些碑记中提及，而实物不存，志书也未保存下文字的还有如下文章：

宋熙宁年间龙图阁直学士、知成德军吴中复主持府文庙迁金粟冈，礼部郎中陆佃元祐元年记（碑名与文字均已不存）。

至元八年（1271年）夏，总管乌提尝葺讲授之堂结课之室，有东原崔迪记（碑名与文字均已不存）。

光绪《正定县志》记载，府文庙隆庆三年（1569年）置地五顷，立碑明伦堂前；崇祯十五年（1642年）置地一顷四十七亩三分，立碑明伦堂。共两通。（碑与文字均无存）。

建文昌神祠记碑首，并有文字遗存，属于城东南隅贡院附属。不算在内。

道光二十三年（1843年）《惜字社碑记》原立于崇因寺，新中国成立后移入隆兴寺保存。

另外还有宋成德军修滹沱河碑，清源石亘撰正书，元丰八年（1085年）三月立在府文庙，但与文庙无关，不算在内。

更特别的是，《唐北平王再修文宣王庙院记》，高讽撰并正书，五代十国南吴天祐十五年（918年）立，此为五代时期的定州文庙碑，却记录在光绪《正定县志》的金石部分中。惜碑已无存，文字尚在。不算在内。

现存碑记

《真定路乐户记》。2000年8月29日，正定县中医院南侧施工工地在挖门诊楼地槽时，于距地表2米深处发现残石碑5通。据残存碑首和碑身文字可知，5通碑分别为《真定路乐户记》《增修真定府学记》《圣庙碑》《圣旨碑》《真定路加葺宣圣庙碑》。其中《真定路乐户记》今在隆兴寺碑廊。

方立经《倡捐小引》现仍然镶嵌于府文庙戟门东耳房东墙。此次募捐所得，除重修府文庙外，又在府文庙院内东南部空地建尊闻书院，现存建设书院碑记的碑额。《尊闻书院碑记》的文字清晰完整，为府文庙历史遗存中不可多得的实物资料。

《尊闻书院碑记》碑首

罗源汉碑。2009年4月初，正定县文物保管所对国保单位正定府文庙进行整修时，发现了刻于乾隆四十二年（1777年）的《正定府重修文庙碑记》。碑体为青石质，无碑首，碑身断为两截，长233厘米，宽102厘米，厚34厘米。碑文字体为行楷，共15行，总计458字。此碑今立于府文庙戟门内东北侧。

许守谦的《正定邑侯郑公修明文庙祀典增建学宫庚碑记》现立于县文庙内西侧。

《真定路乐户记》

府文庙罗源汉碑

《重修府学碑记》残碑

《正定邑侯郑公修明文庙祀典增建学宫庚碑记》

明万历十八年（1590年）
《重修真定县学碑记》

清顺治九年（1652年）
《重修文庙记》

清道光二十八年（1848年）
《重修正定县文庙记》

清光绪十三年（1887年）
《重修正定县文庙碑记》

08>

正定文庙人物

宋金元

明代

清代

正定自古以来重视教育，府县文庙及其附属书院是古代教育的核心场所。关心关注其建设维护及人才培养的官员中不乏名公巨卿，直接进行管理与教学工作的教谕、训导与教授也非泛泛之辈，有许多人颇有建树。另一方面，在这里接受过教育的学子更是青出于蓝而胜于蓝，其中青史留名者代不乏人。

宋金元

吴中复

吴中复（1011—1078），字仲庶，江南西路兴国军永兴县（永兴县治所在今湖北省阳新县，但吴中复所居乡里今属湖北省通山县）人。宋仁宗宝元元年（1038年）进士。廉于居官，历任监察御史里行、天章阁待制、龙图阁直学士、殿中侍御史充言事御史、右司谏、同知谏院、户部副使、河东都转运使、江宁知府、成都知府等。宋神宗熙宁二年（1069年），以龙图阁直学士、左谏议大夫知成德军。熙宁三年（1070年）十月移知成都府。

吴中复清廉刚直、风节峻厉，宋仁宗曾经书"铁御史"三字以赐，当时人称其"铁面御史"。据史料记载，吴中复主持府文庙迁往金粟冈后，于熙宁三年在府文庙提有律诗。陆佃日后对此"迁金粟冈"事有记。陆佃之弟陆傅当时为真定府学教授，但其资料不详。陆佃（1042—1102），字农师，号陶山，越州山阴县（今浙江省绍兴市）人，陆游祖父。著有《陶山集》十四卷，及《埤雅》《礼象》《春秋后传》《鹖冠子注》等，共二百四十二卷，封吴郡开国公，赠太师，追封楚国公。《宋史》有传。

陆佃记真定府文庙迁至金粟冈一事的文字今已无存，但是后世的真定文庙碑文中多有提及。例如，元代王思廉《增修真定府学记》中记载："恒府庙学建置之始无从稽考，其迁金粟冈地，则有宋龙图阁学士、知府事吴中复熙宁三年律诗，礼部郎中陆佃元祐元年记。"①

吴中复与陆佃都是进士，他们将府文庙所在的高地命名为金粟冈。此可见郑大进的《重修正定府庙学记》："佃奏名举首，中复亦进士及第，二公桂林一枝，奖进后学，用以金粟颜其冈。金元及明，址如故，而其制不可考。"②

完颜永成

完颜永成（？—1204），金朝皇族，本名鹤野，又名娄室。金世宗大定七年（1167年）被授藩王，初为豫王，后先后晋升为幽王、吴王。其人风姿奇神，博学善文，自幼年至晚年，嗜好读书的习惯维持数十载，功力日渐醇厚。每有闲暇之日，便邀各路文人相互探讨，甚有礼节，未曾仗势骄横。自号为"乐善居士"，著有文集传行于世。

金大定二十九年（1189年），金章宗即位，进封完颜永成为吴王，令其担任真定府都总管，总判真定府事。完颜永成莅任第三天即前往视察府文庙，见到庑舍狭窄颇为感慨，兴起重修之意。周昂在《修真定府学记》中记载："大定己酉，皇叔吴王受钺来帅，越三日见于廷，慨然隘之，有作新

① 李修生：《全元文》，凤凰出版社1998年版，第4—5页。
② [清]郑大进：乾隆《正定府志》卷46。

之意。"① 明昌元年（1190年）二月，命令工匠在原来的正房北面十丈开外重建正房，其高度与进深都比过去增加了许多。增盖了东、西两庑及廊十六间，重新彩塑了几十位先贤、大儒的像。此次重修费用由地方政府出资几百万钱，个人捐助的资金是公费的两倍。周昂《修真定府学记》中记载："既命工北徙其正室，去以十丈，梁栋楹桷，一易而新，其崇及广，视旧有加。而又增其两庑及廊为间十六，先贤大儒之像凡数十人，皆改图之。用钱于公几百万，相助者倍之。功起于明昌元年二月，终于八月。"② 学录李藻请周昂为作《修真定府学记》，碑文至今留存。《金史》有传。

周 昂

周昂（？—1211），字德卿，真定人。其父周伯禄，大定（1161—1189）初擢第，仕至沁南军节度使。周昂21岁（一说24岁）进士及第。金章宗时，任南和县主簿，政绩卓越，升迁为良乡令，后迁监察御史。承安二年（1197年），因作诗赠言事遭贬的谏官路铎，以谤讪时政罪罢官。后来起用为隆州都军，在隆州十数年后以边功召入翰林。又因言事遭忌，为三司判官。卫绍王大安三年（1211年）二月，蒙古军南侵，暂时代理六部员外郎，跟从参知政事完颜承裕至河北抗御蒙古。八月，金军败宣平，完颜承裕逃亡，周昂临危不惧，城陷，与其侄嗣明同时遇害。著有《常山集》（已佚），存诗收入《中州集》。《金史》有传。

金代文学批评家藁城人王若虚是他的外甥，早年师从周昂和名士刘中，在金章宗承安二年（1197年）擢经义进士，官鄜州录事，历管城、门山县令，皆有善政。入为国史院编

---

① [清] 赵文濂：光绪《正定县志》卷11。
② [清] 郑大进：乾隆《正定府志》卷45。

修官，迁应奉翰林文字，又奉使西夏，还授同知泗州军，留为著作佐郎。王若虚接受了周昂的主张，并在《滹南诗话》中保存了不少周昂关于文学批评的见解。

周昂受府文庙学录李藻邀请，为吴王完颜永成重修府文庙事作《修真定府学记》，为真定地方教育史留下了珍贵的资料。

史天泽

史天泽（1202—1275），字润甫，大兴府永清县（今河北省永清县）人，善骑射，勇力过人。元太祖八年（1213年）随父史秉直归降蒙古，在灭金伐宋过程中，功勋卓著。《元史》有传。

元太祖十二年（1217年），成吉思汗把攻金战争委付木华黎，封其为"太师""国王"。木华黎成为蒙古对金作战的全权统帅。元太祖十五年（1220年），金将武仙在真定投降蒙古，木华黎命史天倪（史天泽长兄）任河北西路兵马都元帅，守真定，以武仙为其副。元太祖二十年（1225年）春，史天泽护送母亲北归。不久，武仙叛乱。都帅史天倪遇害。史天泽闻讯召集部众，又派人请得蒙古军肖乃台率兵三千援助，汇合前来赴援的史天安所部，一举收复真定。

窝阔台封史天泽为五路兵马大元帅，管领真定、河间、大名、东平、济南五路万户府。史天泽以真定为中心，任用原金朝治下的儒士和官员，修缮城池，加强武备；荒年缺粮，与战士百姓同甘共苦；招抚流散民众，治疗战争创伤。几年之间，官府民居相继修复，颇有治绩，这里一时成为官民向往之地。

元世祖忽必烈即位后，拜史天泽为中书右丞相。逝后赠太尉，谥忠武，后累赠太师，进封镇阳王。史天泽半个多世纪经略真定，对真定的影响是巨大而深远的。

在真定，他采取勤政安民的措施，创造了相对稳定宽松的政治环境，稳定了社会秩序。他抑制蒙元统治者和贵族地主对人民的过分剥削，使真定人民得以休养生息。他四十岁以后始折节读书，酷嗜《资治通鉴》。他好贤乐善，金亡后归依的名士颇多，他均待以宾礼，并在一起讲究经史，推明治道，使他们在科举废止、种族歧视严重的恶劣形势下能够安身立命并有所成就。白华（白朴的父亲）、王若虚、元好问等许多文人纷纷投奔真定，各有所成。

史天泽喜爱文学，对赋诗和写杂剧也有兴趣，与一些杂剧作家来往密切。元初真定杂剧的创生、兴盛离不开他的支持。他善作乐府诗，和词曲作家交往密切，相互吟咏酬答，和表演艺人也交往频繁。史天泽的爱好还直接影响到他的儿子——后来成为杂剧作家的史樟。

他延揽保护的许多文人如张德辉、元好问、李冶等成为真定路学文庙及封龙书院等教育场所的主要学术力量，对发展真定教育起到了极其重要的作用，甚至可以说，没有他，就没有真定教育和文化的辉煌。

忽必烈在调真定总府参佐张德辉询问真定庙学情况后，下令让真定路工匠总管赵振玉、张德辉合力筹办，有什么困难上报。张德辉回到真定传达忽必烈命令之后，史天泽及以下官员出钱出力为此事奔走，史天泽在本次真定路学文庙的建设中发挥了模范带头作用。元好问在《令旨重修真定庙学记》中明确记载："德辉奉命而南，连率史天泽而下，晓然知上意所向，罔不奔走从事，以赀以力，迭为伙助。"[1]

---

[1]《元好问全集》卷32。

张德辉

张德辉（1195—1274），字耀卿，号颐斋，冀宁路交城县（今山西省交城县）人。年少时勤学，乡试中举。金贞祐间（1213—1217年），供职御史台衙门。金亡后北渡，史天泽统管真定，召他任经历官。元太宗七年（1235年），从史天泽南征，筹划调发，多出奇谋。

元定宗二年（1247年），受忽必烈召见，应对方略。"岁丁未，世祖在潜邸，召见，问曰：'孔子殁已久，今其性安在？'对曰：'圣人与天地终始，无往不在。殿下能行圣人之道，性即在是矣。'又问：'或云，辽以释废，金以儒亡，有诸？'对曰：'辽事臣未周知，金季乃所亲睹。宰执中虽用一二儒臣，余皆武弁世爵，及论军国大事，又不使预闻，大抵以儒进者三十之一，国之存亡，自有任其责者，儒何咎焉！'"①忽必烈又询问他中原人才，德辉举魏璠、元裕之、李冶等二十余人。元裕之即元好问。定宗三年（1248年）春，行祭奠孔子之礼。忽必烈问张德辉"孔子庙食之礼何如"。他回答说："孔子为万代王者师，有国者尊之，则严其庙貌，修其时祀。其崇与否，于圣人无所损益，但以此见时君崇儒重道之意何如耳。"忽必烈感慨地说："今而后，此礼勿废。"②张德辉的应答对于元朝在儒学文庙方面的政策有相当重要的影响。

不久，张德辉奉旨教育贵族子弟孛罗等。宪宗二年（1252年），张德辉与元好问在北方朝见皇帝，请忽必烈为儒教大宗师，忽必烈高兴地接受了。张德辉就上奏说："累朝有旨蠲儒户兵赋，乞令有司遵行。"③忽必烈同意，命德辉

① 《元史·张德辉传》。
② 《元史·张德辉传》。
③ 《元史·张德辉传》。

领导和管理真定学校事务。

元定宗二年（1247年）五月，忽必烈召真定总府参佐张德辉北上觐见，询问真定府庙学的情况。张德辉回答说："庙学废于兵久矣！征收官奉行故事，尝议完复，仅立一门而已。今正位虽存，日以颓圮。本路工匠总管赵振玉方营葺之。惟不取于官，不敛于民，故难为功耳。"① 于是忽必烈下旨让赵振玉与张德辉共同来办理修葺府文庙的事宜，缺乏资财的话，就写明情况上报忽必烈。张德辉奉命南归回到真定，镇阳王史天泽以及其他地方官员立刻明晓了忽必烈的心意，无不为此奔走相助，或出钱或出力，纷纷帮助。"实以己酉春二月庀徒藏事，黾勉朝夕，罅漏者补之，邪倾者壮之，腐败者新之，漫漶者饰之。裁正方隅，崇峻堂陛。庙则为礼殿，为贤庑，为经籍、祭器之库，为斋居之所，为牲荐之厨；而先圣先师七十子、二十四大儒像设在焉。学则为师资讲授之堂、为诸生结课之室、为藏厩庖湢者次焉。高明坚整，营建合制，起敬起慕，于是乎在。乃八月落成……"② 己酉年（1249年）春二月召集工匠开始动工，到八月落成，建成礼殿、贤庑、收藏经籍的楼阁、收藏祭器的仓库书斋居所、准备牲荐祭飨的厨房，同时为先圣、先师、七十子、二十四大儒塑像以尊奉。在路学一路建成师资讲授的大堂、诸生完成课业的厅室、粮仓马棚厨房浴室，整个建筑群高大明亮、坚固整齐。

元世祖忽必烈登基后，任命张德辉为河东南北路宣抚使。上任伊始，惩办豪强恶吏，深得民心。至元二年（1265年），考绩为十路第一。后调任东平路宣慰使。至元三年（1266年），参议中书省事。至元五年（1268年）春，提升为侍御史，此时张德辉已经七十多岁，于是辞谢官职。

---

①《元好问全集》卷32。
②《元好问全集》卷32。

张德辉晚年与元好问、李冶在封龙山生活，指点学子学问，时人号为"龙山三老"。张德辉著有《塞北记行》《边堠纪行》等作品。《元史》有传。

元好问

元好问（1190—1257），字裕之，号遗山，世称遗山先生。出于鲜卑族拓跋氏，北魏孝文帝时，始改姓元。太原府秀容县（今山西省忻州市西北）人。金代文学家、历史学家。金宣宗兴定五年（1221年），元好问进士及第。正大元年（1224年），又得赵秉之的举荐，以宏词科登第，授为权国史院编修，金正大三年（1226年）任镇平县令，此后历任内乡县令、南阳县令、左右司都事、行尚书省左右司员外郎，入翰林，知制诰。金朝灭亡后，元好问受其弟子张德辉的邀请，寓居真定路元氏县。其间受到史天泽的保护，在元氏县建有寓所，以元氏县为中心，游涉鲁、豫、晋各地，并在封龙山书院著书授徒，常常受邀请到路学中讲学，在中原一带影响颇大。其杰出的弟子有白朴、王思廉等人。《金史》有传。

忽必烈亲自过问真定路文庙的修葺事宜后，史天泽、张德辉、赵振玉等人为首合力兴修，路学教官李谦带领路学学生请元好问为此作碑记。当时元好问也在真定路文庙附属的封龙书院执教，于是为作《令旨重修真定庙学记》，文字至今留存。

常仲明

常仲明，名用晦，字仲明，祖籍代州崞县（今山西省原平市），为当地世家大族。金初为避战乱，常氏家族外迁，一支迁河北，寓居真定府平山县。仲明父常振，好结交文友，因此寄望儿子成才。仲明少时聪敏好学，长大后博学知书。但战事频发，常仲明携家人寓居河南，其间师从名医张子和潜心钻研医术，并与麻知几一起协助张子和编撰出医学名著《儒门事亲》。与元好问等人亦交往密切。

金朝南迁后，常仲明举家迁回平山，经河北西路真定府幕僚多人举荐，出任真定府府学教授。在职期间，恪尽职守，广受好评，生徒建树者众多。元好问在《真定府学教授常君墓铭》中称述："元光癸未[1]，予过郾城见麻征君知几，问所与周旋者，知几以镇人常仲明、中山赵君玉对。……北渡后来镇阳，仲明在焉。……君讳用晦，姓常氏，仲明其字也。……自少日有声场屋间，游梁之后，交文士益众，赋业外，他书亦能研究。国医宛丘张子和推明岐黄之学，为说累数十万言，求知几为之润文，君颇能探微旨。……真定幕府以君承平学舍旧人，文行兼备，任师宾之位，辟本路府学教授。在职数年，士论归之。"[2] 文中镇阳即指真定，镇人即真定人。元宪宗元年（1251年）九月十九日，常仲明不幸染疾去世，终年七十四岁。

① "元光癸未"为金宣宗元光二年（1223年），其时蒙古灭金战争已至半程，金朝已放弃中都（今北京），南迁南京（今开封）。此时的真定已属蒙古辖地，但尚未改称真定路，仍为河北西路真定府。所以，此时的常仲明为蒙古治下的真定府学教授。

② 《元好问全集·真定府学教授常君墓铭》。

砚弥坚

砚弥坚（1211—1289），一名贤，字伯固，德安府应城县人（今湖北省应城市）。从十六岁起先后师从应城王景宋、袁州刘仁卿。南宋端平二年（1235年），蒙古军攻占汉水诸州县，途经应城时慕其名，以其为名儒招致北上。南宋嘉熙二年（1238年），大蒙古国诏试儒士。砚弥坚在西京路大同府（今山西省大同市）应考并中选。之后他安家于真定，专以授徒教书为业，旁征博引，深入浅出。燕南宣慰使及学部使者嘉奖其业绩，共同推荐，授为真定路教授。元至元二十四年（1287年），砚弥坚被拜为国子监司业。后谢病归，卒于家。年七十八。

砚弥坚才华出众，慧眼识人才。在真定从事儒学教育期间，他力推刘因与滕安上，预言刘因会成为名儒。他著有《东垣老人传》，记述真定医学家李杲的人品与事迹。至今，中医学子依然在学习《东垣老人传》。

后来其弟子刘因成为元代杰出诗人、教育家，滕安上拜国子司业，也印证了砚弥坚超卓的眼光。

刘因（1249—1293），字梦吉，保定路容城县（今河北省容城县）人。自号"静修"，是与许衡、吴澄等齐名的元代思想家，自创"静修学派"，学者称"静修先生"，有《静修集》传世。"静修学派"是元代北方仅次于"鲁斋学派"的第二大学派，为传播儒家学说发挥了重要作用。《静修先生刘公墓表》说："故国子司业砚公弥坚教授真定，先生从之游，同舍生皆莫能及，独中山滕公安上差可比。砚公皆异待之，谓先生父曰：'令子经学贯通，文词浩瀚，当为名儒。'"① 《元史》有传。

滕安上（1242—1295），字仲礼，真定路中山府（今河北省定州市）人。品学兼优，善文章诗词。被荐授中山府教授，历任曹州禹城县（今山东省禹城市）主簿、国子博士、太常丞、监察御史等职。京师地震，上书数万言献策，没被采纳，遂托病隐退。后又拜国子司业。

---

① ［元］苏天爵：《滋溪文稿》，中华书局1997年版，第111页。

洪子祥

　　洪子祥，浙江严州府（已裁撤，治所在今浙江省建德市）人，明朝洪武初年任真定县知县。当时国家刚刚发布法规教令，督课严急不宽宥，洪子祥依据情况缓急进行调节，布恩泽，树威严，招集流民，让百姓休养生息和睦安定，使地方百废俱兴，赢得真定百姓的感激与颂扬。

　　现存正定县文庙为知县洪子祥于洪武七年（1374年）创建，此时县文庙格局为"前庙后学"①，这是县文庙的初始格局。县丞李鼎为记。

郭　勉

　　郭勉，字进道，洪武四年（1371年）任真定府知府。一到任，就兴废举坠，敦修学校，督促农业生产，地方百姓怀

① [清] 赵文濂: 光绪《正定县志》卷11。

念他的恩德。

洪武四年（1371年）秋，知府郭勉、同知梁宾来到真定，不久经历蒋辅到任，同心协力治理真定府，扭转了元末战乱纷扰导致的经济颓敝、困顿不堪的局面。洪武六年（1373年）冬十月，知府郭勉召集僚属及辖域内的真定知县叶思敬、平山知县沈亨、灵寿知县王士成、元氏知县刘原等四个属县的长官动员大家："方今圣天子以文治天下，而学校为育才之地，风化之首，而吾真定庙学废弛如此，实吾为郡县者所当虞也。今将嗣而葺之，而诸宰皆孔门之徒，尔其各奋尔志，各供尔事，毋费尔民财，毋妨尔民务，鸠工抡材，要在简便。"① 大家都乐意听从调遣，于是立刻规划建设，在大成殿北面建大堂，在大堂南面建杏坛，内外屋宇垣墙凡是朽腐的木材都换成新的，残破缺损的都修补完整，殿堂门庑焕然一新。当年十一月二十八日完工。县主簿曹京为作《增修真定府学记》。

卢　秩

卢秩，江西新淦县（今江西省新干县）人，任监察御史。明天顺六年（1462年）巡按真定等府，振兴弘扬国家法纪，了解明晓国家政务，所巡按的区域全都震慑并信服。在真定一年任满后，真定地方军民向朝廷上奏章请求让他留任，朝廷没有允准。离任后地方百姓很长时间都思念他的德政。

卢秩在真定修缮县学，并建府学尊经阁、读书楼以激励士子努力学习。

有明确记载的真定县学自洪武七年（1374年）建立，前庙后学，地势狭窄，规模粗陋。天顺六年（1462年）冬，监

---

① ［清］赵文濂：光绪《正定县志》卷11。

察御史卢秩进行重修，将布局改为左庙右学，规模比过去宏大壮阔了许多。

真定府文庙在洪武初年郭勉修葺后，天顺三年（1459年），推官永宁吴簏又增拓明伦堂为五间，堂左右四斋，规制比过去宏阔。

卢秩到任后拜谒府文庙，劝励师生，之后巡视后堂，见到北窗下有一列木柜，收藏着朝廷颁降御制诸书及"五经四书"、《性理大全》等众多典籍，于是感慨不已，决心兴建房屋来收藏这些书籍。于是把自己的心愿告诉真定府中节操高尚的人，众人全都愿意听从调遣，贡献工匠与物资相助。于是卢秩仔细筹划，而知府苗灏也同心协力赞助，选择勤奋有才干的官吏耆老掌管营建事宜。正好在明伦堂旁边有空地，于是修筑五尺高的地基，在中间建成尊经阁，高三十七尺，把经籍收藏在里面。尊经阁东西建成梯云楼、步月楼，总共十四间，扩大师生研究学问的场所。又在尊经阁附近建设三间厨房三间仓房，以为日用之需。①全部工程建设时间不超过一个月，可是建设规模壮观。彭时为作《真定尊经阁记》。

邢　简

邢简（1418—1478），字居敬，陕西西安府咸宁县人，景泰五年（1454年）进士。天顺七年（1463年）由刑部主事任真定府知府，法度严明，杜绝私弊，均平徭役，广建公署，政绩显著，有目共睹。任职七年，吏民甘心驯顺，众人都称颂他高洁清正。

邢简尤其重视学校教育。他到任后，看到府文庙的状况，立刻筹谋重修事宜，当地官员士绅闻讯急忙相助。需要

① [清] 赵文濂：光绪《正定县志》卷11。

的物资不需要向百姓征收赋税即有盈余，工匠不需要教诲就汇集而来。首先建设大成殿，一个月就建成，高高地隆起兽脊，屋顶以琉璃瓦覆盖，台陛栏楯崭新而高大。之后建设两庑十四间，建成大成门、棂星门各三间，高度和进深比过去大了一倍，并建了厨房、浴室、更衣堂、储器库，圈养宰牲各有处所，碑楼庙表规制高大宏伟，京师周围千里之内没有能超过这里的。[①]姚夔为作《真定重建大成殿记》。

田 济

田济，字汝霖，别号岐峰道人。世居陕西麟游县，明景泰五年（1454年）进士。

田济少时颖异苦读，孝事继母。中进士后，即任江西奉新县知县，时值岁饥，抚视赈恤，导以自救，民得全活。任职期间，执法严正，廉洁奉公，即升任御史，巡按两浙盐运，不避权贵，革弊除奸。

后迁大名府知府，因继母殁，归家守孝。期满后，朝廷重视其才，加之真定为冲繁要郡，素称难治，遂于成化六年（1470年），改任真定府知府。田济到任后，能够明察百姓的痛苦、官吏的私弊，大刀阔斧加以整治。

成化六、七年（1470—1471），真定连续两年旱涝相间，正赶上礼部收取上供的鸡豚，田济上奏减掉一半的供额，并作为定例。按照户口每年要缴纳食盐粮钞，因为多年歉收，上奏折成米豆存留。驿站开销也处理得宜。

成化十三年（1477年），滹沱河大水，堤坝崩溃，大水逼近城墙西南角，冲毁民宅，城关中几乎成了大湖。知府田济请得朝廷同意治理滹沱河。于是与神武右卫、真定卫的指

---

① [清] 赵文濂：光绪《正定县志》卷11。

挥使各率部属，大规模发动兵士和民夫，距旧河数里外开凿一条新河，延袤十余里，深过一丈，宽三百多尺，筑堤二千余丈，分流滹沱河水到新河，在新河的北面又筑一堤，全长四千余丈，环绕真定城南，为真定城又增加了一重屏障。

田济任真定府知府八年，不仅境内大治，百姓安居乐业，还对真定府文庙、县文庙都有兴修。后来升任御史时管辖真定府，又参与了张琯重修府文庙的事宜。

田济到任后首先拜谒府文庙，他发现邢简重点建设了祭祀孔子及先贤先儒的一路建筑，即狭义的文庙建筑，而师生学习工作的府学一路梁栋蠹腐，斋舍倾圮，慨然兴起重修府学的心愿，于是向朝廷上奏章请示。得到批准后，捐出俸禄，发起倡议，地方官吏以及仗义的士绅百姓欣然响应，纷纷捐款襄助。于是召集各类工匠筹备建设，在祭祀孔子的一路建筑后面建师儒官舍五区，在西偏南方向建讲道之堂十楹，旁列明德斋、崇信斋、养性斋、存义斋。南面建两重门，各三间。讲道之堂后面为会膳所十楹。会膳所后为藏经籍子史的尊经阁三间。尊经阁两侧有步月楼、梯云楼各七间，周围是诸生号舍五十间。将原旧在学门西的三间文昌庙改建到戟门东，并建门三间。另建有乡贤祠、观乐亭、粮仓财库、厨房浴室，一应设施全部齐备。学校前后靠近民居的土地全部用重金购买，建造房屋总共一百二十间，彩绘装饰，围上垣墙。此项工程于成化十二年（1476年）二月动工，成化十三年（1477年）五月落成。

真定县文庙天顺年间卢秩重修，当时物力不足而且速成，因此才过了十几年便已渐渐破败。田济到任后巡视感叹立志兴修，只是频遇灾荒，担心百姓无力负担。到任三年后，政通人和，年成不错，于是筹谋兴修。新建明伦堂，进深五寻（古代八尺为寻，五寻即四丈），宽十寻（八丈），把原来的堂作为休息室。前面两侧有两斋，另建藏书楼、生徒居住的号舍、师儒庐斋，全都使用上好木材和坚厚的瓦片，伟丽完美，远超从前。成化十二年（1476年）八月动工，成化十三年（1477年）六月落成。

田济重修府文庙事宜见商辂《真定府重修儒学碑》，其重修县文庙事宜见彭华《重建真定县学明伦堂记》。其为御史参与张珹重修府文庙事宜见徐溥《重修真定府庙学记》。

张　珹

明朝建立之后，真定府文庙多次修葺，规制盛于一时，但是年月一久，未免破败，并且边界靠近民居，多被侵占。张珹为陕西镇原县（今甘肃省庆阳市）人，成化二十二年（1486年）任真定府知府。上任伊始，进谒瞻仰府文庙，慨然有重修之志。到弘治八年（1495年），筹算这些年积蓄的公帑足够重修事宜，于是和僚属商议，向巡抚都御史史琳、巡按御史张闻请示，于是召集工匠购买材料，进行规划。刚有了眉目，上级官员变动，都御史高铨、御史田济继任，于是再次申请。得到允准后分派人员管理工程，从这一年三月起开始动工，到弘治十一年（1498年）九月，历时三年半竣工。

此次建成大成殿八楹，高若干丈，深广与之相称。东西庑共七十余间，外为大成门六楹、棂星门四楹，门内凿泮池，泮池上架石梁三殿。筑土为台，上建尊经阁六楹。又为神厨、神库各若干楹。又按图籍收回学舍被附近居民侵占的土地十分之三，和原有的土地一起平整，改建明伦堂六楹，退省堂六楹，东西四斋各为四楹，号舍六十余楹，观乐亭两座，为学宫廉宇五座，其余厨房仓库门墙皆备，府学的规制是过去的几倍。

府文庙重修完工后，张琡离任，继任者为南昌熊达实，更加重视学政。此时，被居民侵占的土地上建起来的民居还挡在学校门前。知府熊达实用官府经费购回土地，在东西建立兴贤坊、育才坊，这样府文庙可以直通大街。

刘健为作《真定重修文庙记》，记载了真定两知府张琡、熊达实相继重修府文庙的事迹。徐溥《重修真定府庙学记》同记此事，记载更加详细。

辛自修

辛自修（1534—1593），字子吉，号慎轩，河南开封府襄城县（今河南省许昌市襄城县）人。15岁中举，22岁中进士，当年任山西阳曲知县。其间，兴修水利，发展生产，打击盗匪，抑制豪强，百姓乐业，秩序稳定。考核上等，即调补浙江海宁知县。由于二地政绩显著，于嘉靖四十一年（1562年）被征召入朝，授正五品吏科给事中。后晋升为礼科都给事中。历任太仆寺少卿、应天府丞、大理寺少卿、光禄寺卿、都察院右佥都御史等职。

万历八年（1580年），辛自修任都察院右佥都御史，巡抚保定、真定、河间等六府，驻真定。辛自修律己极严，以身率下，生活俭朴，反对奢靡，惩治贪官，任用贤良，关心百姓疾苦，减轻农民负担。针对豪族劣绅将赋税转嫁千万农家的非法行为，辛自修深入六府乡里，严令查实田亩，补偿所出赋税，减轻农民负担，并奏请免去均徭里甲银六万两。同时，以工代赋，增筑滹沱河堤坊，治理保定、真定、河间三府水害，造福当地百姓。

辛自修到真定后，首先到府文庙进谒，看到文庙颓敝，就在万历九年（1581年）春下令有关部门修葺，任命真定知府掌管修葺事务。资金全部出于公帑，人员全部雇佣，没有给地方百姓增加劳役。工程从春天起始，到冬末才完工。万历十年（1582年）正月初一，辛自修前往观看，遇到府学县学的学生请求他作文以记之。因此作《重修儒学文庙碑记》。

万历二十二年（1593年）四月，辛自修病逝，谥"肃敏"。《明史》有传。

范志完

范志完，崇祯四年（1631年）中进士。任宣府、宁国推官、真定府知府、关内道副使。

崇祯十年（1637年），范志完任真定府知府。范志完为宋范仲淹后裔。范仲淹出生于真定，后入文庙奉祀。范志完重视府学及书院，与当时的生员也有很亲密的关系。范志完关注文化，也常常为正定的文物作记，如为真定节烈祠作记，在阳和楼上立摹刻朱熹"容膝"石刻并作记。

这一年大明朝内忧外患，内有张献忠、李自成起义，外有清军虎视眈眈。范志完拜谒文庙后见其规制虽然宏大壮观，但已经破败不堪。他希望通过加强教化从而让百姓对大明更加忠心效力，于是发愿要修葺府文庙。于是查看府属各县修缮费用的账目，发现只有新河县与武强县有五十缗存款。最后得到寺院规划建设僧房节余的资金，又向各县追缴修理摊派费用，加上每年得到的捐款一百缗，交到真定县帑中用以修葺。命同知曹某负责，立刻兴工，在不另外向百姓收取赋税、不派百姓的差役的情况下顺利完工。

范志完亲自作《学宫碑记》，记录了在动荡的年代修复真定府学的辛酸历程及殷切期望。

崇祯十四年（1641年）冬，范志完升右佥都御史、山西巡抚。后任兵部右侍郎兼右佥都御史，总督蓟州、永平、山海、通州、天津诸镇军务。后因抵抗清军不力，获罪被斩。《明史》有传。

清
代

陈鹤龄

陈鹤龄（？—1726），字鸣九，直隶安州（今保定市安新县）人。学者陈澎之子。中康熙二十三年（1684年）举人。父母病故后，被选为真定县教谕。他效法宋朝胡瑗的方法，订立章约，教授诸生儒家经史文艺。其间，真定府所属三十二州县的学子纷纷前来向陈鹤龄请教。后擢迁顺天府武学教授。去世后王安国为作《陈鹤龄传》，清朝散文大家、桐城派创始人方苞为作《陈鹤龄墓志铭》，并被著名学者李塨、方苞等私谥为"懿长先生"。其子焘荣、焘华、焘正皆成进士，其中二子陈焘华于雍正二年（1724年）考中状元。为此，在正定县学中建状元楼以志纪念。

雍正二年（1724年），知县李伯正重修县文庙，正定县学教谕陈鹤龄在其中起到了重要作用。陈焘华为作《重修正定县文庙碑记》。王安国的《陈鹤龄传》中也提及修文庙事："正定学宫旧粗完，历岁为风雨所摧，倾圮殆尽。先生蒿目忧之，毅然谋修葺。鸠工之始，醵金无几，而先生独以力任。邑人重先生之义，群输资以助。"①

这一次兴修，知县李伯正先捐俸金一百两作表率，又在县学明伦堂召集正定城的士绅，众人纷纷捐资，但是这些资金仍然不足。教谕陈鹤龄又和同僚田先生不辞辛劳奔波本县各村去募捐，因为陈鹤龄声望卓著，感动了很多人解囊相助。胡村诸生王吉士，家故寒俭，却倾囊拿出十两白银支持县文庙的重修。

郑为龙

郑为龙，山西太原府文水县（今山西省吕梁市文水县）人，雍正七年（1729年）任正定知府。

雍正十年（1732年），正定知府郑为龙决意重修正定府文庙，率先捐俸，并倡导僚属十来人各捐俸禄。恰好督学吴应棻巡视正定学政，也主动捐款作表率。重修完成后，郑为龙作《重修府学文庙记》，吴应棻作《重修正定府学宫记》。

郑为龙的记文高屋建瓴，气象宏阔："正定郡北镇恒山，南临滹水，地号名区，化推首善，而文庙之肇尤为特重。其局势恢阔，规模宏远，瑞气所钟，人文辈出。凡擅文章之山斗，优相业之经纶者，代不乏人，无一不发轫于此。"②

郑大进

郑大进（1709—1782），又名誉捷，号谦基、退谷。广东揭阳县（今广东省揭阳市）人，少时有神童之称。清雍正

①［清］于成龙：雍正《畿辅通志》卷105。
②［清］赵文濂：光绪《正定县志》卷11。

十三年（1735年）中举人，乾隆元年（1736年）中进士，历任大名府与河间府同知、正定府知府、两淮盐运使、浙江按察使、贵州布政使、河南巡抚、湖广总督、直隶总督等职。任政期间，革除积弊，关心民生，所至颇有政绩，后于直隶总督任上加授太子少傅衔。乾隆四十七年（1782年）十月十九日病卒，御制墓碑，赐祭葬，追谥"勤恪"。主要著作有《爱日堂诗文集》和《郑勤恪公奏议》。《清史稿》有传。

乾隆二十二年（1757年）任正定知府时，郑大进主持纂修了《正定府志》50卷，大规模兴修府文庙，并作《重修正定府庙学记》。

郑大进到任后，见府文庙大殿、学堂、重门、内外池桥、东西庑、祠宇、阁亭、门坊均不完整，因此进行了大规模的修葺。工程始于乾隆二十四年（1759年），至乾隆二十五年（1760年）秋，祭祀孔子等先贤先儒的一路庙堂建筑落成；乾隆二十七年（1762年）春，府学也落成。

此次工程增建、重修圣德通天牌楼、照壁、德配天地牌楼、道冠古今牌楼、东西下马牌、奎阁、围墙、东泮池、西泮池、泮桥、戟门、名宦祠、乡贤祠、大成门、东庑、西庑、大成殿、东西角门、尊经阁、敬一亭、崇圣祠、文昌祠、三忠祠、围墙门楼，乾隆二十五年（1760年）增建义路一间、礼门一间、东西耳房各三间，共修建殿庑、屋宇、楼墙等八十七处。

方立经

方立经，历任宣化知县、永州府知府、正定府知府等职，纂修过乾隆《涞水县志》。在任正定府知府时，辖域内井陉知县周尚亲克扣粮款，导致百姓到正定府告状未获受理，后来百姓辗转上告朝廷，最后方立经以祖护劣员的罪名遭革职。因此关于他的资料极少。周尚亲案牵连甚广，包括直隶总督周元理、监修隆兴寺的朝廷官员等一批人受到处分。

乾隆四十年（1775年）冬，方立经来到正定府任知府。此时距郑大进大规模兴修府文庙只有短短十六年，但府文庙已经庑阁倾颓，墙垣坍塌。方立经调查研究发现，正定的沙土中含有盐碱，而且每年有大雨，地上常有积水，这些因素导致了府文庙的颓敝。乾隆四十一年（1776年）春，朝廷特颁谕旨增广直隶学额，方立经趁此东风立志修葺府文庙。

方立经作《倡捐小引》，率先捐款；学政罗源汉前来巡查也捐款，并为作《真定府重修文庙碑记》。这一次捐款数额巨大，除了重修府文庙外，还在府文庙东部的空地上规划建设了尊闻书院。

方立经的《倡捐小引》，历尽磨难，至今仍然镶嵌在戟门东耳房东墙上，碑石字迹甚至印章都清晰可辨。罗源汉的《真定府重修文庙碑记》也从地下挖出，矗立在戟门北面偏东的平台上。

对正定文庙的认同及定位

历代对文庙的认同

一个人和一座城：梁思成与正定文庙

对文庙的重新定位

重新审视和研究文庙，不仅有利于文庙的保护和利用，还可以使其产生新的社会价值。中华民族在5000多年文明发展进程中，创造了博大精深的灿烂文化。源远流长的中华文明，孕育了中华民族的宝贵精神品格，培育了中国人民的崇高价值追求。儒学在民族的历史中孕育发展，并成为中华文明的重要组成部分。儒家思想对中国和世界都有深远的影响，儒家始祖孔子被列为"世界十大文化名人"之首。儒学在社会道德教化方面的重要作用，使它起到了与宗教相似的作用。甚至有人将其称为儒教或孔教，例如在正定隆兴寺"意定和尚功德碑"中称"佛孔耶回希五教并足以持世"。但是儒学不同于宗教。儒家文化规范了中华民族各阶层的道德规范和行为准则，并成为一种理念，是促进中华各民族加强团结、携手并进的精神纽带。

　　作为实施教育与教化的重要场所，文庙在几千年的历史中起到了重要的作用：强化国家意识形态、培育人才、传承文化学术和从事社会道德教化。文庙的存在，体现了儒学在中国传统文化中的主流地位，使历代儒士文人在这里接受儒学的熏陶，尊经读经成为学校教育的重要内容，为各个时期培养了不同层次的学人。

历代对文庙
的认同

历代对文庙功能的认同

从文庙沿革中可见，我国文庙始建于孔子逝世后的第二年，此为文庙的雏形。"罢黜百家，独尊儒术"是汉武帝实行的封建政治统治政策，也是儒学在中国文化中开始居于统治地位的标志。这种统治地位充分表现了统治阶级对儒学的认同，从此儒学逐渐成为中国传统文化的正统和主流思想。

汉之后的历代帝王和地方政府都通过兴建文庙祭祀孔子来推崇儒术，也是基于对文庙功能的高度认同。与官学融为一体的文庙，其雏形可追溯至东汉时期蜀郡重建后的文翁石室中的"周公礼殿"。

文庙的发展是与统治者对儒学的认可与支持分不开的。从历史上看，儒家思想虽然遭受过来自佛教、道教和玄学的冲击，但凭借其自身的包容性和生命力，基本占据了数千年的文化正统地位。历代对以孔子为代表的儒学正统地位的肯定，主要体现在统治者的祭孔活动中。祭祀孔子是历代统治者视为与祭天、祭地类似的重要活动。①

伴随着儒学在中国的发展兴盛，正定一带自古崇学尚礼蔚然成风。早在东汉时期，常山太守伏恭就在此"敦修学校，教授不辍"。此后历代，官学、私学皆繁盛。宋代之后，地方官员莅任必首拜文庙，甚至官员捐俸并倡导地方士绅百姓捐款捐物对文庙进行修葺，甚至元代时真定路总管停发地方官员月俸，借给商家经营，每年取其利息供路学师生费用：这些都充分体现了统治阶级对文庙功能的高度认同。

历代对文庙在社会生活中作用的认同

无论是大兴文庙还是祭祀孔子，统治者以此彰显尊隆儒家学说和地位，目的在于"以文化众"。这是一种政治行为，他们所认同的是儒学在社会生活尤其是政治统治中的重要作用。"作为国家价值导向下的教育的具体空间形式，文庙具有政治教化、文化传承、信仰认同、精神激励和教育教学等功能。"② 正如刘健在《真定重修文庙记》中所说："学校，王化之首务。"欧阳晛在《真定增广泮桥记》中说："古者立国建学，明伦、广义、考德、迪业、宣猷、宏礼、轨武、饰文，以顺成天道培植化基，不但以育士宾兴而已也。"③

因此，很多官员上任伊始必定首先到文庙拜谒。若见文庙颓败必定兴起重修之意，或立刻见诸行动，或暗自思谋，等待时机成熟。实际上，在正定城兴修府县文庙不是一件容易的事情，正如元代王思廉在《增修真定府学记》中所说，"郡值南北大路，饯迓往来略无虚日，人民繁多甲于河朔，

① 广少奎：《斯文在兹，教化之要——论文庙的历史沿革、功能梳辨及复兴之思》，载《河南大学学报》（社会科学版）2017年第5期。
② 广少奎：《斯文在兹，教化之要——论文庙的历史沿革、功能梳辨及复兴之思》，载《河南大学学报》（社会科学版）2017年第5期。
③［清］赵文濓：光绪《正定县志》卷11。

牒诉倥偬，疲于剖绝"①。但是，历任官员仍然将兴修文庙作为头等大事，甚至为了兴修事宜需要官员先后相继。比如孛术鲁翀的《真定路宣圣庙碑》记载，当时的兴修"府尹马斯忽己基未构而去。尹张忙兀台、倅和则平、治中和允升继至。宪使提其纲，宾佐韩复理其目，始克有济，其年夏告成"②。甚至还有前任官员捐款发商生息，几年后下任官员使用本息重修文庙，这才完成了兴修文庙的重大使命。

对文庙的认同，还体现于祭祀活动方面。"历朝历代的皇帝和民间社会皆重视祭祀，通过祭祀实现的不仅是对活动所蕴含的精神内核的传承，而且也是对礼仪制度和中华民族祭祀文化的传承。"③正定文庙每年有行香、释菜等活动，并在春秋仲月上丁日举办隆重的释奠礼，由驻正定城的最高级别的正印官员带领僚属、学官以及正定县的大小官吏隆重致祭。

儒学自身的包容性和生命力使文庙即便在朝代更替的特殊时期，都得到了较好的保存。这也保证了文庙在发展中具有较好的延续。元好问的《令旨重修真定庙学记》就记载了在蒙古军队已南下灭金、元朝尚未建立的背景下，忽必烈召见"真定总府参佐张德辉"，关心真定路学废兴状况，并下令督促兴建事宜。

在兴修文庙的过程中，不仅政府官员，绅商百姓也是重要的参与者。

姚夔《真定重建大成殿记》记载："天顺七年，关右邢侯简由秋官来守，睹庙宇弗称，亟图修举，士大夫闻而乐趋焉。财不赋而羡，工不驯而集，首事于大成殿，阅月而成。"

官吏百姓都乐于投入到兴修文庙的工程中，表现了本地

① [清] 赵文濂：光绪《正定县志》卷11。
② [清] 赵文濂：光绪《正定县志》卷11。
③ 广少奎：《斯文在兹，教化之要——论文庙的历史沿革、功能梳辨及复兴之思》，载《河南大学学报》（社会科学版）2017年第5期。

上下各色人等对文庙的认同。金代周昂在《修真定府学记》中说得更明白："庙既成，远近皆悦。于是学录李藻等咸嘉贤王能知为政之所先，而邦人能劝于善也。"①

儒学在封建社会一直受到朝廷和地方官的一致重视。旧时地方官员（知府、知县等）以复"井田"（实为恢复发展经济，增加财政收入）、兴学校、息讼狱、养鳏寡孤独、修津梁道路为政务，并将建学育士放在首位。

这种重要地位还有特别细节化且极其重要的表现方式。清代郑大进兴修府文庙时修建了东西两座下马牌，因为没有资料留存，上面的文字也没有确切的记载，但是参考各地文庙下马牌，应当为"文武官员军民人等至此驻轿下马"或"官员人等至此下马"。道光二十三年（1843年）的《惜字社碑记》具体地展示了当时人们对于府县文庙中知识载体的无比尊崇的态度：使用过的书本，即使已经用废了，也要专门雇人收取，集中到寺庙中由僧人入焚化炉烧化，而不能被人当作手纸，入溷藩玷污。这些细节其实是对文庙价值高度认同并上升为信仰的具体表现。

自19世纪中期以来，在洋务运动与西学东渐的浩荡洪流之中，废科举、兴学堂从呼声一步步变为现实，儒学由此遭受到越来越严重的冲击，文庙原有的祭祀及儒学教学的功能骤然丧失，逐渐退出国家意识形态领域，文庙的辉煌不复存在，大量文庙逐步荒废。加之近代以来各种战乱、运动纷至沓来，对文庙产生了相当的破坏。这种形势下，正定的众多古迹也遭到了不同程度的破坏乃至毁灭。如府文庙的大殿及前殿等古迹在"文革"中被拆除。

改革开放后，正定文庙逐渐得到保护和复建。20世纪80年代初，正定县划定了文物保护红线，县文庙和府文庙戟门

① [清] 赵文濂：光绪《正定县志》卷11。

都在保护范围之内，正定县开始了争取资金、筹备修复文庙的工作。1997年，贾大山主持修复县文庙大成殿；2017年，正定县政府大刀阔斧拆迁附近的民房，恢复广场，新建棂星门和泮桥，使县文庙重现昔日盛景；2018—2020年，县政府将府文庙的修复作为正定县重点建设项目，以前所未有的魄力迁走原居民，整治府文庙周边环境，复建泮池、东西庑、棂星门、围墙、照壁等。二期复建工程现已有蓝图，届时府文庙建筑群将重现昔日的宏大壮阔景象。

一个人和一座城：
梁思成与正定文庙

正定两文庙的命运与整个正定城历史地位的变迁紧密相连，而城市历史地位的变迁，不仅与整个国家运势密切相连，更折射出时代的风云变幻。无论哪种变化，人都是其中的决定因素，常常由一个人影响了一座城。在追溯新中国成立前对正定文庙认同的史实时，我们无法回避的一个人就是梁思成先生。他在这里留下了不可磨灭的足迹，不仅影响了这座城，更为两文庙的保护发挥了极其重要的作用。

兵荒马乱中与正定的邂逅

"今春四月正定之游，虽在兵荒马乱之中，时间匆匆，但收获却意外的圆满。除隆兴寺及四塔之外，更有阳和楼及县文庙两处重要的发现……我因在进城后几分钟内所得到的印象，才恍然大悟正定城之大出乎意料之外。但是当时我却不知在我眼前这一大片连接栉比屋舍之中，还蕴藏着许多宝贝……"[1]

① 梁思成：《正定古建筑调查纪略》，载《中国营造学社汇刊》1933年第4卷第2期。

1933年4月16日，在"人间最美四月天"里，一个人和一座城相遇，让这座被历史的烟尘掩盖了所有光芒的古城又渐渐发出了明亮光彩。

"仿佛是前世的约定和今生的必然，正定古城的洞穿千年烟岚，处处弥漫的弗远古朴、美轮美奂的气息，早在1933年就被当时远在北平、正醉心于古建研究的青年梁思成捕捉到，于是便有了他成就斐然的古建考察生涯中的第一次与正定的邂逅。"①

就是这次相遇中，诞生了一篇建筑学经典文献《正定古建筑调查纪略》。梁思成在这篇文章里留下了对正定城许多宝贝（其中就包括正定府县两文庙）的珍贵记录。这些记录使正定古城的文化古迹受到应有的重视与保护，更让府县文庙这两处未来的国保文物得以重生。

中国古建筑大规模抢救普查工作

梁思成，祖籍广东，我国近代思想家、政治家梁启超长子，中国现代建筑学家。1901年梁思成出生时，正值梁启超戊戌变法失败后流亡日本。1912年，11岁的梁思成随家人由日本回到北京，14岁进入清华学校。在清华八年，梁启超展现出多种才艺，包括擅长钢笔画的天赋。1924年，梁思成赴美国宾夕法尼亚大学学习建筑学。1925年，梁启超得到一本宋朝颁布的建筑著作《营造法式》，托人带给在美国的梁思成和林徽因，并殷殷嘱托二人："千年前有此杰作可为吾族文化之先宠也……遂以寄思成、徽因永宝之。"宋李诚所著《营造法式》是中国最完整的关于建筑规制与技术的专业书籍。1928年，梁思成和林徽因婚后到欧洲各国参观了一些著

① 高敏：《一代宗师与古城瑰宝——梁思成先生与正定的不解之缘》，载正定县政协文史资料委员会编《正定文史资料》（第5辑），2003年版，第63—64页。

名古建筑，对比国内古建筑的落魄境遇，深受触动，发誓要写出中国的建筑史。同年，梁思成夫妇回国，在沈阳创办了东北大学建筑系。

1925年，朱启钤出资成立营造学会，其名来源于《营造法式》。学会以他北京的寓所为会址，旨在研究建筑文献和中国传统建筑式样。1930年2月，营造学会更名为"中国营造学社"。营造学社申请了中美及中英庚款中华教育文化基金董事会的经费（即"庚子赔款"）。

朱启钤请学社成员、清华老校长周贻春专程赴沈阳，动员东北大学建筑系主任梁思成和夫人林徽因加入学社。于是1931年秋，梁思成夫妇回京，正式加盟营造学社，并担任法式部主任。从1932年到1941年的十年期间，梁思成夫妇率领营造学社的同人，不畏条件艰苦、环境恶劣，走访了190多个县市，调查了2000多处古建筑。这是中国历史上一次大规模的对中国古建筑的普查工作，搜集到了大量珍贵资料，其中很多资料至今仍然有着极高的学术价值。

就是在这样的大背景下，梁思成和这座被时代洪流冲击到边缘的没落古城相遇了。古城正定让梁思成如获至宝。在他撰写的《正定古建筑调查纪略》里到处洋溢着对这座古城的震惊与赞美。

正是得力于梁思成对正定古建筑的大力发掘，1936年梁思成所在的中国营造学社为保护正定隆兴寺佛香阁宋塑壁向中英庚款董事会申请专款修葺。1937年3月，中英庚款董事会拨款四千元。刘致平携同工匠一名再度复勘，并设计保护方案。在史料中没有发现此事后来进行得如何。当时的时局是，7月即爆发卢沟桥事变，日军进入全面侵华状态，营造学社被迫南迁。抗日战争胜利后，营造学社作为一个民间学术团体，资金日渐紧张，创办者朱启钤先生已经家资散尽，无力为继，最终于1946年撤销。修葺隆兴寺佛香阁宋塑壁的事情终究不了了之。

1963年，梁思成教授已是桃李满天下的建筑学家。他于此年第三次^①（第二次为1933年11月，获得大量考察资料，但未经发表即遗失了）到正定进行考察，提出很多权威性的宝贵意见，为正定的文物保护指明了方向。

梁思成考察正定，除形成了《正定古建筑调查纪略》这一颇有科学价值的考察总结外，还绘制了大量的古建筑结构图，留下了许多有价值的建筑结构摄影图片，为后来正定大批文物的修旧如旧提供了翔实资料和科学依据。通过考察，他对正定的许多古建筑做出了很高的科学的评价，确定了一些建筑的建造年代。

正是因为正定拥有着深厚的历史文化积淀和丰赡的古建筑遗存，梁思成才对正定城情有独钟；也正因为有梁思成多次探访和考察所做的科学评价，古城正定才得以增辉添彩。

梁思成与正定府县两文庙

1933年4月16日，梁思成与绘图生莫宗江和一个仆人第一次考察正定。上午七时十五分由北京前门西站出发，下午五时到正定。原定两周，受当时战事影响，七天后即匆忙离开正定。在第一次的七天行程中，梁先生是在第三天拜谒的府文庙，并于最后一日下午，忙里偷闲前往县文庙。

1933年11月，梁思成偕林徽因女士与绘图生莫宗江再次来到正定，对正定重要的建筑物进行了详细测绘并对上次所绘图稿进行了校对、补充和完善。"留定旬日，得详细检正

① 一说梁思成曾四次到访正定。1952年还有一次，时任清华大学土木建筑系主任梁思成教授，利用暑假，带着学生来到正定，考察测绘正定的古建筑。

旧时图稿，并从新测绘当日所割爱而未细量的诸建筑物。"
这次考察"成图盈箧"，满载而归。

府文庙前殿是正定城唯一的元代建筑，这得益于梁思成
"真正元代原构"的慧眼识别。县文庙大成殿，成为我国现
存最早的文庙大成殿，并被列为全国重点文物保护单位，也
得益于梁思成的慧眼识金。县文庙大成殿是梁思成第一次来
正定时最后一天的无意发现。当他进入文庙后，"好一座大
成殿，雄壮古劲的五间，赫然在眼前"，"从外表看来，一
望即令人惊喜。五间大殿都那样翼翼的出檐，雄伟的斗拱，
别处还未曾见过"，"建筑构架如此的简洁了当，如此的合
理化，真是少见"。关于此殿的始建年代，梁思成经过考
察，推断说："以此殿外表与敦煌壁画中建筑物相比较，我
很疑心它是唐末五代遗物。"当时，正定女子乡村师范学校
在文庙内，梁思成当即告诉引导他们参观的校长这大成殿也
许是正定全城最古的一座建筑，请他保护，"不要擅改，以
存原形"。

府文庙西门育才坊（一）（梁思成摄）

府文庙西门育才坊（二）（梁思成摄）

县文庙大成殿（一）（梁思成摄）

县文庙大成殿（二）（梁思成摄）

梁思成探访正定府县文庙过程的文字记载:

　　回途到府文庙，现在的第七中学。在号房久候之后，蒙教务主任吴冶民先生领导参观。我们初次由小北门内远见的绿琉璃殿顶，原来就是大成殿，现在的"中山堂"；正脊虽短促，但柱高，斗拱小，出檐短，显然是明末作品。前殿——图书馆——的斗拱却惹人注意，可惜殿内斗拱的后尾，被白灰顶棚所遮藏，不得见其底细；记得进门时，在墙上仿佛见有"教育要艺术化"的标语，不知是否就如此解法。殿前泮水池上的石桥，雕工虽不精细而古雅，大概也是明以前物。

　　第六天的下午在隆兴寺测量总平面，便匆匆将大佛寺做完。最后一天，重到阳和楼将梁架细量，以补前两次所遗漏。余半日，我忽想到还有县文庙不曾参看，不

府文庙泮桥（梁思成摄）

妨去碰碰运气。

　　县文庙前牌楼上高悬着正定女子乡村师范学校的匾额。我因记起前次在省立七中的久候，不敢再惹动号房，所以一直向里走，以防时间上不必需的耗失，预备如果建筑上没有可注意的，便立刻回头。走进大门，迎面的前殿便大令人失望；我差不多回头不再前进了，忽想"即来之则看完之"比较是好态度，于是信步绕越前殿东边进去。果然！好一座大成殿；雄壮古劲的五间，赫然现在眼前，正在雀跃高兴的时候，觉得后面有人在我背上一拍，不禁失惊回首。一位须发斑白的老者，严重的向着我问来意，并且说这是女子学校，其意若曰"你们青年男子，不宜越礼擅入"；经过解释之后，他自通姓名，说乃是校校长，半信半疑的引导着我们"参观"；我又解释我们只要看大成殿，并不愿参观其他；因为时间短促，我们匆匆便开始测绘大成殿——现在的食堂——平面。校长起始耐性陪着，不久或许是感着枯燥，或许是看我们并无不轨行动，竟放心的回校长室去。可惜时间过短，断面及梁架均不暇细测。完了之后，校长又引导我们看了几座古碑，除一座元碑外，多是明物。我告诉他，这大成殿也许是正定全城最古的一座建筑，请他保护不要擅改，以存原形。他当初的怀疑至是仿佛完全消失，还殷勤的送别我们。[1]

　　梁思成先生对正定古建筑的特别关爱和高度评价，大大提高了正定人民对古建筑的热爱和保护意识。新中国成立初期的1953年，正定便成立了县文物保管所。此后，在国家和各级文物部门的关怀支持下，正定展开了大规模的文物保护

① 梁思成：《正定古建筑调查纪略》，载《中国营造学社汇刊》1933年第4卷第2期。

和修缮工作。迄今为止，梁思成先生考察过的主要建筑大部分得到了修缮或者重建。也正因此，正定的隆兴寺、开元寺、广惠寺多宝塔（华塔）、临济寺澄灵塔（青塔）、天宁寺凌霄塔（木塔）、县文庙大成殿、《大唐清河郡王纪功载政之颂碑》（《风动碑》）、府文庙前殿、城墙、梁氏宗祠共十处古建筑，先后被国务院公布为全国重点文物保护单位，位列全国县城之首。1994年，正定县城被命名为"国家历史文化名城"。这其中，梁思成先生功不可没。

习近平总书记提出："一个国家、一个民族的强盛，总是以文化兴盛为支撑的，中华民族伟大复兴需要以中华文化发展繁荣为条件。"[1] 随着中华民族伟大复兴和中华文化伟大复兴双重复兴局面的到来，传统文化迎来复兴的机遇。

中华优秀传统文化迎来新时代

党的十八大以来，以习近平同志为核心的党中央高度重视中华优秀传统文化的传承发展，从推动中华民族现代化进程的角度创新发展优秀传统文化，其中尤其重视儒学的传承与发展。

2013年11月26日，习近平总书记参观曲阜孔府并发表讲话。他饶有兴趣地翻看《孔子家语通解》《论语诠解》两本书，并说"要仔细看看"。习近平随后在讲话中强调，研究孔子和儒家思想要坚持历史唯物主义立场，坚持古为今用，去粗取精，去伪存真，因势利导，深化研究，使其在新的时

[1]《习近平在山东考察时强调：认真贯彻党的十八届三中全会精神 汇聚起全面深化改革的强大正能量》，载《人民日报》2013年11月29日。

代条件下发挥积极作用。

2014年五四青年节，习近平总书记来到北京大学人文学苑，同87岁的哲学家汤一介促膝交谈，了解《儒藏》编纂情况，赞扬他为中华优秀传统文化继承、发展、创新做出了很大贡献。

2014年9月24日，纪念孔子诞辰2565周年国际学术研讨会暨国际儒学联合会第五届会员大会在北京人民大会堂开幕，习近平总书记出席并讲话。国家最高领导人出席孔子诞辰国际学术研讨会并讲话，这还是第一次。

中华文化源远流长，孔子创立的儒家学说以及在此基础上发展起来的后世各派儒学思想，对中华文明产生了深刻影响。随着儒学在世界范围内的传播，越来越多的人意识到，以儒学文化为核心的中华传统文化中蕴含的价值和智慧，为解决全球性问题提供了现实可能性。联合国教科文组织泰勒博士曾说："当今一个昌盛、成功的社会，在很大程度上，仍立足于孔子所确立和阐述过的很多价值观念。这些价值观念是超越国界、超越时代的；属于中国，也属于世界；属于过去，也会鉴照今天和未来。"

北京大学高等人文研究院院长杜维明教授说："在我看来，儒学是跨时代、跨文化、多学科、分层次、没有教条的，这些特质使它具有了普遍性和永恒价值。"他倡导"儒学第三期"，即21世纪应是"自我更新的儒学"和"面向整个世界的儒学"。

"儒学第一期是从曲阜的地域文化、地方知识发端，经历了从先秦到汉代数百年的发展，逐渐超越地域的限制，成为中原文明的核心、中国文化的主流。儒学第二期则从中国文化发展到东亚文明，这就是宋明儒学尤其是朱子学、阳明学在韩国、日本、越南等地的传播与发展。可以说，儒学在第二期已不仅是中国的，还是整个东亚的。接下来儒学的第三期发展则是要面向整个世界的，儒学要真正成长为'具有全球意义的地方知识'（the global significance of local knowledge）。这就要看儒学能否对整个西方文明，尤其是从启蒙时代以来的'启蒙心态'作出回应，并进而能否给人类社会提供有价值的东西。可见，儒学第三期应是基于本土、面向世界的。"①

"当然，对于在现代化坐标中登攀高点的中国人而言，'回到孔子'不仅仅出于为解决现实问题提供精神资源这个功利目的，它更意味着一个古老民族在价值和情感上的回归。"② 对传统文化中适合于调理社会关系和鼓励人们向上向善的内容，我们要结合时代条件加以继承和发扬，赋予其新的含义。

传统文化复兴带动了文庙研究的兴起

近几年，国学在中国教育体系的地位日益强化。2014年3月，教育部印发《完善中华优秀传统文化教育指导纲要》，要求学校分学段推进中华优秀传统文化教育。该纲要从多个方面提出了要求，强调把中华优秀传统文化教育系统融入课程和教材体系。在教育部门要求下，国学课已经走进北京50余所中小学校，上海、天津、长沙等地也相继开设了国学课。③ 不少社会人士亦重拾尊古学儒之风，各类国学讲堂在各地先后兴起。社会各界对中国特色、历史文化、乡愁的关注持续提升。

学者们认为，儒学在21世纪将会成为一门显学，文庙学也会因之更加昌盛。围绕新时期文庙的重新定位问题，学者

① 杜维明：《当代中国需要自我更新的儒学》，载《人民论坛》2014年3月下期。
② 李拯：《我们为什么要"回到"孔子》，载《人民日报》2014年9月25日。
③ 涂皓：《国学进课堂应防"虚热"》，载《教育》2015年第9期。

们从不同的角度进行了研究。如周洪宇带领的学术团队，正在开展文庙的系列研究。周洪宇和赵国权等从现实的角度，对传统文庙如何定位、如何继续发挥其应有的功能进行了深入研究，强调"文庙作为国学或文化传承的主要载体和阵地，理应在培育和践行社会主义核心价值观方面继续发挥其教化功能"[1]，提出了要建立一门新兴的学问——"文庙学"[2]，把文庙研究推向学术前沿。广少奎等从历史的角度，对文庙发展的脉络及其曾经发挥的功能加以系统梳理，认为："以文庙的复兴研究为契机，梳理民族文化的传承脉络，丰富民族精神的教育内涵，是时代赋予教育工作者和历史研究者的重要使命。"[3]邓凌雁从建筑学和建筑现象学的角度，分析了文庙建筑空间的教育意蕴。[4]

对正定文庙功能和作用的重新定位

中国政府一向重视对传统文化的保护、发掘和弘扬。孔子所倡导的儒家文化是中华传统文化的核心要素，文庙作为儒家文化的载体自然备受关注。2016年7月26日，国家文物局下发《关于开展文庙、书院等儒家文化遗产基本情况调查的通知》。该通知指出，以文庙、书院等为代表的儒家文化遗产，是中华优秀传统文化的珍贵物质载体，也是我国独具特色的文物类型。[5]在这样的大背景下，正定县文庙大成殿、正定府文庙分别于1996年和2006年进入全国重点文物保护单位行列，同时也带动了对正定文庙遗存的修复和保护。

今天的正定文庙，不仅受到了有效修复和保护，而且实现了合理利用。

1995年，县文庙就被确定为正定县中小学德育基地和学

① 赵国权、周洪宇：《游走于传统与现代之间：对文庙再定位的几点思考》，载《河南大学学报》（社会科学版）2017年第5期。
② 周洪宇、赵国权：《文庙学：一门值得深入探究的新兴"学问"》，载《江汉论坛》2016年第5期。
③ 广少奎：《斯文在兹，教化之要——论文庙的历史沿革、功能梳辨及复兴之思》，载《河南大学学报》（社会科学版）2017年第5期。
④ 邓凌雁：《空间与教化：文庙空间现象及其教育意蕴的生成》，载《河南大学学报》（社会科学版）2017年第5期。
⑤ 周洪宇、赵国权：《文庙学：一门值得深入探究的新兴"学问"》，载《江汉论坛》2016年第5期。

雷锋志愿服务站。

从2005年起，河北省各界人士开始在这里举行汉服公祭孔子的释奠礼。该活动由河北省文史研究馆、河北省国学促进会筹委会、正定弘文中学等单位共同主办。现在正定县文庙已经成为全球祭孔联盟成员单位。

现今正定文庙的祭孔仪式有礼有乐有舞。与国内某些地方带有表演色彩的祭孔活动不同的是，河北省近年组织的祭孔仪式严格遵守非物质文化遗产保护原则，除乐舞外更侧重于"礼"的陈述与表达。整个祭祀礼仪过程由迎神、初献、亚献、终献等十个部分组成。献官们头戴七梁冠，身着玄衣纁裳，足登云履，手持笏板，腰佩玉带，颈饰方心曲领，表情严肃，威仪具足，让人感到一种中华民族衣冠文明的堂堂正气，肃穆而庄严。

正定县文庙举行传统"释奠礼"（孙立提供）

　　乐舞生身穿红色圆领公服，头顶黑色金边三梁冠，举手投足，尽显华夏衣冠风范。乐生们在台上向人们展示正统的中华雅乐，柷、琴、瑟、埙、箫、篪、笙等乐器齐奏，乐声悠扬。舞生左手执龠，右手秉翟，排列整齐地跳起了释奠礼专用的"六佾舞"。执士们身穿白衣，头顶"四方平定巾"，和身穿玄衣纁裳的献官们共同完成读祝、三献等祭祀的主体部分。整个祭祀仪式礼制完备，庄重肃穆，再现了华夏礼乐的庄严高贵、中正平和。

　　2012年，正定文保所在文庙内设立国学堂，通过举办集体祭拜至圣先师、解读《弟子规》与祭孔大典等活动，完美诠释国学文化，让世人亲身感受中国传统文化的无限魅力。

正定县文庙国学传播活动中心举办的研学活动（孙立提供）

每年都有许多大中小学学生甚至幼儿汇聚正定文庙，着汉服举办开笔礼、成童礼、成人礼、拜师谢师礼，体验"六艺"和祭孔礼仪。

2018年9月，正定县文庙成为石家庄市中小学生研学旅行基地。

此外，正定文庙还成为国内多所高校、研究机构的中华传统文化研究基地。这里是河北省儒教研究会理事单位，复旦大学将这里作为儒学文化研究中心的实践基地，中国人民大学将这里作为孔子研究院学生实践基地，等等。

要实现中华民族伟大复兴的中国梦，必须破解当下文化传承等方面所面临的各种问题。及时抢救、恢复包括正定文庙在内的各地曾经普遍存在、现在濒临消亡或已经消亡的文庙，重新认识并挖掘文庙在文化传承与道德教化中的无可替代的平台作用，是破解这一难题的一个有效突破口。有河北学者呼吁，在我国国力不断增强和民族意识崛起的前提下，"河北应更加重视文庙建筑和发挥文庙的文化教育功能"，"探索多种利用方式，实现文庙的可持续性开发利用"。①

对文庙的重新定位这一问题，我们特别需要认真学习领会好习近平总书记的重要指示："要使中华民族最基本的文化基因与当代文化相适应、与现代社会相协调，以人们喜闻乐见、具有广泛参与性的方式推广开来，把跨越时空、超越国度、富有永恒魅力、具有当代价值的文化精神弘扬起来，把继承传统优秀文化又弘扬时代精神、立足本国又面向世界的当代中国文化创新成果传播出去。要系统梳理传统文化资源，让收藏在禁宫里的文物、陈列在广阔大地上的遗产、书写在古籍里的文字都活起来。要以理服人，以文服人，以德服人，提高对外文化交流水平，完善人文交流机制，创新人

① 朱海珍、王玉亮、袁洪升：《河北文庙的保护现状与开发利用》，载《河北旅游职业学院学报》2015年第1期。

文交流方式，综合运用大众传播、群体传播、人际传播等多种方式展示中华文化魅力。"① 文庙研究任重而道远。

走向新时代的正定文庙展望

从今天的现实讲，我们在中华民族伟大复兴的道路上大踏步向前进，中国特色社会主义进入新时代，全球新一轮科技革命与产业变革正在把人类社会带向又一个崭新的时代。随着中国从跟跑走向领跑的世界地位的变化，东方文明必将助力今天这场新的科技革命，中国比以往任何时候都更加需要文化自信和文化自觉。中华传统文化是东方文明的集大成者，是中国文化自信和文化自觉的源泉，是推进中华民族实现民族崛起和伟大复兴的源头活水，更是赢得新技术革命的根本动力。所以，在这个时代，我们必须树立高度的文化自信，树立更远大的文化担当，去挖掘、继承和发扬中国传统文化中的精华。

中国传统文化是中华民族数千年文化的综合，经历了自身数千年的优胜劣汰的自我更新。同时，不断吸收外来文化的精华，进而形成了多种哲学思想完美融合的独特文化。她既有道家的自然，又有儒家的仁爱，既有墨家的无私大爱、佛家的慈爱奉献，又有法家的严谨。当今，人类社会发展处在大变局的历史拐点处，大包容大整合是当今世界发展的新方向，中华传统文化必将迎来新时代，放射出更加独特的光芒。

孔子是我国杰出的思想家、教育家、政治家。他一生致力于政治、哲学、伦理、教育等各个方面的研究，形成了庞大的思想体系，对我国的思想文化发展具有极为深远的影响。以孔子为代表的儒家思想，是中国历史上时间最久、影

①《习近平在中共中央政治局第十二次集体学习时强调 建设社会主义文化强国 着力提高国家文化软实力》，载《人民日报》2014年1月1日。

响最大的思想学派。多年来，儒家学说作为中华传统文化中的主流思想，在中华大地上大放异彩，独领风骚。儒家思想集多种哲学思想精华于一体，是中华传统文化优秀精华之集大成者。中国文化中有温情脉脉的仁爱文化，这正是以儒家学说为中心的仁者爱人的文化。

儒家文化注重集体与个人的关系，注重人伦之间的关系，其所倡导的"己所不欲，勿施于人""己欲立而立人，己欲达而达人"的忠恕之道，是中国人处理人际关系的金科玉律。中国传统文化有以民为本的优秀传统，儒家学说成为其中的主导者。早在西周时期，以民为本的思想已经开始萌芽，到了"亚圣"孟子那里，以民为本的思想达到顶峰。孟子的仁政和王道理想，就是建立在以民为本的思想基础上的。儒家学说更是中华传统文化推崇诚信的集大成者。在《论语》《中庸》《大学》《孟子》等儒家典籍中，"诚"是一种自然法则，追求诚则是做人的法则。"诚"与"义"是中华传统文化的焦点之所在，也是儒家学说的焦点之所在。儒家学说倡导义为上，要走正道，做符合社会道义的事情，在利益面前要首先选择正义，而不是利益。

儒家学说的仁爱是建立在和谐的基础之上的。儒家思想讲求"和"，讲求"天人合一"，讲求人与人的和谐、人与自己内心的和谐、人与自然的和谐。中国人在人伦关系、世界观和方法论上是追求中庸之道的。中庸之道追求实现"和"的状态，即所谓"和合与共"。中华民族是一个热爱和平的民族，是一个心怀天下的民族，正所谓"家事国事天下事，事事关心"。这些思想不仅有益于国家内部的建设，在全球化的今天，对于处理国与国之间的关系更是有益的借鉴。

作为正定传统文化中重要组成部分的儒家文化，交织出古城牢不可破的文化底蕴。正定古城内的两座文庙就是儒家文化的物化体现之一。正定古城是按照中华传统规划思想和建筑风格建设起来的城市，集中体现了公元5世纪至19世纪中国的历史文化特色，是古代劳动人民的聪明才智和坚强毅力的结晶。作为国家历史文化名城，"九朝不断代"的正定古城拥有1600年的文脉传承。源远流长的历史，给正定古城留下了瑰玮灿烂、风格独特的文化名胜古迹。

独特的地理位置，使这里成为一个开放多元的热土。农耕文化、游牧文化、中西方文化在正定碰撞融合，逐步形成了正定开放包容的人文精神，这种精神成就了这方水土的历史辉煌。除了文物古迹，正定的文化内涵包容丰富，博大精深。除占主流的儒学外，这里还是佛教之乡。正如作家余秋雨所说，正定有一部千年文化史，千年佛教史在正定。这里同时活跃着道教、基督教、伊斯兰教等世界上的几大主要教派。文化的包容万象和文风的悠远绵长，使这座千古一城成为天地文脉交汇中华的华美乐章、中国文明长卷中不可割舍的一页。

两座文庙与千古一城的文物古迹，正定儒学与开放多元、丰富厚重的古城文化，相互涵养，相得益彰，滋养着这里的人民。正定人踩在这块古老的土地上，续写着中华文明的昨日今生。今天，千古一城中博大精深的传统文化融注了中华现代化新征程的华章，使古城的两座文庙焕发出更加璀璨的光辉，成为新时代传播儒学文化的主阵地，挖掘、继承和发扬中华传统文化精华的重要桥头堡，为人类社会承担起新时代的文化使命。由此，我们希望《正定文庙研究》能够对古城文化的保护与传承有所贡献。

附录：历代文庙碑记①

修真定府学记②

[金] 周昂

人去古逾远，难于入道，虽有诗书礼乐之说，得其门者或寡。使登夫子之堂，瞻圣哲之像，巍乎如得亲炙，而又于春秋将事之际，观牲币豆笾之数，升降俯仰之容，厌然醉饱其心，然后示以诗书礼乐之说，则力少而功倍。真定于河朔为大府，大定己酉，皇叔吴王受钺来帅，越三日见于廷，慨然临之，有作新之意。既命工北徙其正室，去以十丈，梁栋楹桷，一易而新，其崇及广，视旧有加。而又增其两庑及廊为间十六，先贤大儒之像凡数十人，皆改图之。用钱于公几百万，相助者倍之。功起于明昌元年二月，终于八月。庙既成，远近皆悦。于是学录李藻等咸嘉贤王能知为政之所先，而邦人能劝于善也。乃属于昂，昂因其请而有告焉：自三代而降，言士之贤，莫如两汉。然西汉之士，辞章典雅，而志节未胜；东汉之士，风义高烈，而文采有惭，盖未敢知其优劣。然士之所信者，孔子也。孔子称其门人之所长，自颜渊、闵子骞至于子游、子夏，有次第。本朝自天辅以来，专用文章取士，士之致力于文也久矣，奚患其不至？独所谓志节风义，使学者皆知内此而外彼，高视远蹈，期无愧于古，而又推及于乡人，以至于列郡远邑、深山穷谷之民皆奋于德，然后知庙学之有功于人也。

今旨重修真定庙学记①

[金] 元好问

王以丁未之五月，召真定总府参佐张德辉北上。德辉既进见，王从容问及镇府庙学今废兴何如？德辉为言："庙学废于兵久矣！征收官奉行故事，尝议完复，仅立一门而已。今正位虽存，日以颓圮。本路工匠总管赵振玉方营葺之。惟不取于官，不敛于民，故难为功耳。"于是令旨以振玉、德辉合力办集，所不足者，具以状闻。德辉奉命而南。连率史天泽而下，晓然知上意所向，罔不奔走从事，以赀以力，迭为佽助。实以己酉春二月庀徒藏事，亶勉朝夕，罅漏者补之，邪倾者壮之，腐败者新之，漫漶者饰之。裁正方隅，崇峻堂陛。庙则为礼殿，为贤庑，为经籍、祭器之库，为斋居之所，为牲荐之厨；而先圣、先师、七十子、二十四大儒像设在焉。学则为师资讲授之堂，为诸生结课之室，为藏厩庖湢者次焉。高明坚整，营建合制，起敬起慕，于是乎在。乃八月落成，弦诵洋洋，日就问学。胄子渐礼让之训，人士修举选之业。文统绍开，天意为可见矣！既丁酉释菜礼成，教官李谦暨诸生合辞属好问为记，以谨岁月。窃不自揆度，以为仁、义、礼、智，出于天性，其为德也四；君臣、父子、兄弟、夫妇、朋友著于人伦，其为典也五。惟其不能自达，必待学政振饰而开牖之，使率其典之当然，而充其德

①《元好问全集》卷32。

之所固有者耳。三代皆有学，而周为备。其见之经者，始于井天下之田。井田之法立，而后党庠遂之教行。若乡射，乡饮酒，若春秋合乐、劳农、养老、尊贤、使能、考艺、选言之政，受成、献馘、讯囚之事无不在。又养乡之俊造者为之士，取乡大夫之尝见于施设而去焉者为之师。德则异之以知、仁、圣、义、忠、和；行则同之以孝、友、睦、姻、任、恤；艺则尽之以礼、乐、射、御、书、数。淫言诐行，凡不足以辅世者，无所容也。故学成则登之王朝；蔽陷畔逃不可与有言者，则挞之、识之，甚则弃之为匪民，不得齿于天下。民生于其时，出入有教，动静有养，优柔餍饫，于圣贤之化日益加而不自知，所谓人人有士君子之行者，非过论也。或者以为井田自战国以来扫地矣，学之制不可得而见之矣。天下之民既无以教之，将待其自化欤？窃谓不然。天佑下民，作之君师，夫岂不欲使之正人心，承王道，以平治天下？岂独厚于周而薄于世乎？由周而为秦，秦又尽坏周制，烧诗书以愚黔首，而黔首亦皆从之而愚。借穳锄而德色，取箕帚而谇语，抵冒殊扞，熟烂之极，宜莫秦民若也。高帝复以马上得天下，其于变狂秦之余习，复隆周之美化，亦不暇给矣。然而叔孙典礼，仅出绵蕝之陋；陆贾《诗》《书》，又皆煨烬之末。孰谓斫雕为璞者，乃于不旋踵之顷而得之？宽厚化行，旷然大变。兴廉举孝，周暨郡国。长吏劝为之驾者，项背相望。是则前日所以厚周者，今易地而为汉矣。况乎周制虽亡，而出于人心者固在，惟厌乱所以思治，惟顺流易于更始。始于草创而终之以润色，本末先后还相为用，为周为汉，同归于治，何详略迟速之计邪？洪惟大朝，受天景命，薄海内外，罔不臣属。武克刚矣，且以文治为永图。方夏甫定，垂恩选举。念孤生之不能自存也，通经之士，悉优复之；虑儒业之无以善继也，老成宿德，使以次传之。深计远览，所以贻丕显之谟而启丕承之烈者盖如此。王府忠国抚民，一出圣学。比年宾礼故老，延见儒生，谓六经不可不尚，邪说不可不绌，王教不得不立，而旧染不得不新。顺考古道，讲明政术，乐育人材，储蓄治具，修大乐之绝业，举太常之坠典。其见于恒府庙学者，特尊师重道之一耳。夫风俗，国家之元气；学校，王政之大本。不塞不流，理有必至。癃老扶杖，思见德化之成。汉来美谈，见之今日。盖兵兴四十年，俎豆之事不绝如线，独吾贤王为天下倡，是可为天下贺也，故乐为天下书之。是年十月朔旦记。

增修真定府学记^①

［元］王思廉

延祐丙辰夏，郡学教授苏梦麟、学正韩大明、学录焦悦合辞谓予曰：

恒府庙学建置之始无从稽考，其迁金粟冈地，则有宋龙图阁学士、知府事吴中复熙宁三年律诗^②，礼部郎中陆佃元祐元年记；重修则有金常山周先生昂明昌三年记；国朝己未岁重修之，则有遗山元先生好问记。历来五纪有奇矣。至元辛未夏，总管乌提尝葺讲授之堂、结课之室，则有东原崔迪记，四十五年于今矣。上下两旁风雨疏敝已甚，宪司诸公倡议完复，总府长二司亦赞成，不惮改作。殿基旧，卑下崇以三尺；栋楹榱桷、瓦甓牖户易腐败，以坚率三之二，漫漶者鲜之；东西庑、讲堂各益两楹用广，狭隘故者，因而新之。华丽宏壮，殆类初构，一洗前日之陋，称侯邦泮宫之制。七十子、二十四大儒昔图于壁，剥落几半，绘以缣素。为不朽计，宋九儒、本朝许鲁斋附焉。祭祀陶器加四百余事，笾九十，豆六十，幂布九十，此又余力所及也。其赀盖宪司总府、州县官吏俸金，富室巨族见义而勇为者之所助，不强取也。始正月，成于五月，其勤亦

① ［清］赵文濂：光绪《正定县志》卷11。
② 据《常山贞石志》改。

至矣。梦麟等承乏教职，目击盛事，不纪恐上官嘉绩将遂湮没无闻焉。矧先世营缮，列有碑刻以志岁月。砻石已具，敢属笔于子，子起身诸生，不容以绵薄。甘且一举而宜书者三，讵可缄默。方今圣天子在上，更张政瑟，设科取士，锐意复古，而诸公以庙学风化之所由兴，人才之所由出，承流顺美知所先后，一宜书也。郡值南北大路，饯迓往来，略无虚日；人民繁多，甲于河朔；牒诉倥偬，疲于剖绝。于斯时也，不半载卒此役，非才力恢恢、遇盘错易于破竹而能之乎？二宜书也。彼为身谋者曰：簿书期会，吾责也，遑恤其他？安苟且者曰：三载，吾及瓜矣，何急于是？天下事日趋于坏，职此之由。而诸公不为身谋，不安苟且，奉公如私，以励偷惰，三宜书也。有三宜而不为之发挥，诸公固无负于我徒，而我徒实有负于诸公也。于是述其本末，用告来哲。

真定路学乐户记[①]

[元]欧阳玄

镇阳郡学礼乐生通七十有八户，郡刺史之所陈请，肃政使者之所建明，省台部之所详定。既复其户，凡诸征繇无所与于有司矣。教授赵璧、学正孙诚、学录宋举惧岁久籍漫，谋寿诸石，乃砻坚珉，具梗概，请于郡人春官侍郎苏君天爵，访玄司成之馆，征辞以记之。玄与苏君俱以礼乐为职事者也，记可辞乎？按郡学始建，置乐生十有六人，春秋二仲上丁释奠犹用俗乐。延祐五年改作雅乐，增置四十有五人。至顺二年，援乐生例，请设相礼及诸执事者，又置礼生二十有五人，寻增置八人，然后声容文物烨然，最圻内诸郡。夫三代以来，学校之制，学者入学，无不学礼，亦无不学乐，当时，弟子员即礼乐生也。更秦废坏，汉叔孙通以鲁三十生及其弟子百余人，起朝仪于野外。益州刺史王襄命王褒作《中和》《乐职》《宣布》等诗，得郫县何武与成都杨覆众等习之。宣帝以为盛德之事，召武等赐帛。此礼乐生盻见史传者也。今镇阳为河朔上郡，户口繁夥，有司拔一二于千百，以备一郡制作之美，是岂小补哉！叔孙通之徒，皆起家拜爵为郎，何武它日仕至三公，人材自此涂出亦未可量也。余感苏君敬共桑梓之意，故以远者、大者进而勖之。户在录事司者二十有三：曰陈惟仁、李荣祖、程宣差、武秀实、耿顺和、黄兴、和仁、曹仙、康天益、郭荣祖、傅聚、刘进、赵亨、赵楞、梁聚、郭从、刘郁、李盛、闫恭、宋仲禄，若陈兴户之杨德新、谢宝户之王宏毅，皆在是数焉。在真定县者十有五：曰董子政、李演、刘成、张斌、秦温、孙爵、郭秉忠、张德、李文成、靳用、李顺、张清、谷德、闫德、王祺。在栾城县者曰陈用、王庆。在藁城县者曰刘□、李信。在平山县者曰李好古、李楫。是三县皆二户。在古城县①者赵杰，在无极县者吴贯，是二县皆一户云。至元四年戊寅闰八月辛亥记。

宣圣庙塑像记②

[元] 杨俊民

像设果古之制欤？古者有学无庙，凡入学必释菜释奠于先圣、先师，不过设位立主而已。庙且不立，况像设乎！然则像设非与？盖事有创于后世而不可废者，虽庚乎古，有功于今，得随时为制之义，君子必有取焉。昔者，夫子既没，鲁哀公即宅立庙，终汉之世，不出阙里。魏晋以来，渐及京邑。由宋迄今，天下无不建庙，俾在在有所瞻仰，人人有所依归，其于风化岂曰小补？庙既增广，像设固不得而阙也。或讥以此之形冒彼之名，神果安乎？是又不

---

① 古城县应为鼓城县，今河北省晋州市。
② [清] 赵文濂: 光绪《正定县志》卷11。

然。面之寝扬，万无齐同，概曰人形未始不一。设位立主固简质，自非闻道精礼之人，未免漫而视之，漠焉奉之，其何以致诚敬而动观感乎？今也衷以土木，表以彩绘，风度尊严，冕服彰明，学者见之，肃然敬惕。然思其心必曰：古人体貌不加多于我，而我不逮古人，独何欤？由是可以事神，可以希贤，又何必索形似于千古之上乎？吾真定庙制，惟正殿塑像，两庑两序，图以缣素。至正十六年，青州赵公任重来尹是郡，刬繁理□，期年政成。监郡普颜公、治中燮彻公洎普化公、判官末里公洎多里公同谒庙廷，升殿顒望而叹曰："大圣生有异质，《祖庭》所记固难尽以石本，司寇之像卑陋不称，四公十哲亦然，当改为之。贤儒画本岂能持久，当易塑像。真定河朔名郡，顾兹阙状，吾等不得辞其责也。"监郡以下皆曰："兹固平素之志也。"即日割俸倡率，鸠赀如干，市物募工。公特选儒生五人，考评制度，俾末里公率三吏专督其役。首即殿上据图易故，次创百有五像，土木洁粹，工徒斋戒，各极心思之妙。肇自二月，告成五月。集贤杨俊民，郡之学者，代祀言还，闻斯走谒，仰瞻夫子蔼然道德之光辉，退阅诸贤俨然揖让之仪容。周旋殿庑，如游洙泗之间；徘徊眷恋，忘其地之非鲁也。於乎异哉！教授高翥、学正张贲、学录段文素趋而言曰："盛典方成，先生适至，愿文之石以纪府公之善。"噫！庙学，政之急务，不知者忽焉。承平鲜举，多事遑恤？今公等上给兵需，下抚民瘼，既各有方。城池高深，市门增壮，不日而成，牧守之职宜若无以加也。复兴化，原旷典，于百年之下使人惊喜叹服，新视易听，何其贤也！非大尹刚毅有为，孰能倡于前？非诸公协恭莫逆，孰能和于后？不有臬司赞勉其上，其何以增吾道之光哉？从是数美，夫岂偶然？执笔欣跃，不自知其文之陋也。

　　至正十七年，岁在丁酉秋八月癸卯朔

增修真定府学记[①]

[明]曹京

真定为燕南巨镇，其土地之饶，山川之胜，衣冠文物之雅，由来尚矣。郡之儒学，由宋历元，荐罹兵燹。殿堂门庑，悉皆颓圮，而明伦堂在大成殿东偏，岁改月化，丘墟瓦砾。洪武四年秋，太守郭侯勉字进道、贰守梁侯宾字伯兴来领是郡，既而经历蒋辅字世贤接踵而至，执事陈□字□骧同心协力，兴废举坠。越二年，癸丑冬十月，太守率同寅偕真定令叶思敬、平山令沈亨、灵寿令王士成、元氏令刘原四邑长咸萃于庭，从容语之曰："方今圣天子以文治天下，而学校为育才之地，风化之首，而吾真定庙学废弛如此，实吾为郡县者所当虞也。今将嗣而葺之，而诸宰皆孔门之徒，尔其各奋尔志，各供尔事，毋费尔民财，毋妨尔民务，鸠工抡材，要在简便。"众皆悦从之。遂度地之宜，乃构堂于殿之北，而建杏坛于堂之南。内外墙宇，凡朽腐者易而新之，残缺者补而完之，殿堂门庑焕然一新。实经营于洪武癸丑十月，落成于是岁十一月二十有八日。洁牲奠告彻毕，用识岁月，遂勒石书之。

洪武七年五月□日

真定尊经阁记[②]

[明]彭时

真定古河朔重地，今为畿南巨府。府之有学，历宋金元屡修屡毁。国朝洪武初，庙学一新。天顺己卯，推官永宁吴麓复增拓明

---

① [清]赵文濂：光绪《正定县志》卷11。
② [清]赵文濂：光绪《正定县志》卷11。

伦堂为五间，堂左右四斋，凡十二间，规制胜乎旧矣。岁癸未，巡按监察御史卢公祗谒庙毕，劝励师生，已而周视后堂，有柜列于北牖，朝廷颁降御制诸书并"五经四书"、《性理大全》诸典籍之所在也，乃慨然兴所以庋藏之属。郡之志义者告焉，众毕从，具工施材以助。公于是营度经画，而知府苗君灏协心赞助，择官吏耆老之勤能者董其役。值明伦堂得隙地，因增筑其址。崇以五尺，中为阁，其崇三十有七尺，以经籍庋藏其上，名曰尊经。东西为楼，凡十有四，以广师生讲习之所。其东曰梯云，西曰步月。又附阁左右为庖廪各三，以为日用之需。自始事以至讫工不踰一月，而规模壮观。落成之日，教授曾君子唯请予记之，予惟兴学劝士风宪者之当务也，卢公之功信不可忘，诸君子于其所以揭名示警励者可不知耶？今朝廷造士，以《易》《书》《诗》《春秋》《礼记》五经为本，而取之必以科目为重，故曰尊经者。欲士之来学，惟经是崇，以求实得于己也。楼曰梯云、步月者，欲士之穷经，列乎科目，以待见用于时也。列科目而于经无得，则非古之所尚；崇经学而不阶科目以升，则非今之所贵，是二者缺一不可。其因时开教之意深切矣！诸君子自今讲习于斯，尚益穷究经旨，务体圣贤之道，毋玩其华而遗其实，乃所谓善学者。以是而应当世之求，辞艺皆实学之，发推，吾所得见之用，则于致君泽民，开物成务，随所施为无不可者。其或违经背道，幸阶科目，虽有所为亦苟焉已耳，奚足贵哉？予故即其所名，申此为诸君劝。

真定重建大成殿记①

［明］姚夔

① ［清］赵文濂：光绪《正定县志》卷11。

古者立学，必释奠于先圣先师，所以尊德崇道以启后学也。

汉唐以下，或以周公为先圣，孔子为先师；或以孔子为先圣，颜子为先师。礼既靡常，义亦无据。洪惟国朝，斟酌古制，参义定礼，以学宫迪德之地，圣以德言，师以道言，道德之盛，莫如孔子。前乎周公，在七圣君臣之会，不宜以先圣祀于学后乎！颜子在四科弟子之列，不宜以先师号于庙。惟孔子道大德全，而不得君师之位以行尧舜禹汤文武周公之政教于天下。于是著之《易》《诗》《书》《礼》《乐》之文，以明父子、君臣、夫妇、长幼、朋友之伦，修身、齐家、治国、平天下之术，使天下万世，知尧舜禹汤文武周公之道，被其泽于无穷。故制自国以及天下府州县莫不有学，学必有庙，庙必祀孔子，祀必以王礼。而颜曾思孟四子配焉，其余七十子，从祀于殿庑之间，秩如也。礼明义正，诚足以洗前代之陋。於戏盛哉！真定，甸南大郡，学庙自国初设置迄今百年，日入于敝。天顺七年，关右邢侯简由秋官来守，睹庙宇弗称，亟图修举，士大夫闻而乐趋焉。财不赋而美，工不驯而集。首事于大成殿，阅月而成。隆以兽脊，覆以琉璃，台陛栏楯，巍如焕如。次辟两庑为十四楹，作大成、棂星二门各三楹，高广倍于旧。以至更衣有堂，储器有库，庖湢宰牧有所。碑楼庙表规制宏杰，畿内曾未有过于此也。功成请予文勒石于庙，予尝见侯之善政卓越，已蒙朝廷旌异之典，可书者不止新庙学一事，而新庙学实为善政之首，于是乎书。

真定重修文庙记[①]

[明] 刘健

　　学校，王化之首务。国家需才以致治，未有不先于设学。先圣、先师，春秋以前各祀其国之所有，汉唐而下，乃专祀孔子，于以一其进修之志，而严其对越之诚。自古迄今，庙之所以并建也。

---

① ［清］赵文濂：光绪《正定县志》卷11。

真定，古恒山郡，为畿内近地。庙学在府治东，肇建洪武辛亥，规制盛于一时。由洪武以来，屡加修葺，然阅岁既久，未免颓敝，且界域逼近居民，多为所侵。镇原张君琡来知府事，进谒瞻仰，有重修之志。弘治乙卯，计公帑所积，堪以济事，乃谋诸寮寀，请于上官，遂鸠工市材，分委董役。自是岁三月起工，讫丁巳九月，再踰岁而成。庙自礼殿、廊庑、神库、神厨，以至尊经有阁，名宦、乡贤有祠。学自讲堂、斋舍以至观乐之亭、教官之廨宇，列以重门，缭以周垣，庙貌深严，廉隅崇峻，礼神育材之意，咸式称焉。张君既落成，走书来请，余时以公私倥偬弗果，而张君寻去为河南大参。南昌熊君达实继其任，尤加意学之故址侵于居民十之三，张君已悉复之，学门犹为市区所碍。熊君以官钱易之，东西各表以坊，曰兴贤、育才，始面通衢，而宏敞壮丽，视旧有加。工既讫，遣人复申前请。余惟设学育才，固守郡者之所当先，然所以为教之方，尤不可不知所向。近时士子急于进取，率诵习前修之绪余，剪裁文字，以便试捷，而先儒所谓正学者漫不加省。张君熊君以正学造士，士能除去陋习，由格致诚正上溯圣贤之道，穷为名士，达则为名公卿，故书以勖之。

广建真定府学记[1]

［明］商辂

古帝王建国所恃以导迪彝教而系属人心者，惟学而已。我朝定鼎，列圣相承，益隆继述，学校之兴无间遐迩，矧真定在畿内者乎！成化纪元，知府事陇西邢君简莅政之余，奉宣德意，以庙学卑隘弗称，慨然以兴建为己责，殿庭内外为之一新。既而膺两浙参政之荐。继之者同省田君济出守是邦，咸惠大行，军民乐业。谒庙礼

① ［清］赵文濂：光绪《正定县志》卷11。

成，退顾僚属曰："庙新矣，而学之梁栋蠹腐，斋舍倾圮，何以作新士气而仰副明天子兴学右文之盛心哉？"因疏以闻，既得请，遂捐俸为倡，凡厥有位暨士庶仗义者欢然从之。乃召梓人度材，陶人埏埴，以至攻金攻石之工皆执艺事以趋。卜日蒇事，去其故而新是图。庙之后为师儒官舍者五区；庙之西偏南向为讲道之堂者十楹，旁列四斋，曰明德，曰崇信，曰养性，曰存义；南为门两重，各三间。堂之后为会膳之所者十楹。其后为尊经阁三间，以藏经籍子史。阁两直各翼以楼七间，扁曰步月，曰梯云，期多士之有所成也。阁之外，周围号舍五十间，俾诸生肄业之有其地也。文昌庙三间，旧在学门之西，今改置戟门之东，复为门三间。他若乡贤有祠，收受有库，观乐有亭，廪庚庖湢无不具备。学之前后地逼于民居者，悉偿以重价而充拓之。屋之创造于今者，总百二十间，加以绘饰，坚以垣墉。经始于成化十二年之二月，落成于成化十三年之五月。是役也，官无冗费，民不告劳，而规制宏丽，远迩莫加焉。于是诸生耆德咸以为太守建学之功大矣，所以嘉惠邦人者亦至矣。因教授蒥君雍来求为记，仰惟国家列圣授受，正道是崇，国都、郡邑、党术、里闾无地非学，司教之官既盛，复设宪臣以惩其怠，作人之功惓惓如是。今贤太守灼知上心，承宣唯谨。自今已往，衿佩之士必当朝斯夕斯，优游于弦歌诵读之际，以讲夫仁义礼智之蕴，明夫君臣、父子、兄弟、朋友之伦，则以之修身而身无不修，齐家而家无不齐。他日出而辅世长民，庶不负教养之深恩，而贤有司作兴之典，其为有补于治道岂浅鲜哉？

重修真定府庙学记①

［明］徐溥

真定府旧有庙学，自国初草创，规制卑狭。暨府入为畿辅而学制弗称，岁久益敝，殆无以为瞻奉游习之地。成化丙午，平凉张侯琬自户部郎中来知府事，志新之。积数岁，财力皆裕，计其事可济，始请于前巡抚都御史史公琳、巡按御史张君闻。鸠工聚财，相地营制，既有端绪。而都御史高公铨、御史田君济继至，复申前请。自弘治乙卯之春至丁巳之秋而成。凡为大成殿八楹，崇若干丈，深广称之；东西二庑共七十余间；外为大成门六楹、棂星门四楹；门之内凿地为泮池，上为石梁三殿；之后筑土为台，上为尊经阁六楹；又为神厨、神库各若干楹。而学之制加于昔。既又按图籍复学舍之侵地十之三，合其旧而平之，改建明伦堂为楹六，退省堂亦如之，东西四斋为楹各四，号舍为楹六十，余为观乐亭者二，为学宫廨宇者五，为庖为廪为门为垣者皆备，而学之制视昔盖倍蓰焉。于是卑者崇，隘者广，敝者新。为师者有所据以为教，为生者有所依以为学，为官者有所施以为政。信畿甸间盛举也！张侯乃以书来京师请予记。学之有庙，尚矣。夫学所以求道，而道非孔子之圣莫能明。舍孔子之道，则教非其教，学非其学，风俗坏而天下之治隳矣。故报享之祀、尊事之礼必先焉，而凡训诲肄习、储养作育之事并行而不敢废。此虽中世之制，而其来已久矣。夫欲使道明于上化行于下者，岂徒法制品式之具哉。必有躬行实践之功，而后可以言学；必有向往企到之诚，而后可以言祀。此为士者之所当然，而良有司所以倡率而兴起之者也。况甸服之近，王化所先，被天下之所视，以为轻重缓急者乎？张侯之政故善，其为志亦勤。凡经兹地睹兹制者，皆将征其贤而况于亲炙之者乎。若修废补敝，使常存而不坏，则又望于今日继其任者南昌熊侯逵焉。佐是役者，同知张景琦，通判王汝安、彭璋，推官李资。董治则获鹿知县吕泽，元氏知县常清，新乐知县刘麟，临城知县郭宾，饶阳知县徐淮、赵琮，安平知县吕鉴、张经，真定知县徐铭凡若干人。

明弘治十二年九月立石

重修真定府学记①

［明］欧阳映

真定府学建于宋熙宁间，我朝洪武初复葺之。前守张公埱、彭公泽又拓而大焉。规制备矣，甲于他郡。顾岁远渐敝，虽递加修饰，罔获经久。岁乙未，宋公宜以南道试，兹守正郡，谒庙视学，慨然有聿新之志。以初治吏民，或不相得，每殷于怀。既逾年，政通人和。诸属吏奉令惟谨，境内肃然，乃事事焉。维时巡抚中丞刘公夔、巡按御史王公禺皆曰可，遂鸠役集材，慕工厘度。凡诸宫墙、堂室之类，咸易而新之；增广其泮桥之制，俱构砌惟毂，可垂永久；复于学宫前建大坊，与棂星门并而高出其右，壮丽改观。以丙申三月经始，初秋落成。材以事输，各因其所有，故不费力；征近地，量与之值，故不劳；择人付之而考其成，故无苛。仍旧贯，靡所更张，故易举，民安其役，士乐其业，及诸当道者罔不嘉焉。

真定令江子溶、教授方子恩，驰书请予为记，以图不朽云。於乎，可以观政矣！圣代稽古建学，丕扬风教，庶政出焉。是故明伦、广义、考德、迪业、宣猷、宏礼、轨武、饰文以顺天道，培植化基，不但以育士宾兴而已也。今司民之官，加意学政者已鲜。况真定畿内大藩，民事颇殷，又路当南北，星轺之使络绎而至，非强

①［清］赵文濂：光绪《正定县志》卷11。

有才力者，将日不暇给，奚以及此。公莅政未久，遽怀永图，旬月之间，协此令绩。其吏饬，其工良，其令简而有常，其民卒事而不倦。吏饬治也，工良劝也，有常斯安矣，不倦斯裕矣。推之政也，吾恒之民赖之矣。

公字献可，别号仰山，关西郿州人。贤而文，在台宪有声，莅兹土宜其有此政也。史氏之职，吏有善政，率得书示来世，矧予桑梓地乎？是役也，赵二府延松、李二府朝阳、吕通府仲泉、刘通府希简、唐少府颐共赞厥成，号称一时之良。而承委董役，则阴阳官李时中也。若夫庙学规制，前人已有记者，不再述云。

嘉靖十七年立石

重修真定府学碑记①

[明] 袁炜

往予使唐藩过恒郡，见其山河绣错，扼险屏塞，屹然为甸服雄镇，盖慨然慕其形胜之壮焉。而竟以使事遄迈，未能跨瀛海以颇诸关，登常山以临种代，历井陉以观韩淮阴克成安君之遗垒；又不暇周览境宇，询其人文以验古之英风义烈，而遽然以去也。距今十数年，予受圣天子简命置诸密勿，晁夕不敢离左右，回视向之不获尽睹者，虽每念不忘而未由观之矣。岁甲子秋孟，真定教授高子遂来言郡守查君绛治学宫状，征予言记之。予追念畴曩之迹，而因窃私幸谓庶几乎怀古之抱将缘是以寄之也。按学建自熙宁中，入国朝轶加厘葺，而岁久复圮。嘉靖壬戌，查君始莅郡，即以敦教兴学为首务，乃请于抚按两台，得鸠工而治之。凡殿宇、亭、祠堂、廨、庑、涵，悉华其旧，而书楼、射圃、门房、号舍视昔加倍。棼撩跂翼，榱桷翚飞，盖即之俨如，望之岿如也。其东为二忠祠，故唐常

① [清] 赵文濂：光绪《正定县志》卷11。

山太守颜公伯仲在焉，并撤而新之，以风郡之人士云。经始于癸亥六月，而事竣于甲子夏五。费取诸公入之美，而力以徒戍营之。不伤不害，卒成伟绩，信非贤守不能也。未及①，查君迁观察副使往余浙，于是郡士念君之功，请诸新巡抚张公师载、新守陈君奎，以为事关教化，不可无述。予惟查君之功在真定，真定之人宜知之，不待予言以显，顾予之衷于此有深望焉。夫真定在中山河北之地，昔人所称犷悍懁忮而多好气矜节之士，盖自全晋已然。而武灵王益厉之，则其瑰奇特达以任侠相高，亦其风所渐久矣。以今观古，若乐毅、蔺相如、李左车、马服君诸人，勇悍仁强，当世称贤；而颇牧之徒，则摧锋禽暴，慷慨敢死，尤较然不屈其志，咸所谓铮铮佼佼燕赵烈丈夫也。而汉史纪谣俗者，遂讥其沙邱淫佚，相随椎剽，女子或为鼓瑟、跕屣、游媚富贵者，斯何故欤？毋乃教学之或弛，而仁义中正之，懿弗之，薰陶而汨其性灵欤？今恒之黉校，既视昔整焕矣，其亟宣猷，宏训性命道德以养其心，弦诵书礼以居其业，俎豆揖让以肃其度，声诗搏拊以和其志。日有所就，月有所将，而大中至正之道浃其衷焉。由是，居常则修孝悌之行以亲事其长上，临难则伏锧死绥以狥公家之急，宁复昔之慓悍怀急或至相随椎剽、游媚富贵者哉！方今圣天子寿考作人，久道成化，海隅日出之地，靡不率俾，而况真定密迩帝畿，濡沃圣化，倡而之善甚易。所贵立准示则，约之中正，是在司教者加之意而已。语曰：一道德以同俗，斯立学之意也，多士其勖之哉。是役也，建议者查君为宁国泾县人，举庚戌进士；而巡抚李公迁捐俸金三百，首其事；巡按董君学、兵备道副使刘君应节金允乐成，法得备书云。

嘉靖四十三年岁次甲子十一月立石

---

① 疑为"几"之讹。

重修儒学文庙碑记①

[明] 辛自修

　　万历庚辰冬，修奉命抚常山，入镇城恭谒先师，进诸生讲克复敬恕之章，类多体认真切有心学，不徒记问训诂已也。于时仰颂圣代右文之化，熙洽二百年余，乃畿甸贤豪士所得，固宜独深矣。既而瞻庙学圮坏不治，窃谓兴贤育才，地方首务，即以明年春檄所司修之。于时直指李公栋、范公鸣谦先后按治恒南，雅有同心，韪此举为不可缓。署真定魏守任总其事，命匠分工庀材蕆事。度支公帑而不以累民，役取佣力而不以动众，宁费毋省，宁坚毋速，盖岁暮始克竣役云。壬午元日，余与范公瞻礼如常仪，见庙制轩翔，文采炬耀，堂庑门廊之序肃如翼如，相顾乐之曰："兹学之修也，盖称完美矣，恒阳诸士其有兴乎？"翌日两学生刘培、娄正学、郑相、吕云鹤辈诣余请曰："学宫，风教之宗也。往岁，敝未必修，即修未必实。今兹之举，可称尽善而永久矣。愿一言记之。"余唯唯谢。又月余，诸士复申前请，余进而与之言曰："尔诸士以修学问记，抑知学之所以修乎。夫学非他也，所以学吾性分事也；修学非他也，所以修吾尽性事也。且有司之修此学也，闵恤庙庭，整齐廊庑，崇饰堂馆，缭缮门墉，具如此其备也。然后俎豆辉隆，邑课肤敏，教以起敬，而业有专攻。修学告成事矣，尔诸生之学之修则何以哉？亦求之吾夫子之训而已。以仁为宫庭，以克复为廊庑，以主敬为堂奥，以人己为门垣，诸具备矣。出而向用，上以赞宗庙，翼明堂，竭委身致主之忠，此学也；下以列屏翰，广万间，宏宣赒济世之泽，此学也；退伏草野，则闲与有家，化行闾里，俾一族一乡有所观法，亦此学也，兹尔多士之修之成也。慨自实学日衰，士去古日远，谭富贵者鲜风节，矜功名者忘性分。奇诡夸诞之流，又高谈元冥，崇尚老庄，于仁礼敬恕为吾性分中实际者，反诮曰第二义，是皆不知学为何物，学之修为何事也。尔诸士生三辅首善地，人杰灵秀，既已环拔，声名文物，尤先沧浃。矧幸遇明天子重道崇儒，于校选登进之典，每三令五申，不以轻畀，盖欲诸生修实学，臻实用，不徒粉饰浮靡，取具虚文己也。尔诸生尚思所自勖焉。呜呼！修学于有司，成则记以石；修于诸士，成则记以心。记以石者不朽，记以心者无尽。若他日记石岿然存而士效乃无闻且弁髦其学焉，是重负今日之修，取愧兹石远矣。知诸士必尔不为也。念哉！是役也，督抚阴公武卿，文武为宪，宠命维新，士学有瞻仰；台察前院督学商公为正，校士恒山，品骘精严，士学有激劝；今督学朱公琏，文命诞敷，士学有师程；巡盐曹公一夔、屯田王公国，观风驻节，士学有仪型；而井陉备兵金宪乔君木，则终始于劳，有功于兹学之修者，故并书，镌石以记一时之盛云。

万历十年岁次壬午仲春吉旦

重修正定府庙学记[①]

[清] 郑大进

郡庠为宋金粟冈遗迹，熙宁初，吴公中复以龙图阁学士知成德军作人今地，记之者越州陆资政佃也。佃奏名举首，中复亦进士及第，二公桂林一枝，奖进后学，用以金粟颜其冈。金元及明，址如故，而其制不可考。今所治，庙殿一、学堂一、重门二、内外池桥一、庑二、祠五、阁二、亭一、坊三，皆数十年事。余始来无完者，因葺之。始己卯，至庚辰秋庙成，壬午春学亦成。余维圣王之治天下，教养为大。北地自废井田，沟洫不讲，水旱时忧，余窃叹

① [清] 郑大进：乾隆《正定府志》卷46。

之。若学校，则兴废关人才盛衰，书生二字偶遭诟詈，坐此疑作兴文教非为政所急，诬巳！考史，中复峨眉代还无一钱，历任中外，罢淫祠，弹宰执，条邮兵不法状，风裁卓然。韩魏公宣抚河北，中复在正定，力言青苗先事之扰；魏公以闻，后以疏救流亡，为当事所忌，士论直之。佃受经安石，新政之行，师弟子绝无忌讳，识者以为难，其黜浮竞，谏纷更，议郊庙大礼，深得政体。所著《埤雅》《礼象》《春秋传》等书，尤为时重。此二公者，夫非自学校中来与？迹其言若行，有体有用，则书生不足为诟病，当日之敦崇学校亦非迂图。郡人倘追溯起化之，自而景其风徽，则金粟冈万斛之香藏于一粒，即以为如来度世之津梁也可。

倡捐小引[①]

［清］方立经

正定，古常山郡，畿辅西南一大都会也。圣驾屡次经临，宸翰昭垂，光腾河岳，府治之东金粟冈文庙在焉。相传宋熙宁间，吴公中复以龙图阁学士知府事实创修之，规模宏敞，甲于他郡。乙未冬，予奉简命来守兹邦，首视学，展谒之余，窃见庑阁倾颓，墙垣坍塌，心甚怵然，曰："捡志代有兴葺，自囚韩江郑公竭力经营，距今才十六年，何遽残敝至斯耶？"或曰沙咸易圮，或曰霖潦交侵。予以受事初，民不相习，亦未敢出一语。适今春，两川荡平，我皇上东巡告成阙里，特颁谕旨增广直隶学额，遂奋然兴曰："我国家学校之设之造就人才也，百数十年而加惠无已。之心实亘古所未有，士生斯时诚厚幸欤。忆兹先达诸君子，游圣人之门而涵濡夫诗书礼教者，既深且挚，馨香俎豆之思，虽百年如一日也。迄于今，碑摩石记中姓氏犹存，后之学者登庙堂习礼器，未有不观感焉

① ［清］赵文濂：光绪《正定县志》卷11。

而兴起者，今之视昔为何如耶？龙图吴公为予乡先达，予万万不能步其后尘。顾以谬领是郡，辄不揣有异世同途之感。夫劝学兴才，良有司事也，乡之士大夫亦与有责焉。爰是率乃僚属力倡兹举，得数仞之墙共瞻美富，两楹之奠如接几筵。而诸生相与登降俛仰其间，景行而向往焉，则后先相望，亦庶几仰副我皇上偃武修文之至意也夫。

乾隆四十一年丙申初秋立

重建真定县学明伦堂记[①]

[明] 彭华

学校，王政之本，所以育人才正风化也，故有天下国家者咸重焉。当明朝建国之初，即诏天下兴学，兵燹之余，有司奉承有祗有怠。真定县学至洪武七年始克粗立，前庙后学，规模卑隘。天顺六年冬，监察御史新淦庐君秩按节至郡，见而陋之，俾改作焉。庙左学右，视旧加宏壮矣，而功以速成弗能坚，致积十余年，渐敝以颓。太守麟游田侯下车之初，周览嗟咨曰："密迩京师，首善之地，而学如是，可乎？"即欲新之，顾惟频年饥歉，恐民不堪。越三年，政成人和，岁亦有秋，乃谋兴事。新作明伦堂，深五寻，广倍之。后即旧堂为退寝，前腋以两斋，护以重门，藏书有楼，居生徒有舍，处师有庐。材良觉坚，工善役勤，不亟不徐，俱有次第，翼翼严严，伟丽完美，前此所未有也。昔先王制五服，其经理天下有详略，后世以郡县治声教，所暨亦必自近者始。真定，冀州之域，在唐虞为畿甸。历三代而汉，宅都不出冀雍豫，故人才盛于北方。及司马氏南都建康，中原为五胡所据。赵宋不能有西北，竟避金狄，东南都杭。中原衣冠文物率多南徙，于是南为盛矣。此岂独

---

① [清] 陈谦：顺治《正定县志》卷11。

天地之气化有所移易哉！亦人事之昭然可见者。及元一天下，古今又一变也。天继启明朝，驱今复古。太祖高皇帝定鼎金陵，东南人物尤盛。及太宗文皇帝徙都，燕冀渐摩涵育。至于今日，南北人物彬彬乎肩相摩，踵相接，齐驱而争先。於戏盛哉！夫冀自唐虞以来三千余年而后为畿甸，学宫自国初迄今百有余年而后大备。诸士子生于斯长于斯，其自相庆幸，千载一时，盍益思所以自振以匹休前闻哉。夙夜孜孜，相与讲明圣人之道，居则修斋以化导乡间，出则赞佐治平以惠泽天下，使天下颂之曰：思皇多士，生此王国，诚有以为天下先此，则良有司之所深望也，夫岂直为观美而已哉。田侯名济字汝霖，初自县令迁御史，出守大名，徙真定，所至识大体有政声。以余同年走书属为记。学修于成化十二年八月，落成于明年六月，记作于又明年之正月云。

重修真定县学碑记①

[明] 宋仕

高皇帝再拓涸沌，成祖定鼎燕云，山前后六百余州悉返文明礼乐之区。于是复古常山郡为真定，而郡与附邑两置学宫以明禋毓俊，此真定县学所自昉矣。二百年来誉髦相望，巨乡辈出，非若曩时苦于士大夫之寡识者学设而教不行也。学再修于成化十二年，厥后寝以敝，殿庑倾歆，支木而供蘋荐，青衿露立而歌采芹。庭除荛鞠茂草，诸健儿絷马而牧。门无扃钥，狂夫诙竖轩睡谑浪其傍而莫之禁。甚至师儒宅舍亦不足栖其身，盖至于近岁而颓堕极矣。诸父老过此有洟涕而不忍观者。仕不佞，以戊子冬忝奉玺书拥钺来纲纪此邦。甫弭节，长老诸缙绅先生幸临，首述黉宫圮状，而言曰：昔某辈曾薪于斯栖于斯，而弗意乃今若斯堕也。即戊子乡乏荐髦

① [清] 赵文濂：光绪《正定县志》卷11。

矣。敢烦执事询其故，乃知岁时督部宪臣、行部使者谒庭讲经义，俱莅郡庠而不下附邑。其余乡饮、读法亦然，邑宰率教官、弟子员弦朔趋郡，刺史受约束恐后，视邑之学舍犹赘己，是以藐然漫弗加理。间有豪杰之士志兴复者，苦于送迎之困也，工程之浩而财告诎也，虑生事端而罔谤讟也，蒿目趑趄，周以上闻，相代如传舍而莫之敢举。无怪乎颓堕至此极也。不佞闻之，瞿然喟息曰："凡惮敢作者，以贯尚可仍与夫作无益焉尔。畴谓兴贤育才之所，而可一日苟安者乎？十家之市，尚有半亩之宫以崇匪鬼。我夫子古今一人，而以支木释奠，神则胡飨？十金之产，敦师以教厥嗣，必且饬垣堂，净几寮，而后乐群敬业焉。矧兹济济缝掖之徒与若师露立讲绵蕞，出入与健儿狂竖相肩摩也，械朴之谓何且也。纪纲风化，教学为先，而敦说诗礼，宫墙莫近，不佞其何说之辞？诸先生且休矣，不佞疾与诸大夫图矣。"维时兵宪顾大夫亦感怀激切，亟下令议。估费值约五百有余镪乃克济，而权以社庾之粟请。余曰："庾粟，生民之命也。彼终岁劳苦，自以积贮惟褐糗是备，奈何轻动？其再议。"会是冬，尹刺史自天雄移视兹郡事，至则毅然请曰："官修学而动民粟，计诚左。顾邑当省会之冲，今方困供亿莫支，虽巧妇不能作无米炊。守请从事。"乃掺括巨盈之帑，有别贮积镪若千缗，其半可以充前估之费。于是顾大夫力赞其决，而不佞与何直指君同嘉乐之。下檄邑令亲董厥役，勿俾猾蠹有所侵渔，苟具文书塞责。于是以是年二月兴工，令陈所问旦夕亲相畚锸，易朽与颓，大创其所，庖舍门庑，丹朱漆垩，焕然一新。计仅镪金三百有余两，赢一百有余两。告成于七月初三日，去鸠工之期仅五易弦，可谓费缩而功遄矣。告成，不佞复鞔然喜曰："甚哉！当世者无难成之事也，难于任耳。下欲任而上官弗信则弗成，上肯任而有司调剂弗善则弗成，调剂善矣而董役率作弗勤则弗成。是举也，顾大夫任议，太守任赋，令任劳，而余与柱史君亦窃任信，遂相济而遄观厥成焉。昔者颛谓斯何？财宁不足，人弗任。今者重新谓斯何财？宁有余，其人任。引而伸之，即以肩天下之钜乎亦何难其为？余庶几藉是以塞诸父老之命矣。虽然不佞业有进于诸人士者。夫士，固视学舍为肆业之肆也，士亦自有肆，仁义忠信灵台故物也。劲勇沉静，椎鲁少文，燕赵士之本来也，其在于今岂其尚斤斤然？扃守贤圣之闲钥，居道德之府，毫无镈鑴乎？其初无亦功利嗜欲之私入其灵台焉，而汩将劲勇者敝而侠，沉静者敝而谲，椎鲁少文者敝而务华。绝根不营若子瞻氏所称无知而近于好乱，倘其弗刮濯树建，惟波靡是安，而反咎于肆业之无所也，抑又悖矣。夫师生无舍，庖廪无次，有司之责也，有司者任之。耳划驳而归厚，湔浇而迪醇，乘其未尽漓而完其所本有，则有司乌所用力，任固在士。异日者正人满朝，羽翼世道，实诸人士是赖。毋侈科甲蜚联以梯利禄，贻任事者羞。"于是诸长老及诸大夫再拜稽首曰："公斯举是大有造于后学也，不可以不记。"遂登石而镌之。

真定邑侯郑公修明文庙祀典增建学宫庾碑记[①]

[明] 许守谦

古者建学必先释奠先师，其礼乐之器既具，则衅用币告成而后从事焉，敬之至也。今天下郡县皆有庙学，崇祀令式具在，登降献酬之节，牲币粢盛之数，有司者岁以春秋举故事无敢坠。至祭器未尽备，牲牷未尽具，一切废缺未尽修举，贤守令非无意焉，顾以财用出纳之艰而迁代传舍之遄及也，则率循袭取具文已尔，其于竭诚尽物、报本事神之道弗讲。真定，古东垣邑，畿以南称首封焉，国家文命诞敷、声教所施实先被之。其庙学在县治之西，规模宏敞，风气完聚，以故邑之人文蔚起，后先相望，不乏鸿公钜卿彬彬

---

① [清] 赵文濂：光绪《正定县志》卷11。

称盛焉。岁辛丑元岳郑公以名进士授元氏令，恺弟详敏，卓然循良，尤能任事，加意兴除。当道为鸾凤择栖，调繁真定。甫下车，谒庙睹礼制缺略，笾豆简薄，嘅喟低回，穆然深念曰："夫器，礼之所由著；而学，才之所由育也。废阙不称，士气载郁，无以观四方，吏之职谓何？"慨然捐俸金，出帑羡，益置祭器若干事，益供祭牲若干口。前此以附郭，故祀事统于郡守，全礼久废，不敢惮劳。一旦毅然复之祭之日，诚孚敬格，诸助祭者及诸弟子员皆凛凛罔弗慎肃。又即学之隙地创建学庾，创设学田，积谷以赡诸生之贫不能养、不能葬、不能娶、不能赙者。事以次举，盖及公之政成而文庙祀典烂焉修明，诸寒士俯仰有赖矣。公复时以乡三物励多士，抑其奇邪，拔其俊者，而督其不勉者。士何城、崔守仁、李稽古等感奋踊跃，聚族语曰："公之大有功圣门也，大有造于吾党也，为德至厚。夫既或戴之，敢忘颂说？"则相率诣学博士顺德徐君化、榆社裴君文绅、霸州王君三接，谋砻石而志其思，托不佞属辞。不佞闻之《传》曰，不有废也孰能兴之？又曰，有其举之莫敢废也。夫兴废举缺谈何能容易？抱明通之识者或局于运量，负挥霍之才者或疏于鉴观，不则耽阁居诸而时弗逮，掣肘财用而力弗及。如前所云云，非品堪大受、才擅兼长者鲜克有济焉。即公今日之举，先是非无有见及之者，然若有所待而不遑也，孰能如公视国事如家事？崇祀则竭诚尽物，养贤则悉虑殚心，而敏识长才若游刃若运斤者乎？公之大受可征已，然此特公美政一斑耳。至于剔奸、振罢、恤民、易化，百度改观，四郊安堵，吏行春冰之上，民居宝鉴之中，则慈父之歌、神君之号自有四野之口碑在焉，它日邑万姓当复砻石颂之矣。由今以往，所以竭精摅志、佐严廊、修百姓之急、兴礼乐之化者，当不损于治邑时。余且旦暮竢之。夫美则爱，爱则传，诸博士弟子员之举有以也。余何可以不文辞？乃为之记，并所创学庾楹数、所设学田地亩数勒诸碑阴，以识公之德惠于不朽云。公讳三俊，字中一，万历戊戌进士，直隶建德人也。

重修正定县文庙碑记①

[清]陈惠华

尝闻学校者，王化所由起也，士习正则民俗淳，师道立则贤才出。以故其废也有渐，其兴也有机。故因循积弊于数十年之间，或鼓舞更新于一二人之手。虽曰天运，岂非人事哉？况夫数极穷而乃变，道待人而后行。学宫茂草，世多视为漠然久矣，苟非有认真此道者公以倡先，诚以动众，勤以督事，明以任人，而欲于颓垣坏壁中焕然改观，复鸟革翚飞之旧，匪易易也。东垣，郡首封，宫墙规制素称宏敞。余总角时随家大人任，肄业其中，但见光华凋谢，墙宇倾欹，虽补葺频加，而全局瓦解。家大人时以为忧而力恒未逮。岁辛丑，明府李公以滇南名孝廉来令兹土，毅然有修举废坠之志。家大人尝辗然曰："文庙复兴庶有冀乎。"癸卯夏，霾雨如霆，门墙殿庑之区几无完宇。李公于谒庙之顷悚然动容，谓家大人曰："是尚可以旦夕安耶？矧今上谕谆谆，学宫首重，革故鼎新，吾辈责也。"为先捐俸百金，作一邑倡，随招在城绅士于明伦堂，劝以大义，量力输资，无不云集响应。家大人复携同僚田先生，于红尘赤日中遍历诸乡，大声疾呼，若援手而拯陷溺。一时感动乐助者多。有胡村诸生王吉士，家故寒俭，一闻斯举，辄倾囊以十金应。噫！人之好善谁不如我，而谓诚不动物者未之前闻。爰是诹日鸠工，大兴土木。董斯役者孝廉则白君琏、韩君靖，明经则吴君方来、王君纶端，国学则胡君起龙，生员则刘君延、李君藩、文君士彬、胡君瓒、杨君春晖，罔弗洁乃心虔乃职。一砖一木，出入必稽；或匠或佣，惰勤必察。凡厥物力，不经胥役之手，不堕牙侩之奸，费少工坚，事半功倍。岁星再易而大绩告成。犹欤盛哉！今兹备员玉署李明府暨同事诸君走尺一乞余言为记。余闻之而重有感也。从来志果坚神必祐之，福将至气先呈之。正定背倚恒山，面临滹水，形胜之势甲天下。其间为名臣，为硕彦，载在史传者指不胜屈，而本朝相业辉煌，蕉林为最。今黉宫济济，意将有接踵而兴者乎？不然何以时近百年未闻修举而美轮美奂适见于圣天子御极之初？且也工程虽大而费不奢，物力虽艰而众不吝，藉非以真实心行真实事而邀天人之协助者亦乌能若是。余不娴于文，惟是三复于废兴之故，应感之机，景贤侯之重道，嘉同志之急公。先缮稿以呈家大人，谅必曰：此重修之实录也。欤哉！若云扬风扢，雅以示来兹，则余岂敢。

重修文庙碑记[1]

［清］王定柱

圣人生而后人道立，圣人没而后报祀隆。圣人之道如白日然，益万爝火不为显，损万爝火不为晦。数千百年以来牲玉庙食，用王者制度，达于天下，或者偏邑僻壤，典礼不备，于夫子曾何污隆焉？然而朝廷崇师重道，陟降对越，严事于辟雍。其郡邑庠序，寄在守土之吏，岁时禋享，隆礼备物，非徒以载德报称，翼厉庶士，亦足以昭宣盛烈，感发兆人之心志。瞻望宫墙，肃穆翼翼，栗栗跋焉，思见道义之富，礼乐之嬔，思朝廷之所贵，知人伦之规矩表臬，即三代可旦暮致。顾使庙貌废阙，弗严弗恪，将无由奉扬朝廷德意，此郡邑长吏之所怵惕，亦博士弟师与有惧焉。正定故为畿南大邑，而缔造既久，学宫栋宇日隤圮。两庑为诸贤俎豆地，雨雨风风，橼甍漂摇，以绌于力未之能葺也。岁壬子，邑令张君慨然图

---

①［清］赵文濂：光绪《正定县志》卷11。

新之，会迁去不果，濒行出五百金畀予钱家，约曰：他日以是为学宫费。张君去三载而得金凡子母六百四十有赢。博士师与董其事者诸子会计经费略足蒇事，乃以告郡伯杨公、新令刘公。两公皆喜，力为董率，爰鸠工庀材，诹良任役。始于乙卯之春二月，阅五月而竣。敝者完，黯者华，肃如穆如，复旧观矣。正定凤号冲邑，急征大征靡岁不有，而张公独拳拳起化之地，濒去而不忘者，诚知圣德与天地同流，不以迁去得有畛域。而杨公、刘公能终始其事，以成前人之美，诚念庙貌废兴上关朝廷教化之本，斯守土者所为亟亟也。今兹役举而众不扰，载轮载奂，即博士得藉手以告无罪；而正定士若氓瞻望宫墙，油然懿德之慕乐，宜鼓舞濯磨何如也。既落成，敬志岁月于石，垂之永久。张公者名健，迁为滦州牧，杨公名溶文，刘公名浩，并山右人。

一、古籍与史料

［1］司马迁.史记.北京：中华书局，1959.

［2］班固.汉书.北京：中华书局，1965.

［3］范晔.后汉书.北京：中华书局，1965.

［4］陈寿著，裴松之注.裴松之注三国志.北京：中华书局，1964.

［5］房玄龄.晋书.北京：中华书局，1974.

［6］魏收.魏书.北京：中华书局，1974.

［7］李百药.北齐书.北京：中华书局，1972.

［8］魏征.隋书.北京：中华书局，1974.

［9］刘昫.旧唐书.上海：汉语大词典出版社，2004.

［10］欧阳修.新唐书.北京：中华书局，1975.

［11］脱脱.宋史.北京：中华书局，1985.

［12］脱脱.金史.北京：中华书局，1975.

［13］宋濂.元史.北京：中华书局，1976.

［14］柯劭忞.新元史.上海：上海古籍出版社，2017.

［15］张廷玉.明史.北京：中华书局，1997.

［16］赵尔巽.清史稿.北京：中华书局，1977.

［17］毕沅.续资治通鉴.北京：线装书局，2009.

［18］陈谦.顺治真定县志.北京：新华出版社，2012.

［19］董诰.全唐文.北京：中华书局，1983.

［20］顾祖禹.读史方舆纪要.北京：中华书局，1955.

［21］李吉甫.元和郡县图志.北京：中华书局，1983.

［22］李诚.营造法式.文渊阁四库全书本.

［23］梁清标.蕉林诗集.石家庄：河北人民出版社，2012.

［24］陆心源.唐文续拾.上海：上海古籍出版社，1990.

［25］陆游著，钱仲联校注.剑南诗稿校注.上海：上海古籍出版社，2005.

［26］吕颐浩.燕魏杂记京东考古录潞城考古录（全一册）.北京：中华书局，1985.

［27］马端临.文献通考.北京：中华书局，1986.

［28］［意］马可·波罗.马可波罗行纪.石家庄：河北人民出版社，1999.

［29］纳新.河朔访古记.守山阁丛书道光二十四年刻本.

［30］阮元.十三经注疏.北京：中华书局，1980.

［31］司马光.资治通鉴.北京：中华书局，1978.

［32］苏天爵.元文类.北京：社会科学文献出版社，2015.

［33］苏天爵.滋溪文稿.北京：中华书局，1997.

［34］王耕心.正定王氏家传.泰州寓宅龙树精舍光绪十九年刊本.

［35］王钦若，杨亿，孙奭等.册府元龟.南京：凤凰出版社，2006.

［36］于成龙.康熙畿辅通志·雍正畿辅通志.北京：国家图书馆出版社，2017.

［37］徐霞客.徐霞客游记.乌鲁木齐：新疆青少年出版社，2005.

［38］元好问.遗山先生文集.北京：国家图书馆出版社，2014.

［39］姚奠中主编.元好问全集.太原：山西古籍出版社，2004.

［40］元好问.元遗山诗集笺注.太原：山西古籍出版社，2005.

［41］赵文濂.光绪正定县志.石家庄：河北人民出版社，2008.

［42］赵文濂.光绪新乐县志.台北：成文出版社，1968.

［43］郑大进.乾隆正定府志.北京：中国书店出版社，2010.

［44］郑玄，孔颖达.礼记正义.上海：上海古籍出版社，2008.

［45］周应中.顺治真定县志.清顺治三年刊本.

［46］朱见深.成化碑帖.北京：现代出版社，2009.

［47］成一农.古今图书集成庙学资料汇编.北京：中国社会科学出版社，2016.

［48］丁彦兵.正定历代诗词选.北京：兵器工业出版社，2012.

［49］郭开兴.正定古文选注.石家庄：河北科学技术出版社，1994.

［50］河北省正定县地方志编纂委员会.正定县志.北京：中国城市出版社，1992.

［51］吉联抗.辽金元音乐史料.上海：上海文艺出版社，1986.

［52］李修生.全元文.南京：凤凰出版社，2004.

［53］李鸿章.奏为捐资移建正定府贡院工竣请饬部立案事.北京：中国第一史料馆档案资料.

［54］正定师范校史资料（内部资料）.石家庄科技工程职业学院（原正定师范）2017年
　　　整理.

［55］张五岳，高恩祥.正定战事.正定县地方志办公室1990年编印.

［56］张五岳，赵渠川.正定民俗.正定县地方志办公室1990年编印.

［57］正定县委宣传部《正定故事》系列丛书编委会.正定故事.2017年编印.

［58］正定县政协文史资料委员会编.正定文史资料（第二辑）.1996年编印.

［59］周应中修，杨芳纂，梁勇校注.真定县志校注.太原：山西人民出版社，1992.

二、专著

［1］郭开兴.正定大观.呼和浩特：内蒙古人民出版社，1999.

［2］李荣新，曹源，曹慧卓.走进古城正定.石家庄：河北人民出版社，2011.

［3］梁思成.中国建筑史.天津：百花文艺出版社，1998.

［4］刘敦桢.刘敦桢全集.北京：中国建筑工业出版社，2007.

［5］倪春.正定古城.上海：东方出版中心，2016.

［6］施麦生.正定揽胜.北京：海洋出版社，1993.

［7］孙世煦.美食正定.石家庄：花山文艺出版社，2013.

［8］唐钺，朱经农，高觉敷.教育大辞书.上海：商务印书馆，1933.

［9］王米贵.正定史源.石家庄：河北人民出版社，2017.

［10］魏国静，高玉昆.大清国相魏裔介.长春：吉林出版集团有限责任公司，2010.

［11］张炬，张素钊.正定古今.石家庄：河北人民出版社，2017.

［12］正定教育志编纂委员会.正定教育志.石家庄：河北教育出版社，1996.

［13］正定县地方志办公室.正定文物.石家庄：河北人民出版社，1990.

［14］正定县政协文史委.千年正定城.北京：人民日报出版社，2014.

［15］刘维平.正定古今.石家庄：河北人民出版社，1987.

［16］丘富科.中国文化遗产词典.北京：文物出版社，2009.

三、论文

［1］邓凌雁.空间与教化：文庙空间现象及其教育意蕴的生成.河南大学学报：社会科学版，2017（5）.

［2］耿健，吴铁，吴永强.正定历史文化名城保护的困境与出路.中国名城，2013（6）.

［3］广少奎.斯文在兹，教化之要——论文庙的历史沿革、功能梳辨及复兴之思.河南大学学报：社会科学版，2017（5）.

［4］梁思成.正定古建筑调查纪略.中国营造学社汇刊，1933第四卷第二期.

［5］梁小丽，聂松鹿.正定府文庙戟门.文物春秋，2006（4）.

［6］林建桃，曹磊.古城保护与利用对策研究——以正定为例.天津大学学报：社会科学版，2013（15）.

［7］刘友恒.真定路墨史堂石刻.当代人，2017（8）.

［8］马国莉，房国辉.明张元善书"敬恕""进士第"刻石.文物春秋，2012（3）.

［9］潘晓棠.历史文化村镇的保护与发展——访古建筑保护专家罗哲文先生.小城镇建设，2004（7）.

［10］齐易.元代真定路乐户记碑研究.音乐研究，2012（2）.

［11］涂皓.国学进课堂应防"虚热".教育周刊，2015（9）.

［12］岳改荣.清代正定府惜字社碑记考.文物春秋，2019（4）.

［13］张福建.习近平在正定的历史文化思想探源.领导之友，2016（上）.

［14］张广汉，赵中枢.正定历史文化名城保护规划初探.城市规划，1998（3）.

［15］赵国权，周洪宇.游走于传统与现代之间：对文庙再定位的几点思考.河南大学学报：
社会科学版，2017（05）.

［16］张剑玺.古建筑特点及旅游价值开发研究——以正定县文庙大成殿为例.中国商论，
2016（24）.

［17］周洪宇，赵国权.文庙学：一门值得深入探究的新兴"学问".江汉论坛，2016（5）.

［18］朱海珍，王玉亮，袁洪升.河北文庙的保护现状与开发利用.河北旅游职业学院学报，
2015（01）.

［19］高敏.一代宗师与古城瑰宝——梁思成先生与正定的不解之缘.正定文史资料2003
（5）.

四、其他

［1］安彦峰.正定府文庙"钟灵坊"（圣德同天牌楼）.新浪博客.

［2］杜维明.当代中国需要自我更新的儒学.人民网，2014.3.18.

［3］栗永.认知石家庄之一：华夏文明源头之域.新浪博客.

［4］张惠舰.吴玉章与华北大学.澎湃新闻，2019.11.15.

［5］正定县旅游局.遇见正定，寻觅千年古城的前世今生.搜狐网，2018.11.

后记

仿佛为了《正定文庙研究》的诞生，上天精心安排了这次奇妙的相遇！

2018年4月22日夜，我请朋友开车，陪着来河北考察的中国教育史学专家周洪宇教授，抽出时间到正定古城看一看。

正定是国家历史文化名城，全国文明城市。古城内拥有十个国家级文物保护单位，在全国县级行政区里位居第二。习近平总书记早在20世纪80年代担任河北省正定县委书记时，针对一些文物保护措施不力的现状，就严肃批评了有关负责同志："我们对文物保管不好，就是罪人，就会愧对后人。"2013年8月，总书记又对保护正定历史文化做出重要批示。河北省委省政府、石家庄市委市政府主要领导，认真贯彻总书记的指示，全面启动了古城保护和风貌恢复提升工作，陆续完成了南城门瓮城、月城修复，阳和楼复建，隆兴寺、荣国府周边整治，云居湖公园、潭园、隆兴别苑公园、博物馆、莲池公园、城隍庙复建等总书记亲自批示的正定古城保护二十四项工程，千年古郡、北方雄镇的历史风貌得以逐步恢复。

2017年9月，首届石家庄市旅游发展大会在古城正定召开。古老的城墙、城楼、街道、古塔用现代科技的光与影点缀，整座古城被装扮一新，时尚与远古和谐地融为一体，如梦似幻。

我们从石家庄市区出发，夜幕下，一路向北，很快就来到了灯火辉煌、景色迷人的正定。车子驶过宽阔的子龙大桥，我们抬头便看见雄伟大气的正定南城门。灯光下高悬在月城门上的四个大字"九省通衢"映入眼帘，看上去格外醒目苍劲，仿佛在静静地诉说着悠悠历史。在这里，我为周教授拍下了走近正定古城的第一张纪念照。

我们继续向前，到了城南门下，却见南城门大门紧闭。路上几乎见不到行人，天上淅淅沥沥地下着小雨。我四处寻望，找不到进城的路。听说古代进入正定城，需要过三道门，第一道就是月城门正面的"九省通衢"门，第二道是题写着"迎薰"的瓮城侧门，第三道是题写着"三关雄镇"四个大字的内城门"长乐门"。没想到，这第一道门就把我们挡住了。

我们左顾右盼，等不到问路的人出现，就先给周教授在此拍照，边拍边盼着能遇到可打听到进城路线的人。等了一会儿，看见一位中年男子从不远处的护城河桥头上走下来，我赶忙上前问路。这位中年男子热心仔细地指引了路线，还介绍了几处晚间还能看的景点。看我还是一脸茫然，他爽快地说："干脆我就陪着你们转吧！"这时，一位中年女子也一溜小跑过来，二人热心地坐上我们的车当起了向导。

原来这是对伉俪，男的在正定综合保税区财政局工作，叫曹源；女的是正定一所中学的高级教师，名叫李荣新。李荣新老师居然与我是校友，也毕业于河北师大，并且就读于同样的时间，甚至还在同一座教学楼上课。三十年前对面不相识，而今竟如此巧遇。李老师说她有很长一段时间不出门了，今天这个雨夜，偏要跟爱人一起到这边散步，才有了这样的相遇。

看出客人非常喜爱历史文化，夫妻二人便陪着我们差不多转遍了古城内所有的文物景点。将近凌晨一点，一行人仍兴致未减，特别是周教授，还是每到一处景点，都兴致勃勃地点评一番。来到县文庙时，他更是兴奋不已，伫立在大门口的导览图前，借着微弱的街灯给我们大讲起文庙知识来。此时，在寂静的月夜中，空气仿佛凝结了一般，我被这一幕深深地吸引了，两位热心的义务导游更是听得入了迷。不知何时，开车的朋友已悄悄地把车开近，打开车灯为我们照明，掩映在汽车灯光下几个人屏息凝神地聆听周教授讲解的场面，仿佛把我们带入了古时儒学明伦堂讲学的现场。

这一刻，大家的心被一种说不出来的神奇力量凝结在了一起。看着仍沉浸在深情讲述中的周教授，一种从未有过的使命感在心底萌生了：守着如此深厚的文化宝地，我们这些研究教育的人怎能视而未见呢？发掘身边的深厚教育底蕴之精华，借以厚德育才，滋养一方教育热土，无论对古文化的保护，还是于古为今用的当代意义，都责无旁贷。承担起正定文庙的研究任务这一想法在此刻萌生。我同时在想，这是多么好的机缘呀，何不把不期而遇的几个人都融进这项研究工作中，给正定之行留下一份特别的纪念。

进一步了解后得知，这对热心的夫妻是正定历史文化研究的爱好者，他们从1990年起，沿着前人研究的脚步，参与到正定历史文化的探索行列之中。2011年二人合作出版了《走进古城正定》一书。李荣新老师还陆续参与过政府多个部门组织的挖掘整理工作，其中参与正定县政协文史委组织的正定历史文化资料调查工作时，随文史委主任申新海带领的一行人，到过河北省和石家庄市图书馆和档案馆、保定档案馆、国家图书馆、中国第一历史档案馆等处，搜集到大量珍贵的第一手资料。这促使我产生了与李荣新老师合作研究正定文庙的意向。

本书于当年五月提交撰写计划，当年年底就大体完成了初稿写作。这样的写作速度，证明了我们的合作是成功的。可以说，本书是在这个神奇古老的小城一隅，在心灵被周教授精彩的讲解深深点醒之下，我与这对伉俪默契配合的结果。

我们用心用情投入到这次探索之旅。首先，根据各自所长，我们做了大体的分工：我负责总体框架和研究目标方向的把握、研究问题的提炼以及写作规范的整体把控，李荣新负责一手资料的挖掘、收集整理和探究。

具体步骤是：首先，我按照丛书的要求，把整个框架初步确定下来，再由李荣新按照框架，将收集整理的一手史料先粗略地填进框架；之后，我对这些初步的一手资料进行研究，去粗取精，打碎重构，再度调整全书框架，将各种资料平衡在修改后的各章节之中，又在一些章节中增加了一些新的内容，并对全书的写作规范及各类技术细节做出细心处理和修改完善；再之后，将初见雏形的书稿返给李荣新，由她对整个书稿进行核实修正和增删，在文字上进一步润色加工。

初稿完成后，夫妇二人专程从正定两次来到石家庄市区，在我的办公室里，我们花费了整整两天的时间，从头到尾对书稿进行了通校和修改。两次都是进行到晚上十一点多钟，中午饭都顾不上吃。这两次，我们还专门研究了图片问题，决定照片尽可能用自己拍摄的，由曹源先生负责拍摄。由此，他正式加入进来成为本书的第三作者，及时提供了相关图文资料，在一些史料的考证方面也参与了我们的讨论。

这之后，便是长达两年的修改打磨。全书数易其稿，大小改动不下数十遍，仅整体翻工就有三四次之多。2019年8月，我和李荣新一起到北京参加了文庙研究丛书第一辑编写研讨会。这次会上，丛书定位从原来的通俗类读物改为学术性著作，也就意味着我们完成的书稿差不多要推倒重来。

按照出版社的规范和丛书主编的修改要求，本书重新制订计划，除了按照"通、特、活、美"的标准，致力于打造学术精品，对全书从谋篇布局到文字等方面进行整体修改调整外，还决定全部重写引言、结论和后记三个部分。其中引言部分拟着眼于文脉寻根的目标方向，从大到小，由远及近，把文庙研究的视野从史实记载拓展到其背后的文脉根系探究上，增加研究的纵深感。内容方面，除了各册自主根据需要增删外，按丛书统一要求将学校教育和社会教化分章来写，并增加人物一章。在技术规范方面，对全书的图片、注释及参考文献等部分全面修订。

此阶段，我负责《对正定文庙的认同及定位》一章的修改与补写，又撰写完成了三万多字的引言与万余字的结论和后记，重新思考了研究问题和研究方向。李荣新负责文庙人物及教育与教化的分章修改和补写，并对文后参考文献进行了补充和修改。全部完成后，我们共同通审通校一遍，并针对规范方面的问题，请我的学生杨然对参考文献重新进行了规范性修改，整体检查了图注的规范性问题，包括插入目录等。

终稿交付后，出版社本着打造学术精品的标准，要求丛书各册继续打磨修改。这一次修改，引言部分要压至数千字，内文章节要再次完善加工，整书图片要精选、压减。为了不走弯路，我们这一次是一部分一部分与责任编辑和赵国权教授进行沟通，意见统一后才往前推进。2020年初突发疫情宅在家中时，我们花了一个月的时间，对全书又做了一次重大修改。

此后，出版社责任编辑周红心和董丁老师审读后，对若干处史实提出了异议。为全面具体深入地进行论证和讨论，我们邀请两位老师专程来正定进行面对面研讨。2020年10月底，两位老师来到正定，就存疑问题与作者进行了探讨，双方达成了共识。

之后，我负责引言和后记部分的修改，李荣新承担了全部正文的修改任务。其中，对董丁老师提出的引言中的几处疑点问题，如正太铁路改址及其对正定与石家庄发展的影响、南杨庄文化遗址、滹沱河两岸的历史战事等，由于争议比较大，我花了长达两个多月的时间进行了求证和修改，书稿又被圈改得面目全非。

与此同时，接受出版社的建议，聘请河北师大历史文化领域的专家对书稿进行了审读把关。借石家庄突发疫情封闭在家的时间，聘请的专家赵志伟研究员用时一个月，认真负责地进行了全面审校，对错误和疑问之处一一标明。我与李荣新又通过视频方式，对专家圈点之处进行了核对、补充和修改。

至此，总算看到了曙光。这真可谓是一场漫长的马拉松式长跑，2020年冬天新冠疫情居家时我们画了句号，到了2021年冬天石家庄疫情反复时，我们还在居家画句号，这其中的付出和艰辛可想而知，但我们无怨无悔。

一座正定城，有两座文庙，而且两座文庙的现存建筑都是国家重点文物保护单位。这样的情形在全国都是不多见的。古往今来的人们，川流不息，先后相继，用他们的血汗、智慧和生命，为正定铸造文明、梦想、治平与辉煌。两座文庙的出现，是历史的必然，也是古代人民智慧的结晶。历尽劫波，府文庙戟门和县文庙大成殿依然巍然屹立。

在写作《正定文庙研究》的过程中，我们的内心常常涌起深深的感动：

当代教育可以从古代庙学中汲取营养。研究正定文庙尤其加深了我们对教育的认识，对从事教育工作多了一份不同的责任和使命。

文庙里蕴含着历史的文脉、民族的精神、国家的脊梁。了解文庙，对现代各阶层人的精神都会有很大的补益和提升。

民族的复兴，首先是文化的复兴。只有中华文化得以复兴，我们的民族才有希望，也才能真正以自己的独特面貌屹立于世界民族之林。

这就是著述《正定文庙研究》的目的。唯其如此，为此书付出的精力和心血虽超乎想象，但我们认为很值。

在石家庄疫情解封安排值班的第一天，望着可以寄出的终校书稿，我不禁长舒了一口气，春天来了！牛年也来了！本书终于在这个特别的节点真的就要画上句号了。真像一场马拉松竞赛，这次真的是要见到终点了！直到这时，我和李荣新老师才有时间细细回味一番，而不由齐齐慨叹：这表面看起来怎么也走不到一起的两拨人，居然就有了这样的巧遇，好似老天专门安排了这场机缘，让古老的正定文庙史料得到了一次系统回望。

本书在搜集和整理资料方面，得到了正定原副县长赵建军，正定古文化研究会王志敏，正定党校原校长樊志勇，正定政协文史委申新海主任，正定政协委员胡晓敏，正定县解放街小学书记丁彦冰，正定县文保所原所长刘友恒、副所长于坪兰，正定县文庙国学传播活动中心张锦江、孙立与施国强，河北师大客座教授施荣珍，几十年集中力量搜集研究地方资料的张双龙、张永波与白宇阔，广泛搜集、博览群书的张帆、张甫与张新宅，以及专注于研究梁氏家族的梁新顺等多位正定地方历史文化研究专家的帮助。本书还引用了王增月、燕军等自幼生活在正定城的文化人根据亲身经历讲述或撰写的资料，也得到了正定府文庙、县文庙工作人员的大力支持。本书有的地方还得到河北省历史文化研究专家梁勇先生的指点。在此，请允许我代表作者团队首先向他们表示衷心的感谢！

本书的诞生得益于周洪宇教授满腔热情的教育情怀的引领、博大精深的学识的启发，我们向周洪宇教授表示深深的敬意和感谢！本书还得到具有深厚史学修养的赵国权教授的帮助和支持，向赵教授表示感谢！责任编辑周红心主任、董丁老师以及河北师范大学赵志伟研究员的一丝不苟的把关，严谨求实的治学精神，使本书在精益求精的修改中不断得到完善，避免了遗憾，衷心感谢几位的辛苦付出！

对个人而言，本部合著是自己学术生涯中第一部有关传播中华传统文化的研究著作，它不仅让我对生活于此的石家庄刮目相看，更对植根于如此厚实的文化大地上的河北教育充满期待。

本书将视野拓展至华夏文明的大文化框架，突破狭义的文庙研究，做到今古相通、纵横相贯，为寻求行稳致远的深厚文化根脉进行了尝试和探索。

由于时间仓促，资料紧缺，写作者水平和精力有限，本书仍不可避免地存有各种错误与不足，敬请各位专家和广大读者批评指正。

徐 莉

2020年2月16日

初稿

2021年2月10日

终稿

图书在版编目（CIP）数据

正定文庙研究 ／ 徐莉，李荣新，曹源著 . — 济南：山东教育出版社，2021.10
（中国文庙研究丛书 ／ 周洪宇总主编）
ISBN 978-7-5701-1087-2

I. ①正… II. ①徐… ②李… ③曹… III. ①孔庙—研究—正定县 IV. ① K928.75

中国版本图书馆 CIP 数据核字 (2020) 第 075698 号

SERIES OF STUDIES
ON
CHINESE
CONFUCIUS
TEMPLES

中国文庙研究丛书

A
STUDY
ON
ZHENGDING
CONFUCIUS
TEMPLE

正定文庙研究

徐 莉 李荣新 曹 源 著

选题策划：蒋 伟 苏文静
责任编辑：董 丁 周红心
责任校对：舒 心
装帧设计：姜海涛

主管单位：山东出版传媒股份有限公司
出 版 人：刘东杰
出版发行：山东教育出版社

地 址：济南市市中区二环南路 2066 号 4 区 1 号
邮 编：250003
电 话：(0531) 82092660
网 址：www.sjs.com.cn

印 刷：山东临沂新华印刷物流集团有限责任公司
开 本：720 毫米 ×1020 毫米 1/16
印 张：24.5
字 数：314 千
版 次：2021 年 10 月第 1 版
印 次：2021 年 10 月第 1 次印刷
印 数：1—2000
定 价：99.00 元

如印装质量有问题，请与印刷厂联系调换，电话：0539-2925659